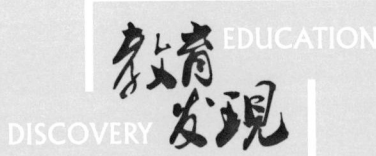

做新教师，从教育发现开始

教育发现

CONG KETANG ZOUXIANG WEILAI
SIXUEYIDAO
GAOXIAO KETANG MOSHI JIEDU

"四学一导"高效课堂模式解读

从课堂走向未来

孙铁龙 党纳 编著

山东文艺出版社

"四学一导"课堂模式实践研究课题组及成员简介

"四学一导"课堂模式实践研究课题组成立于2011年8月，是课题研究和实施推广的组织机构。课题组长孙铁龙，主要成员有大荔县实验中学行政班子及教研室主任郑京武、特聘课改顾问张全兴，另外实验中学的全体教师也参与了模式的研究与实施。课题组主要职责：组织课题研究，策划教研活动；进行理论建构，引领课堂实践；负责师生培训，指导小组建设；制定推进计划，实施课堂改革；开展调查研究，完成结题报告。

郑京武，男，47岁，中学高级教师，大荔县教育局党委书记、副局长，大荔县教研室主任，课题组特聘顾问。为课题研究提供政策支持和宏观指导。

张全兴，男，61岁，中学高级教师，陕西省特级教师，全国优秀教研员，渭南市拔尖人才，课题组特聘顾问。著有《记叙文训练问答》、《条件作文的门径》、《来自课改一线的报告》等十几部专著。进行模式的理论构建和宏观策划。

孙铁龙，男，46岁，中学高级教师，陕西省特级教师，大荔县实验初中校长，陕西省骨干初中校长，陕西省科研明星校长，陕西省课改先进个人，课题组组长。著有《语文教学策略30讲》、主编《作文同步训练指导》丛书一套。负责课堂模式的研究设计，实施推广，理论提升，撰写结题报告。

吴山林，男，47岁，中学高级教师，大荔县实验初中副校长。负责培训策划，对外联络，课改宣传。

王志强，男，40岁，中学高级教师，大荔县实验初中副校长，大荔县教学能手。负责课堂模式与教学质量的关系研究，撰写调查报告。

秦艳刚，男，34岁，大荔县实验初中副校长，县教学能手、先进教育工作者，先进德育工作者、师德模范。被大荔县教研室聘为"校本研修指导专家"、"课程标准与教材研修培训专家"。负责课堂模式与学生人格成长关系研究，撰写调查报告。

走在幸福的路上

（代序）

经过一夜的缓歇，酷烈与燥热的阳光在黎明前变得柔和而清爽。6点钟的校园已有三三两两的学生轻快地走进来，没有人大声说话，不像晚上放学时的嘈杂和喧闹，一夜的休息熨平了炎热的天气带来的冲动和浮躁，习习的凉风，让每一个早起人变得轻捷而安宁。

楼上还没有读书声，国旗在微风中轻轻地拂动，塑胶跑道边上，几只麻雀不停地欢叫，娇小而轻灵的身体在没有长出草的无数圆形凸凹处，一跳一蹦地前行，活像几个活泼好动的孩子，见有人近了，便一抖轻巧的翅膀，形成两个扇面，飞上绿色垂垂的柳条中上去，清脆地叫上几声。

清晨的校园是这样的祥和，太阳还在东楼的背后，进校的学生渐渐熙攘起来，教室响起了愈来愈响的读书声。教师的摩托车也驮着粉红、洁白、鲜绿等各种亮丽的姿色，风一般地驶停在教学楼前，急匆匆的身影一闪进了教室，起床音乐声唤起校园新一天的生机。

我们站在国旗下，在"放飞梦想"的雕塑旁迎接着充满希望的新太阳。

"四学一导"课堂模式从设计论证、实验推进，到课题申报、全县推广，直到6月25日通过省级课题鉴定，拿到结题证书和鉴定报告，我和我的团队经历了太多不平凡的日子。

从迎接婴儿诞生一样的欣喜，初步实验的勃勃雄心，全县课改现场会意气风发，到摸爬滚打中面对质疑者对课堂的呵斥指责，周周培训的语重心长，课题组验收的灰心和绝望，逐步回归到打持久战、克服旧习惯、构建新习惯的理性与稳健，我们成长的不仅是课堂的把控、理念的落地，更是情感的交融、心灵的沟通、人格的互识、灵魂的振动与共鸣。

从暑期模式设计时的踌躇满志，到上海首届课改成果展示博览会的领导团队培训，第一批实验班下水、二三批实验的全面铺开，九年级十个班全部实验，再到二十四个课例研修的顺利结题，星星之火点燃出漫天霞光。

个体教研引领，终于变成了群众性的实验研修，我们经历的不仅是从新奇到困惑、从拒斥到痛苦、从陌生到尝试，更是唤醒，唤醒了久违的激情与思考，唤醒了职业的尊严与创造，唤醒了早已磨平的对学生和教育的挚爱。我们看到课堂上大家对角色的重新定位，我们看到尝试引导学生时眼神的担忧与焦虑，我们看到了逐渐习惯学生自主学习后的舒心，我们共同经历了从职业到事业的痛苦而幸福的蜕变！

我们不仅看到忙碌的身影与匆匆的脚步，我们更看到大家谈到学校时充满自豪的神情；我们看到熬红的双眼、疲惫的身躯，我们更看到了谈及课堂、学生时按捺不住的激动；我们不仅看到岁月的沧桑、容颜的风干，我们更看到了大家谈及思考时的神往；我们不仅看到日复一日的循规蹈矩、年复一年的枯燥重复，我们更看到大家沉浸于研究时的出神、忘我工作时的幸福！

课堂改变的不仅仅是我们自己，更是我们的学生，从守纪听话到对真理的崇拜，从木讷内敛到个性释放，从等待与接受到拿来与创造，从个体优秀到团队进步，从枯燥乏味到激情荡漾，从机械操练到过程探究，我们在实现对人的尊重中看到了人性的光芒、生命的昂扬。

我们要改变的不只是课堂——远足归来，当我们的学生迈着艰难的步子跨进学校时，却仍坚持着两个人抬着一袋空水瓶；趣味运动会上，兔子跳一次跌一次、爬起来，直到终点；毕业典礼后，他们悄然地离校如没有学生一样的安静；早操时，同学们像教师一样站在队前侃侃而谈；疯狂英语培训后，他们成群结队要给校长展示英语。我们知道我们的教育走进了他们的心灵，实验初中给他们播下了善良的种子、真的力量、美的天赋。

升国旗时，管乐队演奏刚劲嘹亮；篮球场上，敢和老师一拼高低；秋千架上，笑声欢快朗朗；朗诵比赛时，出人意料的创意无限。我知道，他们生活在快乐与幸福中，正在描绘着阳光灿烂的明天。

五层公寓楼中寄托着君子与淑女的梦想，塑胶跑道承载健康体魄的成长，新餐厅、新餐桌盼望着蕴蓄公民的素养，空调室期待成就淡定致远的灵魂……让我们怀揣教育的梦想，走在塑造未来的路上。

一群灰色的鸽子在安详地踱步，它们不像麻雀，急急地觅食，总是头先向前一伸，然后迈一步，再向前一伸，再迈一步，活像卓别林演的丑角，或春节联欢晚会上那一群老太太演的皮影舞，颇有喜剧感，见人走近了，便从容一搧翅膀有节奏地飞走了。

早操的音乐响起，学生陆续从楼上走下来站队，学校进入了紧张的节奏。

两年了，我们总是在这样的节奏中走进教室，学校变得越来越美丽，我愈发喜欢这个校园，喜欢我批评过的每一位教师，喜欢我走进的每一个教室，喜欢这里孩子欢快的笑声。如果能让这里充满人性光辉、人道教育、生命的尊严，那我们就是走在了幸福的路上。

孙铁龙
2014 年春

目 录

走在幸福的路上（代序） / 1

上篇 构 建

第一章 "四学一导"课堂模式之理念与框架

"四学一导"课堂模式的理念沿革 / 4

"四学一导"课堂模式的框架结构 / 9

"四学一导"课堂模式的核心理念 / 12

"四学一导"课堂模式的辐射带动 / 19

第二章 "四学一导"课堂模式之实施方案

"四学一导"课堂模式研究实施方案 / 26

"四学一导"课堂模式推进的策略和步骤 / 36

"四学一导"课堂模式的细节要求 / 42

"四学一导"课堂模式课堂评价的基本标准 / 47

第三章 "四学一导"课堂模式之校本研修

构建教学研究系统/ 52

校本研修制度建设/ 57

学科教学研究/ 68

教师评价体系的重建/ 75

中篇　实　践

第四章 "四学一导"课堂模式之流程操作

"四学一导"课堂模式的环节基本要求/ 84

"四学一导"课堂模式中高效讨论的要义/ 89

有效展示的要领、价值及关键/ 90

"四学一导"课堂模式中的点评/ 95

"四学一导"课堂模式如何高效/ 97

第五章 "四学一导"课堂模式之教师角色

教师角色的转化和定位/ 102

"研学"与"展示"环节中教师的主要任务/ 107

如何引导学生转变学习方式/ 112

课堂组织应注意的九种问题/ 115

第六章 "四学一导"课堂模式之学生培训

着力于学生全面健康的成长/ 122

对学生学习的基本要求/ 125

"四学一导"课堂模式下的学生培训/ 127

学习小组的建设与培育/ 137

第七章 "四学一导"课堂模式之导学案编写

导学案编写的基本要求/ 144

导学案编写应注意的若干问题/ 147

第八章 "四学一导"课堂模式之答问

关于"四学一导"课堂模式答教师问/ 154

下篇 收 获

第九章 "四学一导"课堂模式之课例研修

打造思想品德高效课堂/ 192

让思想品德复习课更具特色/ 202

上好思想品德试卷讲评课/ 216

小说阅读教学的探索与实践/ 224

让名著导读课穿上新装/ 234

语文复习课教学探索 / 247

上好数学概念课 / 259

数学复习课教学研究 / 267

英语阅读课策略研究 / 278

英语复习课方法研究 / 287

物理实验探究课研究 / 295

物理复习课教学方法探索 / 308

化学新授课方法研究 / 313

附　录 / 323

上 篇
构 建

经验的积累与传承,思维的交流与创生,构建了一种全新的课堂模式——"四学一导"课堂模式,它发展了学生,解放了教师,改变了课堂生态。

而科学的实施方案,合理的推进步骤,规范的制度体系,有效教研系统,独特的评价机制,为"四学一导"课堂模式研究与实施提供了有力保障。

第一章

"四学一导"课堂模式之理念与框架

"四学一导"课堂模式的理念沿革
——从洋思的"先学后教,当堂检测"到昌乐二中的"271高效课堂"

近年来,笔者热衷于课堂教学改革的研究,先后多次听过洋思中学老校长蔡林森的报告,也到过河南永威、山东杜郎口、昌乐二中学习、听课、听报告、考察。笔者所在的学校陕西省大荔县实验初中,根据自身实际探索出的"四学一导"课堂模式,也对名校教学模式进行了学习和借鉴。因而,在此就这些名校课堂教学模式的改革,探讨其教学理念的变化,以期指导现实的课堂教学改革。

洋思中学最早提出"先学后教,当堂检测"的课堂教学模式以及"堂堂清,日日清,月月清"的教学理念;在学习洋思的过程中,大荔县教研室曾推出了"四环"课堂教学模式,即"先学后教,联动探究,当堂检测,适时小结";昌乐二中也提出"271"高效课堂模式,即"预习自学,探究问题,完成学案,训练应用,分组合作,讨论释疑,展示点评,总结升华,清理过关,当堂检测"。

以下就各种教学模式所体现的教学理念进行对比和剖析。

洋思中学的"先学后教,当堂检测"教学模式

"先学后教":直击传统灌输式的教学方法,首次将自主学习方式纳

入课堂，改变了传统的学生先听教师讲，然后再学习运用的习惯，开创了课堂教学和学习革命的先河，拉开了关注课堂，改变传统教学方式、学习方式的实质性变革的序幕，其影响和意义重大而深远。从此，基础教育改革以课堂为主阵地，以教学方式、学习方式为抓手的变革，轰轰烈烈地展开了。

"当堂检测"：第一次将关注差生实实在在地变成行之有效的课堂环节，保证了教学目标达成的最低限。实践也证明，其在转化差生，杜绝产生新差生方面，取得了巨大的功效。

"堂堂清，日日清，周周清"：通过"学生检测学生，层层过关"，极大地巩固了教学效果。让学生相互检测的过程也是再学习的过程，从而调动了学生学习的积极性，也有效地促使学生养成良好的学习习惯，防止了学生知识夹生，疑难累积，保证了知识巩固的有效性。

"没有教不好的学生，只有不会教的教师"，洋思中学率先提出了包含宽容、理解、相信教育无所不能的新理念。其实冷静分析，其明显夸大了教师的作用，忽视并否定了学生学习的主观能动性，具有极大的偏失性。但在当时传统师生观念盛行之时，这一口号无疑具有振聋发聩的警醒意义，它所涵盖的"相信每个学生都是发展的、可教育的"的理念，对于正确树立学生观，正视和关爱学生，抨击不平等的师生关系，犹如一记晴天霹雳，发人深省。

大荔县教研室的"四环"教学模式

洋思中学的教学模式和理念，除了"先学后教"外，整个课堂还停留在关注学生的知识掌握上。关于教师课堂教学方式的变革方面虽然进行了一些尝试，如限制教师讲解的时间，规范教师讲解的内容等，但这些措施都尚在起步阶段，对教师课堂的具体操作行为和方式，关注不够，缺乏深入研究；对学生传统的学习方式尚没有提出有效的干预方法。

相比较而言，大荔县教研室提出的"四环"课堂模式中的"联动探究"就提出了教师要关注学生的学习方式。教师的课堂教学方式，强调生生合作、师生合作，强调尝试让学生自己探究知识，进行合作讨论的课堂形式，力求构建民主平等的师生关系。这无疑是一种有效课堂的尝试。特别是这种理念，既击中传统课堂的要害，又代表了正确的方向，但可惜的是这种教学模式没有找到具体的课堂操作载体，因此，自主探究，合作学习，必然难以落实，传统课堂上教师唱主角的模式也难以彻底改变。

昌乐二中"271"高效课堂模式

"271"高效课堂教学模式，首先对传统课堂的组织形式进行了彻底颠覆，将学生分成若干小组，学生分小组面对面坐，在教室左右前后都设有黑板，从而打破了传统课堂上教师主宰黑板和讲台，学生整齐划一向前坐的旧有课堂组织形式。这种课堂组织形式，为学生合作讨论，随机展示，创造了条件，也营造了平等民主的课堂空间形式。

注重三维目标的全面落实。以导学案为指导的"预习学习，探究问题，完成学案，训练应用"，考查学生"知识与能力"目标的掌握，体现了让学生自主学习，独立思考的教学新理念；而"分组合作，讨论解疑"，以合作学习、探究学习的方式为主，有效促进了"过程与方法"目标的落实；"展示点评，总结升华，清理过关，当堂检测"，则以学生展示、辩论、点评为主，充分实现了"情感、态度与价值观"目标的达成。

最为可贵的是，他们理念中的"过程方法"，不单指知识学习的过程和方法，"情感、态度与价值观"，也不仅指课本内容里蕴含的情感、态度、价值观，还指学生在学习过程中课堂合作、质疑思维、争论求得答案的学习方法，更指学生热情参与，理性礼貌，当仁不让，追求真理，积极思维，不甘落后的现实的情感、态度和价值观。相应的，他们不把知识的学习作为课堂的最终目的，而是将其作为学生训练思维、练习合作、探求真理方法的媒介和跳板，使学生在学习知识的过程中，不断历练、成长、成熟。这种全新的知识观，无疑是一种认识上的质的飞跃和革命，也是现代课堂全新理念的代表。

这是教学方式和学习方法的彻底革命，此种理念下，传统课堂上教师讲、学生听的方式，被以学生学习、思考、讨论、展示为主，教师点拨、指引为辅的模式所替代，真正使教师成为学生学习的组织者、参与者、引导者、促进者，使自主、合作、探索的现代学习方式成为学习活动的主体，并得到充分实现和完美结合。在此种教学模式和理念下，平等、民主的师生关系成为课堂顺利进行的基本条件，学生的讨论、探究、展示代替了教师的讲解灌输，教师真正从讲台走到了学生中间，师生之间的争论、辩论将教师由传统课堂的权威者变为学生学习活动的促进者、组织者、参与者，从形式上和内容上，都否定了教师在课堂上的权威地位，充分体现了学生是学习主体的理念。

小组学习使课堂成为学生展示自我、张扬个性、互助合作、共同进步的基地。"271"教学模式，在强调学生自主学习、自我展示的同时，又强调以小组为单位进行整体评价，让学生在学习中养成互相帮助、共同成长的合作意识，使学生既没有传统课堂的压抑，又不至于以自我为中心，自私自利。在每节课的探讨互助中，学生在为小组赢得荣誉的过程中，体验到了合作的价值和意义，从而逐步形成了健康的人格和正确价值观。

值得深入探讨的问题

研究这些课改成功的名校，从洋思到永威再到昌乐二中，有一个奇特的现象,就是这些学校多是私立学校。在这些学校中,科学教学模式的推行,先进教育理念的根本性变革,除了有校长及领导班子先进教育思想的引领外,更重要的是校长有用人的自主权,能建立起一套有效的淘汰机制,做到不换思想就换人,从而强制教师从传统思想中蜕变、超脱、涅槃,进而重生。在这个痛苦的过程中,如果没有一定的行政强制手段,就难以克服传统思想和习惯给我们带来的定式、惰性,难以抑制教师对传统的留恋、依赖,难以整齐地要求教师自觉面对变革带来的学习压力,克服不适应感和创新的陌生感,进而实现课堂教学的改革。

任何模式都不能涵盖一切课堂,都有自己的局限性,昌乐二中的"271"模式也不例外。例如,对于许多学生没见过、又没有基础可借鉴的新概念、符号等,就不能让学生先学,必须教师先教。另外,课堂上学生的探索、讨论,不可能解决所有问题,不能完全排除教师的讲授。

所以,教学理念的转变,教学方式的创新,要求我们不断探索和研究,使之在教学实践中不断完善。更重要的是,我们还要具有开拓创新的理念和思维,不能因为某一种教学模式具有一般意义上的先进性而削足适履,机械套用。那样,我们的课堂教学改革只会走向现代课堂的反面,贻害深远。

(孙铁龙)

"四学一导"课堂模式的框架结构

"四学一导"高效课堂模式的课堂准备：1. 以小组形式呈现教室布局。2. 必备人人随时展示讲评的工具，每人一块黑板，或每组一个实物投影仪。

"四学一导"课堂模式之"四学"，主要是指课堂流程中"自学"、"研学"、"示学"、"检学"四个环节，而"一导"主要指退居这四个环节之后的教师的指导、诱导、引导。

自学环节

导学案的编写：1. 明确学习目标、重点、难点。2. 以提问或习题的形式引导学生阅读教材，掌握基本内容。3. 以由易到难的梯级习题形式诱导学生攻克难点。4. 设计各种学习活动促进学生掌握重点。此环节所有提问和练习要注意：1. 遵循学生认知规律。2. 知识问题化、问题层次化、过程探究化。3. 可有适当提示语，以照顾不同层次的学生。4. 对于难以查找的符号、发音等，教师可直接教给学生。

自学过程：1. 全面阅读教材，明确学习目标、难点、重点。2. 依据提示开展学习活动，思考并独立进行练习，初步掌握教材内容。3. 对自己的困惑和疑问做出标记，以备下一个环节研讨、掌握。4. 教师巡视学生自学过程，发现普遍存在问题。

研学环节

导学案的编写：1. 通过提示和问题预设，引导学生关注知识产生过程、内在的原理和规律。2. 提示学生总结解决问题的方法，指出关键。3. 安排研学的方式方法。

研学过程：1. 通过小组长检查，纠正自学中存在的错误。2. 通过一对一讨论解决自学过程的疑惑。3. 通过大家研讨处理自学过程中普遍存在的问题。4. 讨论、研究学案中习题，总结解题方法、要领，及要注意问题事项，以备展示讲解。5. 教师应深入小组巡视研讨情况，发现研学问题，安排展示任务。

示学环节

教师：1. 有指向性组织展示以便巩固重点、暴露问题、发现创新。2. 组织组与组之间的辩论，以解决普遍存在疑难。3. 组织并参与点评，着力使课堂讨论深刻深入。4. 指出学生普遍未关注的重要环节和问题并适时追问，诱导创造和生成。

学生：1. 展示解决问题的过程。2. 指出解决问题的关键，归纳解题的一般方法，并提出解决问题应注意的问题。3. 认真倾听，并大胆发表个人意见。

检学环节

导学案的编写：1. 巩固难点的突破、重点的掌握。2. 归纳解决问题的一般思路。3. 检测学生解题的熟练程度、准确程度。4. 统计各段分数，抽查检测试卷。

检学过程：1. 自己完成检测题目。2. 一对一互相批阅，交小组长统计上报教师。3. 小结小组课堂表现情况。4. 分发下一节自学案、研学案。

一导环节

表面看教师似乎退到了学生学习的背后，甚至角落。但实际上，这一模式对教师的要求是提高了而不是下降了。完全摒弃了教师上课拿着教本和教参照本宣科的做法，使那种蒙混过关，以己昏昏，却期望学生昭昭的行为无处遁逃。要求教师有全面解析和整体把握教材的能力，并通过导学案的编写将自己对教材的难点、重点、教学目标的理解演变成对学生学习的思路、方法的引导，促使学生完成学习目标、突破难点、掌握重点；要求教师有娴熟的驾驭课堂能力，有效地组织讨论，使讨论集中指向学习目标，不旁逸斜出，不徒劳无益，敏锐地发现普遍问题，并组织学生通过相互激发、突破，解决这些问题，保证每个环节的高效性；及时组织和参与点评，重视引导学生归纳方法，强调重点问题，指出关键所在，把对具体问题的解决提升到一般规律、普遍思路、整体思考方法的归纳和概括。导学案的编写，课堂讨论的组织，指向导引，指导点评，都是教师主导性的体现。

（孙铁龙）

"四学一导"课堂模式的核心理念

"四学一导"课堂模式作为一种新的课堂格局,承载着先进的教育教学理念。为了引导并帮助大家在认真践行新理念中加深理解新理念,准确把握新理念,本文拟择其要者,不揣浅陋,简述于后——

一、放手让学生当主人,使其通过获得主体地位,焕发主体精神,提升主体能力,健全主体人格

教育在人类生产生活中最早诞生时,初衷就是教人在辨是非、识真伪、分善恶、审美丑中明礼义、懂道理、蕴情愫、习修养。在教育教学活动中,由于受历史上封建主义等级观念的"浸泡"与制约,学生一直处于被动的接受性学习状态。随着科举取士制度的衍生,应试教育愈演愈烈,学生似乎成了教学场中的"机器"、"容器"。更有甚者,如"八股取士",从内容到形式如同画地为牢,作为准备应试的学生,只能是人云亦云,有的如同"两脚书橱",还有的人格与人性严重扭曲,诸如《儒林外史》中的范进,鲁迅先生笔下的孔乙己等,就是"病态教育"孕育的"畸形典型"。后来,在改革教育的呼声中,人们越来越明晰地认识到:学生是教育教学活动的主人。在随之进行的尝试改革实践中,无论是局部地区的改革要点,还是个人探索改革的要领,都主张在课堂上尽量多给学生一些活动时间。当今,世界范围内的课程改革风起云涌,"主动的探究性学习"应运而生。在一个又一个令人耳目一新的课堂格局中,其共同点均是让学生当主人,而"四学一导"课堂模式则是从形式到内容,完全让学生成为学习的主人。在"自学"中,学生有感知权、发现权;在"研学"中,人人有归属感、发言权,更有质疑权、探究权;在"示学"中,每人都有展示权、交流权;在"检学"中,有选择权、评判权。所有这些,核心就是自主权。本来,学习过程是人们的个性化行为,任何强行介入的"外力"都会事与愿违。而"四学一导"课堂模式让学生全面享有自主权,从而让学生自己通过学习活动中的知觉机制与投射机制,不断促进他们健全性格、完善品格、提升人格,把课堂教学潜移默化为真正的"人"的教育。

二、以"三维度"理念中的"过程与方法"为关键,落实并强化"知识与能力",演绎并完善"情感、态度与价值观",全面实施"三维"目标

在以往的课堂教学中,一般都对"知识"格外关注,似乎教师的天职就是传授知识,学生的学习就是"记忆"与"掌握",头脑里装的知识越多,就会越来越像"读书人"。本来"知识"是"能力"的基础,"无知即无能"、"无知即无智"。关注知识原本无甚大错,但如果把"知识"作为教学的唯一目标,那显然有误。另有一些稍好一点的课堂教学,还注重了"能力",其中包括独立获取"知识"的"能力",这无疑较前者有进步。人们习惯把"基础知识"和"基本技能"合并简称为"双基",而我国的"双基"教学历来在世界上享有盛誉,就连美国前总统克林顿到清华时,也曾提出要专门考察我们的"双基"教学。实践还证明,单有"知识与能力",并不能包括教育教学的全部内涵,这次新课程改革的设计指向就是"知识与能力、过程与方法、情感态度与价值观",简称"三维度"理念。另外,发达国家和先进地区的成功经验告诉人们:从某种意义上讲,"过程与方法"有其独特作用和意义,许多学习活动,应重

在探究知识产生的过程，而不唯结果。譬如学生开展的研究性学习，就是"关注过程，不看结果"。在"四学一导"课堂模式中，依据人的认知规律，依次排列了"自学—研学—示学—检学"四个教学环节，学生的认知过程大体对应为："感知—明晰—交流—巩固"，其间还伴随"有用场"的体会、"能成功"的体验。正是上述四个环节，构成了学生亲历的一个学习过程，每一步都涉及"方法"的尝试、掌握、运用、调整、总结、丰富。细想起来，正是这个注重"过程与方法"的学习过程，让学生获得了知识，习得了能力，赢得了情感、态度与价值观方面的可喜变化。试设想，如果缺少了"四学"这个扎实有序的过程，也许花哨的"空拳"就会充斥课堂，结果"知识"没落实，"能力"没提高，"情感、态度与价值观"更谈不上。而"四学一导"全面实施"三维"目标，恰是以"过程与方法"为关键，随着"关键"的自如开合，实现"三维度"的理念。

三、通过课堂形态的颠覆性变化，彻底变革教学方式和学习方式，从而在积极整合现代学习方式的探索实践中，引发一系列深刻变革

长期以来，为提高课堂效率、为提高教育质量，一批又一批有识、有志、有为之士，聚焦课堂形态，从未停止过探索与改革。"四学一导"课堂模式，在集中大家智慧、借鉴先进经验的基础上，不仅让学生"围成小组"、"各抒己见"，而且课堂教学一拉开帷幕，就让学生"不等教师讲"、"自主翻书看"，还允许"来回走动"、"讨论交流"，要求"当众展示"、"互评指点"，甚至对于当堂检测项目或题目，"可选择"、"能评判"。对于以往教师居高临下、主宰课堂，学生正襟危坐、听凭驱使的情形，是一场彻底颠覆。在这场颠覆面前，以往任何一种对课堂形态的"小修小补"，充其量只能称之为"改良"。这种颠覆性革命，彻底改变了教师的教学方式和学生的学习方式，而上级课改文件曾三令五申强调：衡量课改成败的关键与否，就是看教师的教学方式和学生的学习方式是否发生了根本转变。因此，课堂形态的这种颠覆，无疑是坚持不懈推进课改健康深入的必然。在"两个方式"的变革中，教师彻底由"灌"变为"导"、"引"、"促"；学生则由被动、封闭、接受，变为自主、合作、探究，这恰是现代学习方式的基本要义。谈及现代学习方式，现实中存在的主要问题是：口里喊得凶，手中拿捏松。值得注意的是，在"四学一导"课堂模式中，"自学"、"研学"、"示学"、"检学"的任一环节，都包含有"自主"与"探究"，而"研学"环节少不了"合作"，"示学"环节可看作是更大范围的"合作"，再细究一下学生的"自主"与"探究"实践，其中必不可少地包含有"合作"的影响与成果。"四学一导"不仅全面涉及自主、合作、探究，而且你中有我、我中有你，现代学习方式在这里通过有效整合，进而把有序演练落到了实处。因此，在"四学一导"课堂模式中，要开发现代学习方式的巨大效能，乃至综合展示"两个方式"变革的不尽潜能，有着系列变革的广阔空间，这里无疑是"英雄大有用武之地"。

四、坚持求真务实，实施有效教学，追求高效教育，瞄准学生的终身幸福，认真细致做好每个环节

凡事讲究求真务实，要干成干好任何一件事情都少不了求真务实。所谓"真"，指的是客观、本质、规律；所谓"实"，指的是实际、实在、实效。"四学一导"课堂模式的最初构想，是外地经验本土化，千方百计把课弄好，不想"图虚名"、不要"新花样"、不用"近视眼"、不打"迷踪拳"。在设计课堂流程中，各个教学环节都没有刚性的时间指标，一切都依据实际情况的变化而变化。尤其是在"自学"环节中，倡导同"预习"情况结合起来，待学习小组内基本完成自学项目后，即可转入下一个学习环节。在"研学"中，主张积极开展"讨论"、"交流"、"研究"，不必苛求组织形式。在"示学"环节中，特别要求减少不必要的重复。在"检学"环节中，还强调要视实际情况，可以在课内完成，还可移入课外进行。所有这些，都是把"有效"与"实效"中的"效"，定位在"学生的成长发展上"。从某种角度来说，人的发展是谋求幸福，而幸福感又是由幸福观决定的。诸如需要得到满足，期盼得以实现，努力得到认可，追求获得成功等，都是幸福的内涵，其中"品味自己成果"与"彰显自我价值"可看作是重要而又必要的。为学生终生幸福着想，他们要学会释放自我、创造超越、放飞心灵、追求提升。为此，"四学一导"课堂模式主张关注每个学生，特别是关注每个学生的内心情感体验。在教学过程的具体演进中，提出"每个人都思考、再讨论"，要求"注意发现学生独特之处"，鼓励"坚持瞄准下一个目标冲刺"，这些为的是不让优等生的表现湮没其他人的进步，关心每个孩子的内心情感变化。这正是把"有效教学"同"高效教育"实行了成功对接，也恰是对"求真务实"的生动诠释。

五、在"一切为了学生发展"的目标激励下，通过锲而不舍的努力，促进教师发展，谋求学校发展，推进事业发展

党的教育方针在不同历史时期，根据不同情况，尽管表述文字有所调整，但一直强调"学生发展"。这不光是对教育本质的揭示，也是对客观存在的一些功利性短视行为及旁门左道的针砭、矫正、警示。曾有人提出："不计较一时一地得失，为学生成长发展负责。"具体到办学思路、办学理念、办学追求等领域，众多学校，由于所处坐标不同、目标方位不同，走的路也就自然不同。随着时代前进，即使先前没有人走的地方，后来走的人多了，也便有了路、成了路。"四学一导"课堂模式为了学生发展，坚持改革，改易"两个方式"，改善教学生态环境，改组新的课堂结构，改变师生的行为习惯，改写新的追求目标，其关键词正是"发展"。在一切为了学生发展的同时，还有"教师发展"、"学校发展"、"事业发展"。推行"四学一导"课堂模式，本身对教师提出了新要求、新挑战，促使大家在教育思想、教学理念、教学技能、教学方法、教学手段、教学风格、教学追求、教学习惯等方面，来一番根本性变革，从而在巨变中获得新的发展。同时要看到，在竞争日趋激烈的时代进步中，学校只有走内涵发展的路子，才能不断提升核心竞争力。

六、遵循"规范＋创新"的工作思路，高扬"素质＋个性"的成长发展旗帜，不断激励全体师生落实规范、强化素质、张扬个性、激发创造

有人谈及教育教学创新时，曾颇有见地地指出：教育教学属于社会科学范畴，其创新不同于自然科学领域里的新产品、新技术、新工艺等，只要是揭示真谛的新观点、不落俗套的新认识、独树一帜的新主张、卓有成效的新做法，乃至超出自身原有水平的新努力，日渐发展的新进步，就都称得上是创新。"四学一导"课堂模式是一种创新，它本身还具有一套规范性的要求。在"四学一导"课堂上，为了使放手不甩手、自学不自流、研学不冷场、示学不空洞、检学不马虎，每个环节该干什么，谁来干，都有明晰的要求。事实上，无规矩不成方圆，只有坚持规矩，"四学一导"在运行中才不会开"无轨车"。也只有在规范轨道上惯性运行，师生双方的创新潜能才会淋漓尽致地得以展现。实际上，在"四学一导"课堂上，不限于引导学生学知识、能解题，更要对学生的内心情感予以极大关注，全面落实素质养成。由于素质是一种稳定的心理品质，在人的成长与发展中起着某种带有根本性质的作用，讲素质就重在"质"；心理因素既是整体素质的核心因子，也需日积月累的积淀、涵养。要做到这些，教师的整体素质（包括：学科知识、教学技能、觉悟境界、人格修养等）也经历了一个由"适应"到"提升"的过程。在教学中，教师既激励学生张扬个性，自身的教学个性也在坚持自我追求、提升工作品位、充实生命价值中不断完善、形成、彰显。完全可以肯定，正是"素质＋个性"的旗帜，迎着时代长风，呼唤一个个现代人，创造着一曲曲展示自我的社会进步"交响乐"。还应看出，由于教学是学校工作的"主

旋律"，课堂是教学的主渠道，因此，"四学一导"课堂模式带来了课堂形态的一场革命，从而激励全体师生在讲规范中求创新，在强素质中扬个性，这些正应验了"伟大的人民教育家"陶行知先生早就向往的一种理想境界："处处是创造之地，天天是创造之时，人人是创造之人。"

"四学一导"课堂模式的六条核心理念，体现着先进的教育思想，闪耀着时代的光芒，也引领大家在实施且完善"四学一导"中，坚持以努力去诠释，用实践来领悟，靠进取再演化，因创新更精彩。

（张全兴）

"四学一导"课堂模式的辐射带动

在社会主义现代化建设中,致力于"国家强盛与民族复兴"的改革先行者,曾创造性提出并实施"项目带动战略"。实践证明,一个好的项目可以通过多方辐射,进而策动深化改革,拉动有效投资,带动经济增长,驱动跨越发展。借用"项目带动战略"这一概念,认真审视"四学一导"课堂模式,不难发现其辐射带动作用与效能——

一、推进课程改革

世纪之交,党中央、国务院启动了新一轮课程改革,国发〔2001〕21号文件要求:"加快构建符合素质教育要求的新的基础教育课程体系。"随后,教育部制定下发了《基础教育课程改革实施纲要(试行)》,把教学改革作为实施课改的有效突破和根本途径。在《国家中长期教育改革和发展规划纲要》(以下简称《规划纲要》)中,再次强调"推进课程改革"。但现实中,"春风不度玉门关"的现象依然存在:有人习惯于"满堂灌",抱残守缺;有人只会说几个时髦"术语","只敲锣,没唱戏";更有人对"沉舟侧畔千帆过"视而不见,封闭的课堂还是"水波不兴"。究其原因,对课改有不想搞、不去搞的,也有不敢搞、不会搞的。"四学一导"课堂模式以更新教育理念为先导,从根本上变革了教师的教学方式和学生的学习方式,让学生在互动中合作,在探究中生成,在自主发展中全面提高综合素质，这就是实实在在演绎课改、推进课改、深化课改。

二、减轻学生负担

长期以来，学生课业负担过重是个顽疾。《规划纲要》先是在"序言"部分毫不遮掩地指出"中小学生课业负担过重"，后又在第四章"义务教育"中，单独把"减轻中小学生课业负担"列为一个问题，并且提出要"改进教学方法，增强课堂教学效果"。冷静分析学生课堂负担过重的"病灶"，恰是"课内损失课外补"，深层根源则是"片面追求升学率"。由于学生在课堂教学中缺失主动、缺欠热情、缺乏实践、缺少成功，施教者却"牛不喝水强按头"，更是让其精神压抑、苦不堪言。"四学一导"课堂模式立足学生的成长发展，不是只看"学会"，而是注重"会学"，在全新的教学方法调动下，学生有自主、有参与、有研讨、有交流、有展示、有成功，课堂效率显著提高。这样一来，他们不仅在课堂上体验了学习的愉悦，而且课外也有了自主发展的更大空间，进一步促使自主得以释放，精神上得到解放。单就站在课业负担角度评析，"四学一导"课堂模式为破解这一难题，进行了有益的尝试，也提供了一种全新的思路。

三、深化素质教育

《规划纲要》在"序言"中毫不讳言地指出："素质教育推进困难"。其实，素质教育并非海市蜃楼，也不是可望不可即。《中共中央国务院关于深化教育改革全面推进素质教育的决定》中指出："实施素质教育，就是全面贯彻党的教育方针，以提高国民素质为根本宗旨，以培养学生的创新精神和实践能力为重点。"由此可见，素质教育不等同于"体音美"，不局限于课外活动，更不是只要把"放假通知书"改为"素质报告单"就万事大吉了。毫无疑问，素质教育的"正餐"在课堂，只有把素质教育落实到课堂教学，才叫真正落到了实处。"四学一导"课堂模式注重学生实践，激励创新思维，自始至终是学生在自主中完成超越自我。在"四学一导"课堂模式的核心理念中，有一条就是"以'过程与方法'为关键，落实并强化'知识与能力'，演绎并完善'情感态度价值观'，全面实施'三维度'目标，具体演化教书育人。"在这里，素质教育看得见、摸得着、叫得响，而且是为日后成长、终身发展打基础的。

四、提高教学质量

"质量观"是由"人才观"决定的，不同质量观的关注角度和本质内涵是截然不同的。以往，衡量教学质量以"分"取人，分数管理严重扭曲了教学的价值取向，进而使教学工作蒙上了浓烈的功利色彩，任由利益驱动代替事业追求，教学中的"短视行为"表现为：只为一时得失计较，不为终身发展负责。考上"重点"的学生，也不乏高分低能的"赝品"、身体不好的"次品"、个性不健全的"易燃易爆易碎品"、思想道德方面出问题的"危险品"。讲质量，重在"质"。《规划纲要》在第一章"指导思想和工作方针"中明确指出："树立科学的质量观，把促进人的全面发展、适应社会需要作为衡量教育质量的根本标准。"同时，还多次强调："以提高质量为核心"，"树立以提高质量为核心的教育发展观"，"把提高质量作为教育改革发展的核心任务"等等。"四学一导"课堂模式以学生全面发展为根本，学生在这里成长得有求知欲、上进心、钻研精神、把握自我的信心意志、积极进取的人生态度等。单就"知识"而言，学生不只知道"是什么"，还明白"从哪里来"，又清楚"到什么地方去"。所有这些，才是教学质量的绝好注脚。

五、引领教师专业成长

《规划纲要》在第一章"指导思想和工作方针"的最后，强调指出："加强教师队伍建设，提高教师整体素质。"在第四部分"保障措施"中，首当其冲的便是"加强教师队伍建设"，其中反复强调"提高教师业务水平","提高教师专业水平和教学能力"。认真细想，历史赋予教师"教书育人"的责任，时代要求又不断提出新课题，教师专业成长就应与时俱进。在"四学一导"课堂上，教师原先熟悉的那一套用不上，要变"教教材"为"用教材教"，先要弄通教学内容；要编写"导学案"，先要熟悉学生情形；要给学生指点方法，教师自身先须有方法；要激活孩子思维，自己先应多向思维；要启迪他们上进，自己先要积极进取；要促使学生情感态度价值观发生变化，自己先要成为一个大写的"人"；要引导得当，先要得"法"；要在课堂得心应手，先要学会"用二十种以上语气说同一句话"；要不断出新，少不了交流与反思。至于不同的教学内容，变化的学生实际，也都少不了琢磨研究。在这里，琢磨过程是专业成长过程，研究成果则是专业发展征程上的一行行足迹。

六、创新人才培养模式

知识经济把创新作为主旨，培养创新人才是时代的呼唤。《规划纲要》不仅指出"把育人为本作为教育工作的根本要求"，而且明确提出"创新人才培养模式"，还框架性要求"倡导启发式、探究式、讨论式、参与式教学，帮助学生学会学习"。实际上，创新并不等于发明创造，培养学生创新精神与创新思维，是知识经济时代对基础教育提出的重大课题。"四学一导"在千姿百态的课堂模式中，突出彰显学生自主学习。在这里，"自学"形成独到见解，是自主创新；"研学"是讨论探究，集中合力创新；"示学"是展示交流，借鉴成功创新；"检学"是巩固创新成果，强化创新精神。还应看到，自主能萌动创新，尊重能催生创新，合作能促成创新，宽松的氛围诱发创新，恰当的评价激励创新，师生的互动成就创新。这一切，构建了一种别开生面的创新人才培养模式。

七、整体优化育人环境

在学校，课堂固然是育人的主阵地，但强调"育人为本"绝不只限于课堂教学。也就是说，由课堂模式起始，尽可以把探索的目光投射得更远。"四学一导"课堂模式的内涵是"自主式"，让学生实践"我的课堂我做主"。那么，站在有利于学生自主成长发展的角度，逐步让学生自主管理班级、自行设计并组织社会实践活动就很有必要。学校还遵循《规划纲要》的有关精神："关注学生不同特点和个性差异，发展每一个学生的优势潜能。"他们调动各方积极因素，广泛开展各种校园文化活动，给学生自主健康成长提供多种机会与条件，让孩子们通过"我的发展我做主"，准备"我的人生我做主"。这条路子，就是让教学模式突破课堂时空，演变为立体构建育人环境。当然，在追求学生自主化、师生互动化、管理自动化、成长个性化、发展独创化、格局多样化的现实中，还有一个"大环境"的问题，对此，不妨借鉴萧伯纳的名言："在这个世界上，有所作为的人总是奋力寻求他们需要的环境，如果他们未能找到这种环境，他们也会自己创造环境。"

八、提升学校发展品位

谈及学校发展，有人一味热衷于盖楼房，追求硬件设施，殊不知大学之大，非楼大之为也。有关资料曾披露：在一次接待发达地区教育代表团来访时，校方指着一幢幢拔地而起的教学大楼，振振有词地炫耀"教育现代化"，客人却耸着肩膀回应了一句："真滑稽"。还有学校以"牺牲"全体学生的全面发展为代价，把"升学率"作为标榜"发展"的唯一"金牌"，更令人扼腕叹息。《规划纲要》明确指出：要"把促进学生健康成长作为学校一切工作的出发点和落脚点"。这里的"健康"，包括身体、心理、精神、个性等，指的是"全面健康"。《规划纲要》还"鼓励学校办出特色、办出水平，出名师，育英才"。在"四学一导"课堂模式的构建实践中，大家从教育理念、教育视野、教育追求等方面实施深刻变化，坚持走内涵发展的路子，以特色为标志，用质量来竞争，把"育英才、出名师、有特色、升水平"作为心中理想与工作动力，也当作谋求学校发展的高点定位与工作主线。

诚然，"四学一导"课堂模式的辐射带动并不限于上述列举。但总体而言，目标一致：一是要坚持把"四学一导"课堂做好做实，二是要努力把"四学一导"项目做优做强。

（张全兴）

第二章

"四学一导"课堂模式之实施方案

"四学一导"课堂模式研究实施方案

一、研究背景

在 21 世纪的第一个 10 年里,中国基础教育在课堂层面涌动着一股巨大的改革潮流。这股潮流不仅来自政府作为引擎的"国家课程改革",还来自教育最基本细胞——学校教学模式的改革。

新课程理念的标志是"知识与能力、过程与方法、情感态度与价值观"三维目标、"自主、合作、探究"。

学校教学模式改革的标志是"学案"、"先学后教"。

前 5 年,新课程自上而下发动培训,场面壮观。

后 5 年,星星点点的草根式教学改革不胫而走,参观人数以百万计,堪称史上少有的教育景观。

合作、探究不仅仅是一种学习方式,更代表一种文化。

一线教师、校长从来没有像今天这样关注课堂问题、教研问题、文化问题。课程改革影响学校,学校向全社会传达新的课程文化追求:民主、开放、科学、平等、对话、协商。这些文化诉求成为新课程更加重要的历史使命。

近 10 年间,涌现出了一批教学新模式的"草根典型",如东庐中学的"讲学稿"、洋思中学的"先学后教、当堂训练"、昌乐二中的"271"课堂模式等等,其核心理念即学生自主、问题解决、学习中心。

"教师中心"被重新界定,"以人为本""以学生发展为本"获得普遍的社会共识,"对人的关注"被提到前所未有的高度,解放人的自主性、个体性,成为一种必然的时代诉求,渗透到教育的各个领域,甚至成为课堂教学改革的主题。

理想的课堂形态一定是全程课堂形态,让课堂中每一个环节,每一名学生进入学习状态、发展状态、生命成长状态。一定要实现知识建构、素养形成、生命成长三者的深度共鸣。

二、选题的意义

课改推行已十余年,传统课堂的流弊依旧猖獗,主要存在以下问题:

1. 忽略学习主体的教师中心论。学习的主体是学生,而传统的教学常规,从备课、上课到作业无不无限放大了教师的地位,忽略和漠视了学生才是学习主体。备课是备知识、备教法,上课是看教师讲得是否清晰、是否具有艺术性,作业是检查反馈教师的教学成果。而课堂评价也往往强调教师的个人素养、教学基本功、任务完成情况。总之,从学习内容、学习计划、学习方式,无不体现教师的中心地位,学生只是接受知识的对象,教师讲课的配角。教学方法单一、学习方式刻板,学生学习亲历性缺失,抹杀了学生的好奇和创造,只是教师思维的模仿和翻版。主体性的丧失,阻碍限制了学生学习的内在动力,甚至使学习这项充满智慧的智力活动,变成了学生遭受折磨的理由。

2. 把知识掌握作为课堂的最终目标。课堂学习的终极目的是培养人,课堂目标应该指向人、指向人的发展、指向人的全面发展,而传统课堂在相当大的程度上忽略了课堂培养人的目标,过分强调知识,甚至把掌握知识作为最终的目标。如此势必造成教师不断重复、机械训练,学生置身题海、效率低下。

3. 单一接受式的学习方式。学习的主体是人,决定了学习是具有主体性的智力活动,那么学习就具有亲历性、实践性和能动性。长期以来,课堂以单一的讲授式为主，忽略了学生学习的亲历性、实践性和能动性，把学生仅仅视为知识的容器，违背了学习的规律，导致学习低效，甚或无效。

4. 忽略个体差异的教学环境。传统教室的讲桌、黑板、讲台，实际是教师居高临下发射信号的基地，而学生统一朝前，正襟危坐，只是充当信号的接收器，泯灭个体感受，压抑主体个性，学生缺少展示表达的舞台。

5. 一味单向评价，制造盲目崇拜。传统课堂由谁发言，发言对否，表现优劣，往往教师一言定评。长期这样，教师自然成真理化身、权威象征，学生容易形成对教师的盲目认同和崇拜，不利于学生主体人格的发展。

如何克服这些弊端？经过大量的课堂实验，在"四学一导"高效课堂模式中找到了解决这些积弊的途径：

1. 构建课堂模式，打破教师中心

"四学一导"课堂模式中，"自学、研学、示学、检学"构成了以学习为主线，以学生为主体的新课堂格局，而教师的引导、诱导、辅导成为学习的辅助，教师处于配合、服务、促进的地位，真正让学生成为学习的主人、课堂的主人。

2. 落实三维目标，让课堂指向人的发展

课改前的《教学大纲》提出培养"双基"，即基本知识，基本能力，后又提出在各科教学中渗透德育。课改后《课程标准》提出课程的三维目标：知识与能力，过程与方法，情感、态度与价值观。

"四学一导"课堂模式强调课堂不再以掌握知识为终极目的，甚至不是第一目的，掌握知识只是培养能力，训练思维，提高学科素养的踏板和桥梁。同时，强调不只要获取现成的结论，还应探究知识结论产生的经过，遵循的规律，解决问题的思路和方法，把每一节课当成一个自主学习、共同探究、寻找结论的学习经历，既有具体的知识的学习过程和方法，又有宏观的自主、合作、探究过程和方法的历练。情感、态度、价值观目标不再是"基本知识，基本能力"的附属，而是课堂目标的一个构件，情感、态度、价值观不仅指课程内容所传承的文化传统、思想熏陶、情感积淀，同时也指在学习过程中独特体验，在合作共享、探索求知的交流、对话、撞碰、互励等实际交往中所表现出的健康情感、科学态度、正确的世界观和方法论。

如果说新课程的三维目标是把课堂目标指向学科素养，指向人，那么"四学一导"课堂模式就是全面落实课程目标，把课堂的目标指向人，指向人的发展，指向人的全面发展。

3. 变革学习方式，实现学习现代化

自主学习、合作学习、探究学习是三种现代化学习方式，这三种学习方式都强调学习的主体性即亲历性，实践性和能动性，而"四学一导"课堂模式正是这三种学习方式的有机结合。

自主学习不只是独自学习，独自学习只是自主学习的起步。自主学习意味着，学生具有出于自我发展，寻求满足自我发展需求的内在动因，自觉地通过阅读、听讲、查阅资料、询问求助等手段获取信息，并主动理解、思考、整理、删除、排列、整合信息，形成知识的自主构建的学习方式，它是最重要的学习品质、学习方式和学习能力，是衡量一个人学习能力的核心内容，也是贯穿于新课堂模式始终的主要学习方式之一。

合作学习是自主学习过程中一种必要的方式和需求，它不只是外在的小组围坐形成，其核心是组员之间、小组之间、师生之间的思维碰撞、思想交流、情感传递，是一种学习中的人与人的交往，目的是通过交往大家相互丰富、相互激发、相互提升、相互鼓舞，外在的形式化的讨论不是真正的合作学习，合作学习不仅体现在新课堂的"研学"、"示学"环节，同样存在与"自学"和"检学"环节，实质上是以导学案为纽带师生的交流交往学习方式。

　　探究学习是人们把凌乱的信息自主构建为知识的过程，其实就是一个自我探究的过程。探究学习首先表现为一种自我探究，其次才表现为群体的研讨与交流。新课堂应着力于让学生在学习知识过程中提升学习的能力，更应重视过程方法在学习过程中的经历、体验、再现。对学生来说，学习是一种生活，通过对障碍的克服、对难题的破解，获得一种从未知到已知的体验。不论他们所用的方法如何可笑，他们的经历、选择是多么幼稚，他们探究的问题是老生常谈，已有现成的讨论，但经历前人的思维历程对学生来说却是一种全新的过程，是历练思维的宝贵经历。新课堂中学生自己阅读、研讨、展示、评价的过程就是一个面对问题、认真思考、寻找资源、请求帮助、切磋揣摩、破解难题的成长过程、发展过程、创造过程。

　　综上所述，"四学一导"课堂模式是"自主、合作、探究"三种现代学习方式的完美结合，不能简单地理解为"自主学习"就是"自学"、"合作学习"就是"研学"、"探究学习"就是"示学"，"自主学习、合作学习、探究学习"是贯穿于整个课堂始终的主要学习方式。

　　4. 组建学习小组，突出学生主体

　　6人学习小组的建立，改变了"文本—教师—学生"的单一信息传递方式，变成了若干个"文本—学生"的个体信息汲取、组内成员之间的信息交互传递与生发，组际之间的思想交流与生成，每个小组都成为学生交流学习成果、思维碰撞、产生学习动力的动车组。

　　小组学习从以下四个层面引发了学习的革命：（1）文本成为学生直接的信号源，学生亲历理解、过滤、整理信息、建构知识的过程，而不是接受经过教师处理的信号；（2）学生之间的交流合作，成为解决学习疑难的第一方式，从而凸显学习主动性；（3）学生的表现欲，师生之间相互评价和认同，组际之间的评比成为把学生学习引向深刻的原动力；

（4）学生学习首次变成自己的事，而不是在教师的要求、强求、指使下被迫接受的任务。

5. 评价多元多向，培植健全人格

新课程不仅存在教师对学生的评价，更多的是学生对学生的评价，小组对个人评价，个人对小组评价，还提倡学生对教师的评价。评价的多元决定了评价的丰富而全面。评价的多向交互决定了评价的客观而深刻。更重要的是学生在评价别人和被别人评价中体验平等、互助、尊重、客观、文明、崇尚真理等，这些优秀人格品质会在日常的课堂中潜滋暗长、自然生成。

三、理论依据

第一，哲学基石，就是以人为本。

第二，科学基石，因为最近二三十年世界学习科学的最新成果可以用四个关键词来描述：探究、体验、构建、展示。

第三，技术基石，即信息技术，带来的是个性化，无时无处不在，共建共享学习。

四、研究目标

1. 创建一种全新的课堂模式。
2. 建设一套课堂教学理论。
3. 打造一个课堂教学品牌。

五、研究内容

1. "四学一导"课堂模式的实践：

(1) 课堂中各环节操作的要点；

(2) 教师、学生的引导与培训；

(3) 导学案的研讨与编写。

2. "四学一导"课堂模式的基本理论和推广方法。

六、创新之处

"四学一导"课堂模式，令人耳目一新，其主要创新点表现在：

1. 明确地将课堂目标指向人的发展。传统课堂关注知识，现代课堂更关注学生的发展。由传统的追求知识的完整性、全面性到更加关注学生的的性格、人格的健全；由注重知识能力的培养到更加关注学生的心理需求和精神成长；由传统的整齐划一到更加关注学生的不同需求。从而回归了教育的本质，也生动诠释了以人为本的先进理念。

2. 自始至终凸显学生主体地位。课堂上以学生发展为中心，坚持让学生做主人，围绕三维目标，坚持学生自主、学为主线，让学生在自主中自信，在自信中自尊，在自尊中自强。通过自主学习实践，唤醒主体意识，坚定主体意志，增强主体责任，进而不断提升品格，健全性格，完善人格。

3. 实现了自主、合作、探究现代学习方式的有机结合。新课程倡导自主、合作、探究的学习方式，"四学一导"通过依次展开的自己学、结对学、小组学，以及穿插其中的展示、点评、质疑、辩论、纠错、小结等，不仅实现了现代学习方式，而且将其有机地融合在一起，达到了效益最大化。

4. 创造性地构建了多元、交互、立体的评价体系。除了传统的教师对学生的评价外，还有学生对学生、个体对小组、小组对小组、小组对个体的立体交互评价，同时提倡学生大胆评价教师。更重要的是，评价内容涉及学习态度、学习方式、独特表现、进步变化等，这些都成为高效推动学习进程的原动力。

5. 推出了以小组为主要单位的自主学习形式。新课改倡导合作学习，合作学习又是以学习小组为基本单位，这是实施高效课堂的组织保证。充分利用小组成员之间的优势互补关系，通过小组成员之间的合作交流、思维碰撞，实现智慧分享，学会合作与创造、实践表达与沟通，达到互助与共赢。

七、构建特色与内涵创新

"四学一导"课堂模式的突出特色，是把先进的理念演绎为一种现实的操作模式，鲜明特征是植根于教育教学实践，重要特质是能引发系列深刻变革，基本特点是操作要领易于把握，收效比较明显。

"四学一导"课堂模式，是对教育教学规律的新诠释，是落实素质教育的新尝试，是深化课程改革的新举措，是对"以人为本"理念的新解读，是对教学论与课堂论的新丰富，其新突破的主要表现是：在解放思想中扬弃封闭保守模式，于实事求是中构建全新课堂格局，并且以"让学生自主发展"为主线，由创设"自主学习"的课堂环境，拓展到立体优化"自主成长"的生态环境。在创新实践中，更坚定了大家进取开拓的创新意识，敢为人先的创新勇气，集思广益的创新方法，锲而不舍的创新习惯。从这个意义上讲，"四学一导"课堂模式的创新影响早已超出了课题本身。基于此，这一课堂模式生命力强，具有广阔的推广空间。

八、研究方法

1. 专家引领；
2. 培训学习；
3. 研讨实践；
4. 经验总结；
5. 同伴互助。

九、研究思路

教师培训——研讨导学案——课堂实践——课堂实践研究——课堂实践——归纳提升。

学生动员——小组长培训——课堂实践——课堂实践研究——课堂实践——理论提升。

十、研究步骤

1.2011年暑期，学习启动，编写导学案，动员学生，培训小组长。

2.2011年下学期期中考试前，七、八年级两个实验班能初步熟练运用"四学一导"课堂模式教学。

3.2011年下学期期末考试后，七、八年级其他各班教师，培训、实践、试用"四学一导"课堂模式授课。

4.2012年上学期，七、八年级各班推行"四学一导"课堂模式，九年级教师学习，试用"四学一导"课堂模式授课。

5.2012年下学期，九年级各班推行"四学一导"课堂模式，全校进行"四学一导"课堂模式的理论研究，整理归纳、提升结题。

十一、成员分工

郑京武：课题组的教育局主管领导，负责提供课题研究的行政、业务、资金的支持。

孙铁龙：课题负责人，负责"四学一导"课堂模式的设计论证、实践、推行，负责形成课题研究报告。

张全兴：负责"四学一导"课堂模式的理论阐释，制度建设。

吴山林：负责教师培训、外出学习、大型活动、宣传推广、对外联络和接待组织。

王志强：负责导学案的编写与修订工作，负责学生学习质量的监测、对比分析，并形成调研报告。

秦艳刚：负责学生自主管理改革的实施，学生人格成长的调查、分析。

刘军民：负责班级自主管理工作，负责学生成长监测、对比分析，并形成调研报告。

武　卫：负责课改推广的具体实施、检查、考勤。负责课堂操作评价部工作。

王华刚：负责学生培训、小组评价部工作。

党　纳：负责课改资料的收集工作，负责教学研究部工作。

所有成员均需参与听课、指导、分析、跟进整个课堂模式的研发、推进、总结工作。

十二、研究成果

1. "四学一导"课堂模式实践研究报告，包括：教师专业成长、学生学习成绩、学生人格成长调研报告。

2. "四学一导"课堂模式实务操作手册：①经验；②论文；③课堂反思。

3. "四学一导"课堂模式典型案例分析。

4. "四学一导"课堂模式优质导学案汇编。

5. "四学一导"课堂模式课堂实录。

十三、保障措施

1. 市县教育局领导重视，特别县教育局副局长、教研室主任郑京武同志直接参与课题研究，全力支持课改工作，是课堂模式研究的政治保障和有力后盾。

2. 依托《中国教师报》成立西北课改名校共同体，与其他课改学校互相学习、抱团发展。

3. 省市教（科）研所专家雷守学、韩召义，咸阳师院教授胡鸣唤，特级教师张全兴的指导和参与，为课改提供了业务的支撑。

4. 学校领导一班人热心教改，吃苦耐劳，锐意进取，有打造课改名校的抱负，是课改顺利推行的领导基础。

5. 学校每年拨付10万元用于教师外出学习、购买图书、学术交流，是课改顺利进行的经济保障。

6. 学校制订了"四学一导"课堂模式实践研究方案，有计划、分步骤稳步推行，为课改提供了制度支持。

（孙铁龙）

"四学一导"课堂模式推进的策略和步骤

推进阶段

"四学一导"课堂模式推进大致可分为六个阶段。

第一阶段实验探索阶段（2011年8月—2012年1月）：

1. 设立七年级1、2及八年级1、2四个实验班；
2. 提出了课堂的基本构架；
3. 一个月后推出语、数、英三节公开课；
4. 全体领导及实验班班主任赴上海昆山参加中国教师报举办"问题导引—成长为本"开题报告会；
5. 期中考试后设立了第二批七年级3、4、5及八年级3、4、5六个实验班；
6. 验收了两批实验班的新课堂。

第二阶段研究规范阶段（2012年1月—2012年7月）：

1. 设立了第三批七年级6、7、8及八年级6、7、8六个实验班；
2. 研究导学案编制的方法并提出基本要求；
3. 研究课堂操作的要领并提出基本要求；

4. 教师撰写教学反思并提出基本要求；

5. 获省级课题立项。

6. 2012年4月12日承办大荔县课改现场会。

第三阶段完善实施阶段（2012年7月—2013年1月）：

1. 设立了九年级10个实验班；

2. 研究小组文化建设；

3. 进行课例研修，提炼新课型；

4. 进行教师培训研究。

第四阶段体制变革阶段（2013年1月—2013年7月）：

1. 进行会课与微教研展示；

2. 2013年4月9日承办大荔县校本研修现场会；

3. 进行学生培训研究；

4. 2013年6月25日课题通过省级验收，顺利结题。

第五阶段总结成就阶段（2013年7月—2014年1月）：

1. 构建教学研究系统；

2. 构建课堂评价系统；

3. 成立课堂评价三部；

4. 形成了"四学一导"课堂模式成套理论。

第六阶段宣传推广阶段（2014年1起）：

1. 总结经验，集结成册，筹备出版；

2. 筹办渭南市课改现场会；

3. 申报国家级教学成果奖；

4. 进行同课异构研究；

5. 进行优化作业设计研究。

解决问题的策略

1. 校长是课改的灵魂。从模式的顶层设计，到本土实践，再到课堂操作的具体指导，教研活动的策划，校长不只是统筹安排，还必须全程参与，泡在课堂中、泡在教研中，成为名符其实的校本课改专家，否则，高校课堂无法真正实现。

2. 坚持课改的领导团队。坚定改革、勤于学习、亲历课堂的学习型团队是改革顺利推行的组织基础，两年来，领导团队听课人均 800 余节，完成理论构建材料 20 余万字，进行各种培训近百场次。

3. 本土课改理论的培育。只知照搬、不顾实际，只知拿来、不知内化、只知实践、不做研究，永远不可能走出自己的课改之路。

4. 稳步科学推进策略。我们采取与分批实验，逐步推进的策略：第一批 4 个实验班，拿出于示范课和基本操作理论；第二批 6 个实验班，完善实验步骤，进行课堂操作研究；第三批 6 个实验班，建立评价制度，实行过关验收；第四批 10 个实验班，进行课例研修，建立评价机制。采取分批实验方法避免了家长、学生的质疑、恐慌，避免了全面同时推进的慌乱和阻力，保障了课堂在实验中催熟，在实践中成熟，在成熟中推进的良性成长势头。

5. 评价制度的变革。成立了课堂教学评价三部，小组培训评价部、课堂操作评价部、教学研究评价部，对教师的教学过程进行严格的监控和指导，把教学过程纳入绩效考核。同时建立学生评价课堂质量的测评赋分制度，这些配套的评价变革，成为课改推动的制度保障。

6. 教研系统的构建。我们依据课改要求，结合学校实际，对传统的教研形式进行了改革，构建了一套新的教研系统，具体有：集体编写导学案、个人教学反思、周一研课、修订导学案、周五会课、微教研展示、课例研修、课题研究等。为教师内化课改理论、进行实践反思、改进课堂流程，提高课堂技能提供了活动载体，推进了课改进程，培养了科研群体，凝聚了骨干力量。

7. 骨干团队的培养。两年多来，我们培养特级教师 1 名，省级教学能手 2 名，市级教学能手 5 名，县级校本研修专家 7 名，全国赛课优秀奖 3 名，"说教材、说课标"竞赛二等奖 1 名，西北课改名校共同体导学案比赛获奖 50 名，有力地推动了课改的进程。

课堂模式的实验推进方法

1. 分批推进。全校三十二个班，分四批实验推进，分班逐人验收过关，保证了课改推进稳妥与质量，克服了因经验不足造成的盲目，避免了师生的恐慌和家长的质疑。

2. 教研引领。一开始就把教研摆到了课改的引擎位置，把教研与实践课题结合，在实践中内化理论，在实践中提炼方法；把课堂与教师培训相结合，组织教师研究的过程就是内化课改理念的过程，改变思想和方法的过程；把教研与课题研究相结合，引导大家总结提炼，形成本土课改理论。

3. 逐步深入。从开始推进时的基本框架，到导学案编写、操作环节、小组培训、教师培训的基本要求，最后对各种课型的深入研发，教研体系的构建，评价体系的改革。四年来，全体教师经历了一个从形式到内涵，从单一到复杂，从模式到理念的蜕变。

4. 小结提升。第一批实验班，我们推出了示范课。第二批实验班明晰了导学案编写的基本要求。第三批实验班我们总结了各环节的操作要领。第四批实验班我们进行不同学科，不同课型的模式实验研究。之后又改革了评价体系，逐步构建了新的教研系统。每一个阶段的总体提升，使我们由幼稚走向成熟。

5. 改革创新。我们除了创造性的设计了教学模式外，还创作整理了一套关于新课堂的理论材料约30万字。另外逐步构建了教学反思、周一研课、周五会课、微教研展示、课例研究、课题研究、说课标说教材、同课异构、课题研究等全新教研系统。我们成立了课堂操作评价部、小组建设评价部、教学研究评价部，把教学过程纳入对教师的评价。还每月测试学生对教师课堂满意率。这些都是新课改过程的亮点和成功的动因。

推进思路

工作实践中，我们的基本思路是"五个结合"——

1. 学习理论与研究问题结合。平时，我们一直注重对学习教育科学理论的领导和要求。自开展"四学一导"课题研究后，首要工作就是学习理论，更新理念。在"逢会必讲"的基础上，还邀请省课改专家雷守学、《中国教师报》编辑部主任李炳亭等课改专家作理论专题辅导报告。同时，结合课题进展情况，联系实际破解主要障碍与问题，先后取得的阶段性成果有："四学一导"的"基本框架"、"本质特征"、"操持要义"、"教师要务"等。

2. 整合借鉴与因地制宜结合。在构建"四学一导"的探索过程中，大家聚焦"自主式"，对诸多成型的课堂优势进行分析、感悟，还去山东、江苏、上海等地实地考察，不断丰富研究思路。在坚持整合借鉴、注重因地制宜的基础上，还特别强调一条："四学一导"的精髓是"人的自主发展成长"，依据客观实际，灵活掌握课堂环节。

3. 专家引领与同伴互助结合。为了实现预定目标，我们除了从资料、媒体、网络上关注专家的真知灼见外，还聘请全国优秀教研员，直接参与引领。在全员参与的分段、分层、分类培训中，始终坚持以"课例研究"为载体,大家在相互启发中实施互助,用集体的智慧完成探索。在课题研究的影响逐步扩大后,在临渭教研室、咸阳师院等外地的考察人员来访时,注意交流,取他人之长。

4. 理论探索与试验实践结合。在先进理论指导下,随着整个工作的步步深入,需要不断提出新主张,进行新阐述。为此,由课题组领导带头,大家分专题展开理性探讨,先后完成了数十篇,共计十几万字的理论思考。在这些鲜活理论的指导下,大家在试验探索中做到心中有数、少走弯路,而富有创造性的实践,既是对理论建构的丰富,又赋予了实践新的活力。

5. 自主实践与借助外力结合。实施"四学一导"课堂模式"以来,我们坚持自主研究、自主实践。经过一年多的摸索,我们不仅成就了一批熟练运用心新模式的教师,也培训出了一批热心改革、精于理论、投身实践、善于研究的专家型骨干教师群体。同时注意借助各种力量,推出优秀教师、宣传课改成果。借助行政力量:2012年4月12日,大荔县教育局在我校召开来了课改现场会。8月24日,县教育局承办了中国教师报以我校课改成果为主题的课改中国行活动。2013年4月9日,县教育局在我校召开了校本研修现场会。这些举措,既极大地激发了广大教师的课改热情,又坚定了大家攻克课改难题、大步前行的决心和信心。借助媒体力量:《渭南教育研究》、《中国教师报》对我校课改情况先后做了报道,借此推出了一批骨干教师。借助团体力量:我校是西北课改名校共同体的核心学校之一,在其成立大会上,我校教师和杜郎口学校的教师共同做课改示范课,我校校长被聘为西北课改名校共同体常务理事,奠定了我校课改在西北地区的地位。

正是系列举措适用有效,课题研究也就显得扎实、高效,课改事业也进行的轰轰烈烈。

(张全兴)

"四学一导"课堂模式
的细节要求

在"四学一导"课堂模式推进快一年的时候,学校一行十三人,先后到河北邯郸市广泰中学、邯郸市第十中学、山东昌乐二中学习考察。第二次到昌乐二中,发现时隔一年,事先没有任何预约的昌乐二中依旧车水马龙,参观学习者摩肩接踵。

看着这熙熙攘攘的人流,回顾一年来课上课下,红脸白脸的艰辛历程,再对照在邯郸参观的两所学校,以及周围依葫芦画瓢的课堂改革,让人不禁感到大多是邯郸学步或东施效颦,乍一看有讨论、有展示,很是像那么回事,但仔细一推究,有讨论、有学生板演就真的高效了吗?

回想起几年前,在一所名校听一位年轻的语文教师教授苏轼的《水调歌头·明月几时有》,让学生分组唱词、仿写、展示学生自己作的词,对歌、对词、打擂,确乎热闹非凡,台下近千听众,怀着虔诚的敬意来学习这所全国课改名校的经验,但这种无视学习目标、一味求新求闹的课,究竟能将我们引向何方?后来,我与该校副校长交流,她说:"这叫拓展!"哀哉!这种毫无目标的拓展,不要也罢!

不到一年时间,听课两百余节。发现有许多老师品尝到了新课堂的甜头,但依然有部分老师理论学习不够,结果只停留在对课堂的表面认识:环节操作随意,课堂秩序混乱,小组学习流于形式,造成了新的低效课堂，真可谓画虎不成反类犬。实践中，我越来越觉得，新的课堂模式一定要有新的规程，要做得精细，要让教师发自内心明白每个环节的原理、意义、价值，严格按规程操作。不是讨论做点缀，展示来添花，那只是虚无的热闹，与课堂高效无关。

联系参观听课经历，结合"四学一导"课堂模式的推进实践，针对"四学一导"课堂环节操作，总结出以下几个普遍存在并急需解决的问题。

自学要有保障

自学是自己学习、自主学习，要求学生在自学案引导下通读教材，整体感知教材，并结合学习目标，尝试解决重点问题、记录疑惑。要保障自学质量，必须做到三保障：首先是时间保证。不能仅仅是课堂导入，要引导学生通读教材，要给学生读书学习的时间。其次是深度保证。不能蜻蜓点水，一带而过，要让学生尝试独自解决学习重点，有独立、认真、深入思考的过程。再次是方法引导的保障。正常情况下，自学题目设计要着眼于整体，帮助学生通读教材，理清脉络，弄清重难点。不能只有几个着眼于局部的填空题，学生为完成题目，根本不通读教材，看似完成了自学案，但对教材整体内容并不了然，造成研学的障碍，导致研学部分气氛沉闷，流程滞涩，影响课堂效益。

研学要有秩序

先独立完成研学案，再进行小组讨论。只有先独立自学，才能保证尝试独立解决重点、攻克难点。有思考、有体验、有准备，亲历问题解决过程，胸有成竹。任何时候，独立学习都是讨论的酝酿、准备、前提，没有独立完成研学案就进行讨论是盲目的、不符合认识规律的，是浮浅的，是课堂混乱的表现，应予以坚决取缔和反对。

讨论应有明确分工。每个学科都应依据学科特点和具体学情，给每个小组的成员分配具体的学习任务，讨论秩序应该是组长主持，一人记录（不一定笔记）、逐个发言、讨论形成结论、一个人展示，再结对帮扶讲解，完成导学案，组长检查并指正，全组准备向其他组提出自己不能解决的问题或质疑。不能一哄而上、七嘴八舌，只顾自己讲，不听别人说，分工不明，有人忙活有人闲。

讨论结束后的发言应提前指定小组代表，不能谁会谁说或举手发言。讨论是为了充分发挥小组学习的作用，培养学生合作学习，共同攻克疑难问题，体验集体解决问题的过程。小组代表发言是代表小组的学习成果，而不只是代表个人。这种小组内讨论不只是解决个别问题，同时也通过思维的碰撞相互提升。小组代表发言的过程又是思路再整理的过程。只有代表小组的学习成果，才能引起小组成员的关注，同时因为有激励机制，其他小组成员才都关注别组的学习过程，随时准备为其他小组提问。总之，这种代表小组的发言既有组内的层次性，又有组际的竞争性。而谁会谁说、谁举手谁说，往往会形成优等生独霸课堂的局面，忽略了差生。

展示要形成高潮

展示的意义和价值在于暴露问题、突出重点、突破难点。在实践课堂上，许多老师不重视黑板展示，只让学生口头展示；有的只让极少数学生展示，不易全面掌握课堂情况；有的只让优秀学生展示，看似课堂流畅，但往往遮掩问题；有的展示量太少，不足以突出重点、突破难点。

展示有几种常见的形式：通常情况是研学前指定小组的学生代表；

当课堂容量较大时，可将不同题分配给不同小组展示；当训练量大，又具有随机创设项目时，如英语的对话、造句、练习等，可以轮流展示。小组代表发言是最常用的方法，有利于暴露问题；分配展示不仅能暴露问题，而且节省时间，但也因为展示不充分会遮掩部分问题；轮流方法有利于普及性的广泛参与，只适于口头展示，人人过关，但较费时。在实际课堂上，教师要依据课堂内容、学生学情恰当选择展示方式，更要反复斟酌展示内容，既要是重点、难点，又要重在应用。展示的手段，有多媒体、口头或黑板。多媒体展示形象快捷，但投资较大；口头展示快捷但往往不甚严谨；黑板展示费时，但有利于养成学生理清条理，严谨表达的习惯。

  展示可分三个阶段：首先，研学结束后，由小组代表展示讲解；其后，各小组自由点评、补充、质疑、答辩，必要时教师也可追问、争论，这是课堂的关键、高潮，用以突出重点，突破难点，用以把大家的思维打通达到基本水平；最后阶段，要引导学生指出关键，归纳规律，总结方法，拓展迁移。实际课堂上，有的课堂沉闷，可能与教师平时课堂习惯有关，学生没有养成交流的习惯。或者导学案缺少方法指导，教师又没有随机搭桥、铺路，造成学生的思维障碍；有的课堂平淡无奇、水波不兴，缺思维碰撞和不同观点的交锋，过于流畅，除了课堂内容过于简单外，可能是发言代表过于优秀，而教师又没有在重点处设疑、追问，恰恰回避了问题，掩盖了学习困惑，表面繁华实际是优秀生独霸课堂的结果。示学环节，教师必须在重难点处，设置理解歧义，组织有效辩论，以提升认知，加深理解，捋清思路。没有有效争论、答辩的课堂，不论是沉闷还是流畅，都会影响重难点的解决。

检学要分层次

检学环节是对前三个环节学习效果的巩固、反馈、再训练、强化、迁移。在实际操作中常存在以下几个方面的问题：

自学、研学、示学环节拖沓，总是把检学改在课后，影响反馈的有效性。

检学题目随意凑合，无视教学目标、重难点，或层次单一，不重视方法总结、规律归纳、关键训练，也没有照顾学生学习水平的差异。

仓促收场，没有课堂小结，不做学生个人或小组课堂表现评价。课堂小结是与自学通读教材整体感知的照应，是学生对整节课学习内容的再回顾。课堂表现评价是为了形成长效的激励机制，长期忽略，或影响学生课堂参与的积极性。

"四学一导"课堂模式推行一年，我们以课堂操作为突破口，引导教师学理论、变观念，大胆尝试。深入课堂帮助教师上路、上道、思考分析、研究课堂操作。我们培养了能听课、能评课、能指导的领导队伍，也初步形成课堂模式积极推进的骨干力量。教师的专业水平在不断提升，学生的人格素养也会悄然变化，但我们仍需要更大的耐心、恒心、决心，把现有的课堂精细化，让新模式的课堂真正高效。

（孙铁龙）

"四学一导"课堂模式课堂评价的基本标准

高效的课堂应该创设一种平等、民主、安全、愉悦的课堂气氛，应该以学生的发展为中心，真正对"知识与能力"、"过程与方法"、"情感、态度与价值观"进行有机整合，因材施教，充分体现课堂的生活性、生命性和发展性，注重开放和生成。

高效课堂应当是预设与生成、封闭与开放的矛盾统一体，是可点燃的火把。学生是活动的主体，课堂注重学生学习能力的培养，注重师生的交流和合作，注重联系生活。

制定高效课堂的评价标准，既有利于约束和规范教师的课堂行为，也为我们评价实践课堂提供了依据。

高效课堂是一个安全、平等、民主、和谐的课堂

高效课堂的要求：师生、生生之间要进行思想和心灵的高质量的沟通与交流。不仅教师不能体罚、辱骂学生，而且要求教师要尊重学生人格。课堂上允许学生出错，包容学生缺点，真正放下架子与学生真诚对话，关注每一个学生的进步、成长。要发扬课堂民主，建立融洽的师生关系，成就和谐课堂氛围。

全面落实三维目标的课堂

"四学一导"课堂模式将课堂教学目标指向人,指向人的发展,指向人的全面发展。在课堂上,全面落实"知识与能力"、"过程与方法"、"情感、态度与价值观"目标就是落实人的全面发展的要求。高效课堂正是让学生亲历学习知识的"过程与方法",从而获得知识,习得能力,赢得情感、态度与价值观的变化。我们反对不讲方法、忽略过程、只下结论、只给结果、不尊重人、不发展人的唯分数论做法。

以学生生动的学习活动为主体的课堂

强调以人为本,践行学生是学习的主体的观念。给学生一个问题,让他自己找答案;给学生一个困难,让他自己去解决;给学生一个冲突,让他们自己去讨论;给学生一个机会,让他自己去抓住;给学生一个对手,让他自己去竞争;给学生一个权利,让他自己去选择;给学生一个时间,让他自己去安排;给学生一个空间,让他自己去开拓;给学生一个课题,让他自己去探究。解放学生,开发潜能,让学生绽放生命的精彩,享受课堂生活的幸福。

全员参与、全面发展、人人成长的课堂

展示、点评、讨论、纠错,面对全班发言展示参与率不低于75%。课堂评价不仅要评知识能力,同样要评参与热情、礼节礼貌、仪态仪表、合作精神、团队表现。中等生展示讲解,优等生质疑点评,学困生寻求帮助,合作成长。人人都在自己基础上进步。

心灵碰撞、思想交锋、个性张扬的课堂

高效课堂一定是引发学生思维共振、情感共鸣、身心投入、激情洋溢的课堂。师生关系陌生、课堂气氛压抑、教学方法单一、学习目标零乱，这些都会影响或阻碍学生深入思考、情感释放、交流畅通，进而影响课堂效益。所以课堂学生的学习投入、思维深度、情绪状态、都必定成为关注的焦点。

（孙铁龙）

第三章

"四学一导"课堂模式之校本研修

构建教学研究系统

构建一套高效、完整的教学研究系统，对于理论学习、模式推进、探索反思、经验总结、骨干培训、理念提升等，都有着不可替代的实践意义。在对"四学一导"高效课堂模式的探索中，我们构建了与高效课堂配套的教学研究系统。

编制导学案

苏霍姆林斯基说，如果你想让教师的劳动能够给教师一些乐趣、使天天上课不致变成一种单调乏味的义务，那你就应当引导每一位教师走上从事一些研究的这条幸福的道路上来。新课程标准下的学校教研工作，既高效又实用的措施之一，就是集体编制导学案。导学案的编制要以集体备课为基础。导学案的编制过程是突出个人能力和发挥集体智慧的过程，抓好集体备课对编写导学案有着重要意义。

导学案编制的基本程序为：提前备课—集体研讨—轮流主备—二次备课—课后反思。

提前备课：备课组长提前两周召集导学案编制小组老师，就周内要学习的内容进行研讨，确定教学目标、教学方法，设计教学流程，分析学生情况，并确定导学案编制人，编制人开始编制导学案。

集体研讨：集体研讨分两次进行。首先，包科领导集合备课组长及导学案编制小组，提前一周对导学案进行第一轮集体研讨，确定导学案初稿；然后，学科全体教师集体研讨修改导学案并定稿，交领导审阅批准后，方可印发给学生。

轮流主备：以导学案编制小组为单位，轮流主备教材内容，保证高效经典。

二次备课：学科教师在备课组最后形成共同的导学案的空白处，针对班上的学情书写个案。这样的导学案个案有针对性，更具有实效性，更具有可操作性。

课后反思：上完课后，教师根据课前及课堂的使用情况进行反思，并进行记录，以备再进一步对导学案修正完善。

课后反思

美国著名学者波斯纳说过："没有反思的经验是狭窄的经验，只有经过反思的经验方能上升到一定的理论高度，并对后继教学行为产生影响。"我们要求教师在每次授课后，围绕教学内容、教学过程、教学策略等进行课后反思，可从以下几个方面考虑——

教学内容方面：确定的教学目标是否适于学生，就现目标所采取的教学策略是否恰当。

教学过程方面：反思教学的目标，是否达到预期的教学效果；反思教学理论，是否符合教与学的基本规律；反思评价，教师评价、学生评价、师生互评等，是否促进了教学活动；反思执行教学计划的情况，包括改变计划的原因和方法是否有效，采用别的活动和方法是否更有效；反思措施的改进，教学计划怎样修改会更有效。

教学策略方面：感知环节，教师要意识到教学中存在问题与自己密切相关；理解环节，教师要对自己的教学活动与倡导的理论、行为结果与期望进行比较，明确问题根源；重组环节，针对以上问题要重审教学思想，寻求新策略；验证环节，检验新思想、新策略、新方案是否更有效，形成新感知，发现新问题，开始新循环。

周一研课

每周一，学校组织教师进行研课。首先，研课人员要听取授课教师就自己对教学问题的理解所进行的解释和说明，尽可能地使教师比较完全地展示自己，从而对教师的实践获得比较全面和深入的理解。其次，研课人员要研读文本、了解学生，用授课者的语言与他们互动，以教学内容与教学方法为着眼点，探讨研究"学什么、怎么学、教学生学什么、教学生怎么学"等问题。通过以上两个环节，不仅能指向教师教学行为的改进，更能指向教师教学观念的更新。

周五会课

这里的会课是指授课者课后接受教研组教师的集体"会诊"梳理，确定研究重点。教学中的困惑与需要是教学教研课题的直接来源，所以应提倡教师就教学中的疑难问题进行集体"会诊"，即：先将本人遇到的疑难、困惑的问题摆出来，再由组内全体教师出主意，想办法。一般采用"个人自备—集体交流—达成共识—形成导学案—个性修改—课后会诊—解决疑难"的方式进行。

微教研展示

微教研是一种由教师因某一话题需要而随意即时发起的小型网络教研模式。这种教研有四个特点：一、即时性：教师可对某一突发灵感即刻开展教研活动，活动由教师自由发起；二、任意性：教师可对某一教学方法、某一社会热点等任何问题发起教研活动；三、随意性：微教研基于普通计算机和网络，教师办公室、家庭等具有连接网络的计算机设备，即可进行教研活动；四、广泛性：参与人员无须提前组织，只要有相关人员在，乐意参与讨论即可开展。

学校充分利用计算机和网络资源，给教师提供一个平台，由他们展示自己教研组和备课组的最新研究成果，共同参与，共同交流，共同提高。微教研展示的方式，充实了教师，活跃了学校学术氛围。

课例研修

每学期至少开展一次"课例研究课"。具体操作程序是"提炼问题—合作设计—教学行动"三步。提炼问题：每学期以教研组为单位针对教学中存在的难点、热点问题进行讨论，拟定教研组研讨小专题。合作设计：组内确定1—2名教师针对研讨专题选择上课内容，以案例课为载体，以上课的形式把解决问题的策略表现出来。在教研组活动时，由上课人做中心发言人，围绕专题集体合作设计导学案。教学行动：首先反复研讨，上课人开始试讲，组内教师听课，以课的实际效果来检验所选择的方法是否可行。经过三轮试讲，三轮评课，反复修改，直到满意后在全校上公开课。

课题研究

　　课题研究是教育科学研究最常见的、最基本的方式。学校提倡教师自觉针对自身教育教学实践中的某些问题、话题，进行持久关注，不断反思追问，积极进行实践研究。

　　要求教师在课题研究时选好切入点：一、从基础性的、容易的、关键性的问题切入；二、从已经成功的经验切入；三、从学校教育面临的实际问题切入。明确研究的方法：观察法、调查法、文献资料法、教育实验法、经验总结法、比较研究法、个案研究法、行动研究法、反思研究法等。

　　从每学期开始，每位教师就要确定自己课题研究方向，然后全身心地深入进去，在学期末拿出自己的研究成果，在教研组和全校范围内交流，评出优秀论文若干，学校推荐参加上级的评选活动。

专题研究

　　专题研究只是围绕某一个教学问题，教师针对问题解决进行深入地研究。由于这种研究开口小，易于操作，深得教师的喜欢。

　　教师可以根据自己的能力和兴趣，选定一个教学问题，进行一系列的研究活动，包括资料收集、整理、分析、综合、思考等，最后得出结论或生成新知。

　　专题研究不分能力高低，可以自己研究，也可以几个人一起研究，集个人或集体的智慧，解决专项问题，效果颇为显著。

（王志强）

校本研修制度建设

组织机构

一、校本研修领导小组

组长：孙铁龙

副组长：王志强、吴山林、秦艳刚

成员：武卫、刘军民、王华刚、党纳

职责：

1. 构思并制订校本研修工作的总体规划，做好指导、研究、实施、评估等工作。

2. 制订校本研修管理的有关规章制度并组织实施和考核。

3. 组织教师进行校本研修的理论学习，规范教学行为，提高教育教学能力。

4. 积累研修资料，及时提供教改信息。

5. 深入校本研修小组，组织实施，指导学习、教学、听课、评课工作，和教师一起研究，进行及时总结。

6. 做好校本研修实施的经验或成果的推广和应用。

7. 为教师开展校本研修提供良好的软、硬件环境；适时组织交流、聘请专家来校指导研修工作。

二、校本研修工作小组

组长：教研组长、年级组长、备课组长

成员：全体教师

职责：

参与学校研修工作；收集、整理学校研修的各种资料，总结经验，找出存在的问题，提出建议；定期完成学校的研修工作。

教师研课制度

为了切实提高教师的专业水平，使"四学一导"课堂模式不断得到深化，特制定教研活动制度如下：

一、活动时间

校本教研活动每周开展一次，时间定为每周日下午全体教师会后，时长不少于1小时。

二、活动内容

1. 研讨上周导学案使用情况，对更改内容做以标记，并及时更改电子稿，上交教务处，以备来年使用。

2. 结合上周教学反思，交流个人在教学工作中出现的困惑，总结经验，共同提高。

3. 制定本周教学计划，研究本周导学案编写情况。

4. 每月第一次教研活动由组长牵头，确立本月研究课题，制定计划，安排任务。

三、活动要求

1. 各教师按时参加教研活动，不得无故缺席，不得迟到早退。

2. 活动中积极发表个人意见，虚心倾听他人建议，勤于反思，勤写个案、随笔，以促进个人业务水平不断提高。

导学案编写的基本要求

一、内容要求

每节学案开始必须设置"学习目标"、"重点难点"、"学习方法"三项，个别科目根据实际情况还应有其他项目，如"学具准备"等。

自学：

自学开始设置"学法指导"。"学法指导"中应包括：全面阅读教材第几至几页，用蓝笔画出重点内容，红笔标出有疑问的地方。再安排学生学习完自学问题后的交流情况。

对于概念、规律的学习禁止出现照抄教材的简单的填空题，对于其中的重点内容以问题的形式出现，引导学生思考。如物理教学中质量的定义为：物体中所含物质的多少叫做物体的质量。对于此定义的编写为：根据教材中质量的定义，举例说明"物体"与"物质"的区别。

研学：

每次研讨之前，都应根据"学法指导"，安排学生的学习、展示、讲解、质疑等情况。

研学问题的设置，应针对本节的重难点知识，要求学生通过自学、展示、讲解、质疑等一系列过程，达到把握重点、突破难点的目的。

示学：

"学法指导"中已经安排了学生的展示、讲解情况，示学中不再重复安排。

检学：

避免将检学编成习题集，习题的设置应针对本节课的学习内容，数量适中，扩展和延伸要注意尺度。

总之，整个学案的编写过程与教材相结合，教材中有的内容，学案中不再重复出现，同时应充分考虑学生整节课的时间安排，保证当堂课消化完学习内容，避免出现一节学案只完成半节的现象。

二、格式要求

1. 每科学案编写在同一个文档中，自动生成的数字序号不能使用，检查方法：全部选中文档，若有未选中的数字，则为自动生成。

2. 每课（节）使用新页面开始，若最后一页仅占少部分，可自行调整到上一页，若占大部分，后半页留空白。

3. 若上交电子稿中出现"↓"符号，则为下载文档，不收取。

4. 在"自学、研学"中加"学法指导"，字体为"楷体、小四、单倍行距"。

5. 每节标题使用"宋体、小三、加粗、1.5倍行距"。设计人、审核人及正文使用"宋体、小四、单倍行距"，"［学习目标］、［重点难点］"等内容"加粗"；自学、研学、示学、检学使用"宋体、四号、加粗、1.5倍行距"。

教师会课制度

为了促进我校教师互相学习，共同提高，规范教师的听课活动，使听课行为程序化、制度化、经常化，特制定了相关制度。

一、听评课安排

1. 在校长带领下，各行政领导分文、理两班进行听课。9月份主听九年级教师的课，10月份主听九年级及新调入教师的课，11月份对以上教师及七、八年级未过关教师实行听课过关制度，确保每位教师能正确、熟练运用"四学一导"进行教学。

2. 每周五分学科安排9节公开课。

二、听课要求

1. 各教师必须按时听课，不得缺席，有重课时需提前调开，以防错失学习机会。教务处将对每位教师的听课情况进行全面检查，每周全干会通报检查情况，无故缺席按缺课处理。

2. 各教师应该认真填写听课录上的时间、班级、课题等项目，对于课堂中出现的亮点及问题，做好记录，以便评课时交流。在听课时需保持教室内安静，不得交头接耳，扰乱正常教学秩序。

三、评课要求

评课时要本着互帮互学，共同提高的目的。讲课者应有接受别人批评意见的自信和胸怀。听课者应有共同提高的谦虚和真诚。以课堂为媒介，研究教学策略，提升教学境界。

"四学一导"课堂会课评价样表

科目：_____ 授课人：_____ 日期：____月____日

指标	权重	指标要求	优秀	良好	合格	一般	得分
学案设计	10	导学案的设计精练、层次化。	5	4	3	2	
		导学案的设计有广度、有深度、有针对性。	5	4	3	2	
课堂流程	50	自学：能深入有效自学。	10	8	6	4	
		研学：小组合作机制健全，伙伴互动有效。	10	8	6	4	
		示学：能阳光、自信地展示，展示的形式多样，效率高，课堂展示真实、自然、富有激情，会质疑，能及时追问。	25	20	15	10	
		检学：能落实到位。	5	4	3	2	

（续表）

指标	权重	指标要求	优秀	良好	合格	一般	得分
学生参与	20	能全员参与、并富有创新。	10	8	6	4	
		能充分体现学生的主体地位，课堂资源意识强，动态生成，体验成功。	10	8	6	4	
教师引导	10	能在学生自学、讨论过程中及时发现问题，做到心中有数。	5	4	3	2	
		能在学生展示过程中适时地进行引导、质疑及追问。	5	4	3	2	
目标达成	10	知识目标有呼应有落实；能力目标有训练有提升；情感目标在掌握知识、培养能力过程中潜移默化自然达成，注重拓展创新。	10	8	6	4	
得分人			总分				

注：使用此表各项得分要齐全。

教师教学反思基本要求

自"四学一导"课堂模式推广以来，学校教师积极投入实践，经过一年的探索与研究，完成了导学案编写工作。为使该课堂模式继续深入推进，特制定教学反思研修制度，以期提升和完善。

一、研修内容

1. 继续完善导学案，将修改内容批注在学案上，以便修订。

2. 写教学反思。上完课后，将个人在教学工作中的亮点、困惑、思考及时记录下来，篇幅可长可短，但必须真实、真情、真心。

3. 结合个人的教学反思，每月形成一篇论文，篇幅可长可短，但切忌空洞、矫情、浮躁。

4. 每周日教研活动时，各教研组长依据本组教研专题，结合教师的教后反思，组织大家进行探讨研究。

二、数量要求

1. 教后感数量

语、数、英每周各3篇；

理化每周2篇；

政、史、地、生每周各1篇。

2. 论文数量：每月1篇。

三、检查赋分

1. 教后感：每周五午自习前，各教师将个人教后感交到3楼教务处，由教研组长检查。个人原创作品每篇1分，否则不给分。每周全体教师会通报检查情况。

2. 论文：每月底，各教师将论文交到年级分管领导处，个人原创作品每篇赋2分，否则不赋分。月初第一个全干会通报收取情况。

3. 每月将教后感及论文赋分情况纳入月考评中，并将其作为业务进修情况记入教师的业务档中。

4. 期末依据论文获奖情况评价个人教育教学能力，作为专业技术职务晋升的依据。

教师微教研基本要求

为了使我校的"四学一导"课堂改革迈上一个新台阶，真正做到以教研促教改，努力构建高效课堂，我校转变理念、大胆创新，特开展了"微教研"活动。

一、教研机构

总负责：教学研究及评价部（负责人：党纳）

协助：教学过程及评价部（负责人：武卫）

小组建设及评价部（负责人：王华刚）

成员：全体教学人员

二、教研内容

研究要素：教师、学生、教学内容、学案设计、教学媒体等。

研究的主要对象：某个教学主题（主要是知识点）、某个教学环节、教学事件、教学行为（策略），整合课堂教学中提供或生成的"微课"、视频、教案、学案、问题、活动、练习等各种资源。

三、教研方式

首先以教研部、教研组为单位选定主题，进行现场研讨；其次将研讨结果以PPT的形式分组进行展示，以便引导教师进行深入细致的研讨、互动和交流，从而达到对课堂教学中某个主题的深刻认识和理解，有效提升教师的专业发展水平及课堂效率。

四、具体安排

活动时间：每周五中午（1：00—5：00）

活动地点：饭厅

参加人：全体教师

活动顺序：

顺序	教研组	顺序	教研组
1	物理地理组	6	英语组
2	政治历史组	7	教学过程及评价部
3	数学组	8	小组建设及评价部
4	语文组	9	教学研究及评价部
5	化学生物组		

微教研评价标准

科目：_____ 展示解说人：_____ 日期：____月____日

指标	权重	指标要求	优秀	良好	合格	一般	得分
选题	20	选题新颖，针对性强，有研究价值。	10	8	6	4	
		选题能突出学科特点，找准切入点。	10	8	6	4	
内容	60	内容真实，紧扣选题。	20	15	10	5	
		能突现问题，为教研提供方向。	20	15	10	5	
		能展开分析，为教研提供依据。	20	15	10	5	
展示	20	幻灯片设计条理清晰，文字精练。	10	8	6	4	
		展示人表述准确，自然大方。	10	8	6	4	
得分人			总分				

注：使用此表各项得分要齐全。

评价部工作基本要求

为了切实引导我校"四学一导"课堂模式研修工作的深入开展，学校特成立课堂操作与评价、教学研究与评价、小组建设与评价三个部门，抽调各学科带头人参与，引导教师深入学习，积极研修。具体工作安排如下：

一、工作职责

1. 各部设正、副部长各一名，部长全面负责本部工作，副部长具体负责本部工作。

2. 各部人员每天巡一节课，听两节课，上午有课的教师可在中午听、巡课，每天的任务必须完成。

3. 课堂操作与评价部负责记录教师和学生使用"四学一导"课堂模式上课情况，针对上课情况赋分；小组培训与评价部每周负责评选出十个优秀小组，并负责优秀小组的公布工作；教学研究与评价部负责周五会课，微教研的组织、安排及成绩汇总工作，负责学校各类教研教改工作。

4. 每周五会课、微教研各部成员必须参加，并给每位授课教师或展示者赋分。

5. 各部每月召开一次总结研讨会，就一月来在听、巡课中发现的问题进行讨论，形成结论并反馈到各教研组，以便解决教学中的实际问题，促进教师专业成长。

6. 每两周进行一次课后反思（教学研究与评价部负责）、作业（小组建设与评价部负责）、导学案（课堂操作与评价部负责）检查，并对每个教师的检查情况赋分。

7. 完成部长及学校交办其他工作。

二、考评办法

1. 各评价部的成员每天早上8点到各部长处签到，安排当天工作。一次不签扣5分。

2. 每人每天巡一节课，听两节课。请假一次扣3分，少一节课扣5分。

3. 按时参加评价部会议。迟到一次扣2分，请假一次扣3分，缺席一次扣5分。

4. 按时交送部里的各种材料。缺一次扣5分。

5. 按时完成相关检查工作（课后反思、作业、导学案等）。迟到一次扣2分，请假一次扣3分，缺一次扣5分。

6. 代表部里上示范课或参加展示活动每次加10分，如不积极接受任务，消极抵触，推脱搪塞，每次扣10分。

7. 在听、巡课过程中及时发现问题，善于总结归纳，形成论文在国家、省、市、县、校级刊物发表或获奖的按级别分别加10、8、6、4、2分。

8. 教务处每月把各人的得分情况汇总，按分数高低排序，分三个等级，分别发给津贴240元、200元、160元。

（党 纳）

学科教学研究
——课例研修活动实施方案

为了使教师更好地运用"四学一导"课堂模式进行授课,提高教师理解课标、处理教材、驾驭课堂的能力,特制订了"四学一导"课例研修活动方案。

一、课例研修目标

通过开展课例研修活动,教师能够了解不同科目、不同课型中"四学一导"课堂模式的教学特点,能够运用新的模式上好不同类型的课程,能够掌握"四学一导"课堂模式中各个环节的操作要领,熟练地驾驭课堂。

二、课例研修范围

思想品德、语文、数学、英语、物理、化学等学科教师。

三、课例研修安排

从2012年12月开始,至2013年5月底结束,分三个阶段进行。

1. 学习培训阶段

12月初,在学校召开"四学一导"课例研修活动培训会,组织教师学习课例研修的方法,要求教师积极参与课例研修,同时下发课例研修的相关学习材料。

2. 实施研修阶段

本次课例研修以教研组为单位，由各下组领导牵头，教研组长组织完成研修工作。要求各组在下学期前 9 周完成"三课三反思"这一研修过程，做好观课、议课等资料的填写，收集与整理工作。

3. 成果整理阶段

参考研修过程，利用两周时间，完成课例研修报告，其他成员结合研修情况，选取课例中的"关键事件"形成研修论文。

四、课例研修流程

1. 确定主题

根据此方案要求，由各领导牵头，教研组长组织召开教研组会议，安排人员分工，确定研修主题，示范课课题，各课题组长制定研修计划，保证按时按量完成研修活动。

2. 三课三反思

（1）课前会议

根据研修安排，由各领导牵头，课题组长组织召开课前会议，评议授课人的导学案，主要由执教者向研修小组成员阐述自己对本节课的设计理念、教学方式的应用、重难点的突破等问题。执教者在自己的导学案设计中应体现自己对研究主题的理解，同时，针对主题还要确定课堂观察的重点、课堂观察人员的分工、下次议课时间等相关事宜，保证按时按量完成研修活动。

（2）第一轮课（原行为阶段）

开始上课时，研修小组成员做好记录工作，完成课堂观察表。

（3）第一轮反思

在第一轮课结束后，课例研修的所有成员根据课堂观察记录表，进行第一次反思。

在集体反思的过程中，由组长主持，让每一位成员都有发言的机会，同时安排一名成员做好记录工作,记录要求完整、原始。

集体反思不可泛泛而谈,要描述观察到的现象并进行解释,发现教学问题,提出改进措施,做到"问题明朗化,建议明晰化"。

(4) 第二轮课(新设计阶段)

执教者参与集体反思后,结合自身情况,对研究成员提出的问题与建议进行认真反思,对教学设计进行修改,从而建构出新的认识。

再次上课时,研修小组成员同样做好记录工作,完成课堂观察表。

(5) 第二轮反思

第二轮反思的程序和内容与第一轮反思基本相似。有所差别的是,第二轮反思侧重先进理念与实际教学效果之间的差距,以便继续调整教师教学行为。

(6) 第三轮课(新行为阶段)

执教者根据第二次上课的情况和反思的建议,重新进行设计,再次授课,研修小组成员同样做好记录工作,完成课堂观察表。

(7) 第三轮反思

第三轮反思与以上两次基本相同,仍然侧重缩小理念与实际教学效果之间的差距,以便继续调整教师教学行为。

3. 总结成果

课例研修成果的种类大致分为过程性成果和终结性成果。过程性成果有能展现教师行为跟进的导学案、课堂观察表、议课记录表、课堂实录(文字和光盘)等。由于课例研修小组内组员分工的不同,过程性成果往往是在集体参与研究中,由组员个人负责完成,内容具有单一性和纪实性。把这些汇集起来,就形成了具有借鉴意义的学科课例培训资源包。

终结性成果包括课例研修报告、学术论文等。课例研修报告是最具有典型意义的、以文字形式呈现的课例研修成果。它是课例研修中必不可少的部分,包括研修的背景、过程与方法、结果、分析与讨论、改进与建议等方面的内容。课例研修论文的选题可以选取课例中的"关键事件",可以以课例研修主题命名,宜小而实,忌大而空。

课例研修活动计划书

时间	研修内容
2月21日	教研组会议,确定研修主题,安排人员分工。
2月25日 第一周前周日教研组会	课题组会议,根据研修主题确定课例、授课人及其他人员分工,安排具体操作事宜。
第一周	授课人备课
3月3日 第二周前周日教研组会	课前会议,评议授课人的导学案,安排观课人员分工。
第二周	第一轮课
3月10日 第三周前周日教研组会	第一轮反思
第三周	第二轮课
3月17日 第四周前周日教研组会	第二轮反思
第四周	第三轮课
3月24日 第五周前周日教研组会	第三轮反思

（续表）

时间	研修内容
第五周	一段成果总结
	授课人备课
3月31日 第六周前周日教研组会	课前会议，评议授课人的导学案。
第六周	第一轮课
4月7日 第七周前周日教研组会	第一轮反思
第七周	第二轮课
4月14日 第八周前周日教研组会	第二轮反思
第八周	第三轮课
4月21日 第九周前周日教研组会	第三轮反思
第九周	二段成果总结

课例研修课题分配

学科	课题
思想品德	新授课、复习课、试卷讲评课
语文	阅读课、写作课、口语综合、名著导读、复习课、试卷讲评课
数学	新授课、复习课、试卷讲评课
英语	听说课、阅读课、复习课、试卷讲评课
物理	新授课、实验探究课、复习课、试卷讲评课
化学	新授课、实验探究课、复习课、试卷讲评课

课例研修活动记录样表

____年____月

科目		课型	
课题			
研修人员			
课标要求			
课型特点			
课型设计	自学		
	研学		
	示学		
	检学		
课前会议			
一次学案			

(续表)

科目			课型	
一次研讨	环节实施情况	（包括自学、研学、示学、检学四个方面）		
	具体改进	（包括自学、研学、示学、检学四个方面）		
	创新亮点			
二次学案				
二次研讨	环节实施情况	（包括自学、研学、示学、检学四个方面）		
	具体改进	（包括自学、研学、示学、检学四个方面）		
	创新亮点			
三次学案				
三次研讨	环节实施情况	（包括自学、研学、示学、检学四个方面）		
	具体改进	（包括自学、研学、示学、检学四个方面）		
	创新亮点			
结题研讨	课型特征			
	实施特征的基本依据			
	课型设计的基本观点			
	课堂实施应注意的问题			

（党　纳）

教师评价体系的重建

在教育改革浪潮的推动下，大荔县实验初中大力推行"四学一导"课堂模式，把课堂还给学生，让学生真正成为学习的主人。这种课堂模式以导学案为脚本，将知识问题化，问题导向化，通过自学、研学、示学、检学，引导学生自主学习，合作研究，精彩展示。在具体操作过程中，关注学习的过程与方法，在重视掌握基础知识的同时，更着眼于学生能力的发展，提高学生的自主学习能力、发现问题解决问题的能力、组织表达能力、探究能力，培养学生的合作意识、团队精神和自信心，让课堂成为学生展示才华的舞台、提升能力的基地。传统的以考试分数论英雄的评价模式过于片面，它只检测基础知识的积累和运用，只考察学生的记忆力，不能全面评价学生能力的发展、素质的提升。以学生的考分来评价教师教育教学效果的方法也是极为片面的，导致某些教师只重视基础知识的记忆，通过题海战术来强化训练，加重学生的学业负担，把学习变成了一种苦差事，让学生在题海挣扎，苦不堪言，从而产生厌学的情绪。随着"四学一导"课堂模式的推广运用，一套新的评价体系也应运而生。

深入课堂，跟踪评价

学校成立了三个评价部：课堂操作评价部、小组建设评价部、教学研究评价部。课堂操作评价部，主要是督促教师灵活深入地运用"四学一导"模式组织教学，着眼学生的发展，关注能力的提高。小组建设评价部主要检查各班小组建设、小组培训的情况，以提高学生合作意识，培养团队精神。教学研究评价部主要检查导学案的运用、教师的课堂引导情况，要求教师精讲，点到即可，留足学生思考发挥的空间。

三个评价部分工合作，每天听一节课，巡两节课，并且记名逐人打分，一个月要把每位老师的课听一遍，并找授课教师座谈，指出教学中的不足之处以逐步完善。听课所打分数取平均分作为该教师的月考核分之一，巡课所打的分取平均值作为该教研组的月考核分之一。

问卷调查，学生评价

每个月，学校进行一次问卷调查，让学生给任课教师打分。问卷总分100分，每一项分为10、8、6三个档次给教师评分。学生评价的分数取平均值，作为该教师本月的考核分之一。教师施教的对象是学生，相对来说，学生是最为公正的评判者，学生参与评价，是对教育教学工作有力的监督与促进。

学生参与教学评价问卷调查

所授科目：_____   教师姓名：_____

项目	内容	每项10分
1	按时上下课，不迟到不早退，课堂上不做与教学无关的事，包括接打电话，看报纸杂志等。	
2	上课精神饱满，亲和力强，能与学生平等对话，不打骂体罚学生，教导有方。	
3	课堂组织科学严密，能熟练灵活地运用"四学一导"模式组织教学活动。	
4	课堂教学以学生为主体，学生活动多，热情高涨，参与度高。	
5	重视知识的落实，重视学法的指导，重视能力的发展。	
6	知识丰富，讲解生动，抑扬顿挫，深入浅出，点拨到位。	
7	教学方法灵活多样，评价激励性强，能调动学生学习的积极性。	
8	面向全体学生因材施教，重视培优帮差，关注学困生的学情，能利用自习时间进行个别辅导。	
9	作业量适中，能按时批阅，且指导纠错。	
10	关心学生的身心健康，找学生谈心，进行思想疏导教育。	
提出合理化建议		总分：

教研展示，分组晒课

学校按任教学科，把教师分为六个教研组：语文组、数学组、英语组、政史组、生化组、物理组。每周五，要举行一次微教研展示和晒课活动。具体方法是：由教研组长组织，选派一名教师参加PPT微教研展示活动，展示一周内该教研组对"四学一导"课堂模式应用的教研成果。另外再选派一名教师，代表本组参加晒课活动，用"四学一导"模式上一节公开课。一个月内选派的人员不得重复，要求全员参与，给每个人提供展示自我的机会。三个评价部的成员和校领导组成20人的评分团评分，当场唱分，取平均分作为该教研组本周的考核分。

这样的评价方式，促使每位教师积极投入课改中去，摆脱匠气，努力把自己塑造成科研型教师、学者型教师。

三种评价方式三线展开，月底汇总，课堂跟踪评价计分，问卷调查学生计分，取平均分作为教师该月的考核分。巡课得分，晒课得分，微教研展示得分，取平均分作为该教研组的月考核分。单项评分与捆绑评价相结合，力求对教师的教育教学工作做出科学公正的评价。

除了会课、微教研以外，学校还鼓励教师申报课题研修和开展课例研修，截至目前已申报省级课题2个，市级课题14个。学校对申报课题研修的教师进行业务指导和培训并给予一定的经费支持，对申报课题的教师每月加绩效考核分和所在教研组捆绑评价。

个人月考评分数汇总表

姓名	跟踪听课	学生评价	课后反思	作业检查	材料完成	平均分

教研组月考评分数汇总

组别	微教研展示	晒课活动	材料交送	活动加分	平均分
语文组					
数学组					
英语组					
政史组					
生化组					
物地组					

注重结果，实绩评价

在做好过程评价的基础上，还注重教师的教学实绩。按教育局的要求制订了月考实施方案，每个月进行一次质量检测，对命题、监考、阅卷、核统等环节精心组织，严格要求，确保考试公正、公平。学校把每科成绩按均分、优秀等权重分核算出教师的得分，并计入当月的教学实绩中以作为来年考核、招聘、职务晋升的重要依据。

质量检测成绩核统表

班级	参试人数	参评人数	均分	优秀	合计	次第
一						
二						
三						
四						

（续表）

班级	参试人数	参评人数	均分	优秀	合计	次第
五						
六						
七						
八						
九						
十						

在"四学一导"课堂模式下，我校的评价体系不断成熟、完善并体现出以下三个特点：一是过程评价与结果评价并重。通过三个评价部对教师的教学过程、小组建设、教研活动进行全程监控，量化赋分，捆绑评价，同时紧抓质量不放松，以考促教，既激发了教师的积极性又通过考试结果对教师进行客观、公正的评价。二是评价主体多元化。在评价教师的过程中有校领导的评价，有评价部（中层）的评价，有教研组的评价，也有学生评价，体现了评价体系的多元化特点，对教师的评价更全面，更科学，更精细。三是评价方式多样化。通过听课、巡课、赛课、会课、微教研、质量检测、学生问卷调查等多种评价方式与教师自评相结合，增加了教师评价的深度和广度，对学校来年岗位的设置、人员的配备、评优树模、外出进修等提供了可靠的决策依据。

总之，通过评价体系的重建，对教师的评价更加规范化、精细化、透明化、科学化，极大地调动了教师的积极性和工作热情，增强了团队意识，教师的潜能也得到了充分挖掘，教研教改蔚然成风，给学校的各项工作带来了新气象。同时也促进了教师的专业成长，培养了一批高水平、高素质的教师群体。

（武 卫）

中　篇
实　践

　　教师的启发、指导探究，学生的自主、合作探究，学案的引导、反馈探究，让"探究"成为"过程与方法"的主要立意，从而建构知识、提升能力、成长精神、丰富情感、健全人格。

第四章

"四学一导"课堂模式之流程操作

"四学一导"课堂模式的环节基本要求

"自学"环节基本要求

"自学"环节是"四学一导"课堂模式的"开场戏",是实施好"四学一导"的基础、基石。自学即自主学习、自主感知、自主建构。"自学"环节的学习质量,直接作用与影响其他环节的学习效率。基本要求是:

1. 自学要对当堂教学内容形成初步印象、整体感知、基本了解,明白重点,明晰难点,并做到有所发现。

2. 自学在"自学案"的指导下进行。"自学案"的设计要着眼整体,切忌琐碎填空,也不能只是简单的引入。另外,还应有明确的学习活动、顺序、方法的指导。

3. 自学问题的设计,可以整合各种教学资源,并结合具体学情,予以创造性地运用。

4. 自学以独立钻研为主,各生要对感悟所得与疑难困惑及时记录,必要时,可同教师或同学简要交流。

5. 鼓励学生用自己的学习方式或方法,形成主见与创见。

6. 针对不同学情实际,依据不同学科特点,对于自学中的普遍性认知障碍（第一次接触的符号、字母等无法自己习得的内容），教师可直接教给学生。

7. 教师要对全班学生的自学情况全面了解、及时掌握，还可根据具体情况进行个别指导。

8. 为了充分展开自学，必须注意留足时间，切忌浮光掠影，仓促应付，一带而过。待绝大部分学生基本完成自学后，教师方可组织全班转入下一个学习环节。

"研学"环节的基本要求

"研学"环节是"四学一导"课堂模式的"重场戏"，是实施好"四学一导"的核心、关键。"研学"即自主学习、合作探究、突破疑惑。是在"自学"基础上谋求突破性的进展，其学习质量直接关乎课堂效率。基本要求是：

1. 研学要求全员参与，力求每个人都有所为、有所得、有所发展。

2. 小组研学的大致程序是：检查并交流自学成果→解决自学的一般困惑→独立完成研学案→围绕重点难点合力攻关→集思广益准备向全班展示。

3. 教师精心设置的研学问题，既是本节教学的突破所在，更要将指向性、穿透性、启迪性、发散性、形成性、发展性融为一体。

4. 教师要深入学生中间，通过巡视或参与，及时了解并掌握研学情况，还要根据具体情况，适时进行鼓励、指点、肯定、矫正。

5. 引导并要求全体学生把输入信息、内化信息、整合信息、生成信息、输出信息结合起来。组员要分工明确，合作、交流、帮扶、记录、质疑、讨论，要人人有事干、人人有责任、人人都参与。

6. 鼓励自主发表不同意见，大力营造思维碰撞、智力交流、协作共进的良好氛围与空间。

7. 以问题研讨呈现的研学过程，还应着力培养学生的合作意识、交流能力、共处责任、做人习惯。

8. 依据具体情况，研学小组可灵活组建，小组长可依据学科专长，不同科目由不同人选担任。

"示学"环节的基本要求

"示学"环节是"四学一导"课堂模式的"高潮戏"，是"四学一导"的看点、亮点。"示学"即展示所学、汇报所学、交流所学。"示学"环节的教学能有效扩大并提升本节课堂教学效果。基本要求是：

1. 小组代表向全班展示研讨问题（包括认知的归纳与梳理、方法的运用与创造、独到的见解与主张）的过程，既是对重点难点的再突破，更是集体荣誉感的再弘扬，个人自信心的再坚定。

2. 根据展示内容，对于重点、难点、关键、核心部分，教师应组织学生进行补充、追问、质疑、答辩，并在积极参与中平等交流、高屋建瓴、点拨讲析、追问启思、恰当点评。

3. 展示环节，根据需要，不同层次的学生承担不同任务。展示同学要理思路、口齿清、有胆识、有涵养。其他同学用心听、积极想、辨是非、求真理，人人都有话语权、质疑权、评判权。

4. 教师在组织并引导示学时，应将角色定位为"平等中的首席"。依据实际情形，有些问题还应不失时机地讲清析透。

5. 对展示内容与表现的评价，提倡评价形式多样，评价角度多元，对于独到见解与点滴进步，都应予以格外关注。

6. 根据具体需要，提倡展示手段与形式不拘一格。

7. 代表小组当众展示的人选，应依据不同科目、不同内容，采取分配、轮流等形式确定，力戒优等生独霸课堂，务求人人表现、人人参与、人人发展。

8. 为求"示学"高效，尽量避免不必要的重复，整个教学过程应组织严密、务实、紧凑、灵活。

"检学"环节的基本要求

"检学"环节是"四学一导"课堂模式的"压轴戏"，是课堂学习的巩固强化、归纳迁移。"检学"即是检测所学、巩固所学、归纳所学、拓展所学。其教学质量既是本节教学效益的体现，更是课堂教学效果的反馈、教学内容与教学活动的小结。检学是通过学生内化学习成果，在不断认识自我、发展自我、超越自我的过程中，为下一个教学过程的"自学"进行铺垫、对接、蓄势。基本要求是：

1. 编制检学项目应能动地利用各种教学资源，力求梳理思路、巩固重点、突出难点、总结规律、归纳方法，提倡"少而精"。

2. 精心设置的检学内容，不能只是检索、识记、理解、掌握，还应体现动态的应用、迁移、整合、创新，其中情感体验与思维拓展必不可少。

3. 检学项目的呈现拟为梯级，体现"保底不封顶"，必要时可分"必做"与"选做"两大类。

4. 学生参与检学是以独立自主形式进行的，其中"互评"要注意评出进步、评出个性、评出信心、评出尊严。

5. 教师要对学生完成检学情况全面掌握，必要时，可结合面批面改实施个性化评价、零距离交流。检学结束时，师生畅谈课堂收获，评价小组和个人课堂表现，并以评分或其他形式显示评价结果，形成长效的激励系统。

6. 根据学生检学表现，教师应结合实例，认真进行教学反思，努力促使师生在走进"四学一导"中共同成长。

7. 根据实际情形，检学不一定都要在课内完成。随着"四学一导"的不断成熟与发展，在有条件的情况下，编制检学案允许由学生自主完成。

（张全兴）

"四学一导"课堂模式中高效讨论的要义

讨论题目要慎定。研学题目的设计和确定：一是有思维含量，学生独立完成有适当难度；二是紧扣学习目标，特别是重点、难点。第一点做不好，容易浪费课堂时间；第二点做不好，常常使课堂学习远离学习目标。

讨论之前先思定。小组学习实行之初，由于教师缺少经验，研学部分一开始就让学生讨论，学生因为缺乏独立思考步骤，讨论常常失之浮浅。只有在讨论之前自己独立思考，弄清困惑所在，讨论时才有目的性、针对性，从而提高有效性。

讨论时间要限定。只有明确讨论时间，才能克服讨论的无序性，集中学习目标，使学生思维和学习活动处于适度紧张状态，更有利于激发创造思维。

讨论方法要预定。高效的讨论应该井然有序，有发言、有倾听、有记录、有质疑、有辩论，并要养成行之有效的讨论习惯。实践之初，教师要明确组内分工和讨论方法，并在讨论之前不断地提示和强调讨论的方法和要求，直至形成习惯。

（孙铁龙）

有效展示的要领、价值及关键

在"四学一导"课堂模式的"示学"环节中，常常出现两种问题：一是课堂讨论或展示显得冗碎、繁杂、拖泥带水；二是课堂按部就班，看起来环节齐全，但总觉得水波不兴，波澜不惊，没有形成思维激荡和碰撞的高潮。第一种情况往往是教师对讨论展示的内容、方法、时间缺少掌控；第二种情况往往是教师没有在重点、难点处组织质疑和辩论。第一种情形，常常因为对讨论展示内容缺少推敲，方法不当，造成课堂游离，目标旁逸斜出；第二种情形，往往是表面看课堂顺畅，实质是在重难点处一滑而过，造成课堂粗浅浮绕，学生学习效果差。因此，研究展示的要领、价值及关键对提高课堂效率有着特别重要的意义。

有效展示的要领

注重展示小组的学习成果。"四学一导"课堂模式实践之初，由于小组讨论缺少分工，经常出现小组讨论满堂哄，没有秩序和方法。大家各说各的，都不注意别人发言，加之教师常常担心学困生说错了浪费时间，就更容易让学习好的同学发言或板演、讲解。这样表面看是小组学习，实质上还是回到了师生一对一交流的传统路子，展示、板演、讲解的还是个体的学习成果，并不是小组集体的智慧结晶，根本没有构成生本、生生、师生交流的立体交流网络，从而失去了小组学习的实际价值。

关注中下水平的学生展示。在小组讨论中，只有让中下水平的学生担任展示任务，才能促使他们认真听取别的同学的发言，积极融通问题的解法，实现小组讨论的价值。只有让中下水平同学展示，才能保证全组学生学习的基本水平，通过他们的发言、板书、讲解，保证他们的融会贯通。只有通过中下水平的同学展示才能暴露普遍存在的问题，然后通过教师、中上等生、优等学生质疑、思维的碰撞，才能使所有中下水平的学生在答疑中思考、成长、进步，最终达到基本水平。相反，如果一味让优等生展示，一方面不易发现学习中存在的问题，另一方面，中下水平的学生质疑水平也相对低，常常无法发现学习中存在的问题，从而忽视了差生，忽视了问题，最终造成差生的学习障碍和疑难问题的积累。

展示交流要深入透彻。展示学生展示点不准确，教师对重点、难点把握不准，往往会出现课堂看似顺利流畅，任务表面看也完成比较好，但实质是问题被掩盖、学生掌握较差的现象。怎样才能让展示深入透彻呢？除选中下水平学生展示外，教师还需对教材重点、难点了然于心，要在重难点处提示、培养、激励学生质疑。如果学生没有提问，教师要质疑、提问、追问，不仅让展示者思维进步，而且要让不同层次的学生通过争辩、思考，彻底弄清问题的关键和核心，以突出重点，突破难点。没有学生之间、师生之间思想激烈冲撞的课堂，很可能是遮掩了问题的粗、浅、浮的课堂，是忽略了重点、遗忘难点的低效的课堂。

展示过程要把握节奏。尤其在安排数、理学科的展示时，宜依据知识的难度、逻辑，在某一个阶段安排一次这个层次的展示，使所有学生都弄通了这一环节问题，然后再进行下一环节，再展示。如概念的引出、定义、应用，一般应分三个阶段研读展示，不宜将所有问题一起研讨、一次展示。这样容易造成学困生在第一个层次学习发生障碍，思维滞涩，而影响下一环节的学习，从而影响整个课堂任务的完成。

有效展示的价值

展示是诊断学习缺陷的必要过程。展示过程能将学生思考的步骤和细节展现出来，以供参照和判断，是思维过程的放大，也最便于发现错误，集中处理错误。所以，正是出于这点考虑，课堂上时间允许的情况下，宜让尽可能多的同学参与展示，特别是关键处，绝不能满足于让一个同学展示、表现优异，就草草结束。质疑、讨论、评价都是展示的重要构件。

展示是更大范围交流的手段。讨论是小组之间不同层次的学生的交流，而展示则是师生、小组间、学生间的更大范围的立体交流。各小组在展示中将自己的思路和成果与他组相比较，查漏补缺，从而完善巩固学习内容。如果课堂上的展示只限于个别学生，那就不是真正意义的展示，那和传统课堂上的学生举手发言、上板板演，没有什么不同。

展示是突出重点、突破难点的关键步骤。单在小组内讨论很难突出重点、突破难点，所以教师一定要抓住这一环节，在重点、难点处通过质疑、辩论，组织一场思维的交锋，这既是课堂的高潮，也是教学中重要的方法和手段。

展示是直击学生思维和人格成长的演练。展示中立体交流，使优等生在学会的基础上，加深体验，归纳方法，概括规律，使学困生拨开迷雾，披荆斩棘，体会攻克疑难的快乐和成功。不仅思维在进步，更让人人都享受到了展示自我的惬意，学会尊重别人，学会团结协作，学会不甘落后，学会帮助他人。

有效展示的关键

展示问题有价值。实际课堂中,常常出现以下三种情况影响课堂效益:一是展示点不恰当,如默写英语单词或课本上有现成答案的问题。单词默写完全可以在纸上,然后小组长检查,有现成答案的问题完全可以让学生在书上画一画,没有必要再抄在黑板上。二是问题设计偏离课堂的重难点,甚至超出学生认知范围。如生物课中《细胞的生活需要物质与能量》一课,教材中有这样一个例子:水中放入糖后,我们觉得有甜味,从中体会分子运动,这个例子只是了解性知识,并非本课重点。但有的教师将这个例子变成:人吃水果会感到什么?可知水果中有什么物质?放在研学部分,学生在课堂上不仅说甜说明有糖分,而且说出了涩、麻、辣,研讨这到底有什么物质?争论不休,不仅超出了师生的认知范围,而且远离课堂目标。三是问题切入不恰当,造成学生认知障碍,展示只会东拉西扯,无稽无据,喋喋不休。

展示代表要选择。宜让中下水平学生展示,理由前文已陈述。

展示过程须交流。展示是为了更广泛、更深入的立体交流,如果课堂上展示时没有质疑、争论、评价,则是不真实、不成功的展示。

展示方法要恰当。展示的方法可以是板书、讲解,也可以是朗读、表演、陈述等。数理科等逻辑性强的,宜于板书,而史、地、生、政则宜于口头陈述。具体则依情况而定,不一而足。

展示评价要中肯。自课改强调评价以来,许多教师将评价矫情化、造作化、程式化。简单而夸张地表扬学生:"你真棒!你真聪明!"空洞而虚伪,这样做不仅容易掩盖问题实质,也容易让学生形成不健康的心理体验,从而影响成长。科学的评价应该是中肯而真切、情感真挚、恰当真实、简洁明确。通常宜从以下几方面评价:答案是否准确,表述是否清楚,态度是否从容大方,是否尊重不同意见者。既有态度、仪态、习惯,也有风度、人格、品质,万不可浮浅化、表面化,要坚持实事求是、以评价促成长的原则。

展示过程要调控。强调要充分尊重学生学习的主体地位,但同时反对教师的不作为,特别是学生在自由发言中容易偏离讨论主题,有时为了战胜对方,甚至不讲科学,以势压人,或者强词夺理,弄虚作假。老师一旦发现要立即纠正和正确引导,不论是知识和做人都不能偏离正确的方向。

(孙铁龙)

"四学一导"课堂模式中的点评

一、点评方式

传统课堂最常见的方式是教师评学生。"四学一导"课堂模式运用最多的是学生评学生,提倡的方式是学生评教师。除了单对单的评价外,还可以个人评小组,有时还有群众评个人,不一而足。点评方式的多样化是实现立体交流的基础。

二、点评的角度

一般可从三个角度去考虑:一是态度。包括展示时要面对大家,举止要自然得体,有礼貌,尊重每个同学。二是表达。包括普通话是否标准,声音是否洪亮,吐字是否清晰。三是内容。包括内容把握是否准确,是否能将逻辑和原因阐述清楚,是否完整。许多教师往往只重视内容的评价,而忽略态度和表达。如果长期忽视展示态度,势必影响学生人格和良好交流习惯的养成。而如果表达过于琐碎,则浪费课堂时间、降低课堂效益。那么,如何把握呢?教师可以通过点评培训让学生明白展示的总体要求,引导学生注意态度和表达的评价。当大家形成习惯后,要求学生的展示只要不影响交流的质量,应尽可能关注回答问题的质量,以保证课堂高效。

三、点评的意义

评价既是展示成果的反馈,也是展示者与评价者的思维碰撞与交流。

优质的评价不仅能准确而客观地肯定展示者所代表小组的学习成果,而且代表评价者从另一个角度实践的认识。有时还可以将学习讨论引向深入,引起广泛的质疑和争辩。评价的互动性、循环性决定了学生之间、师生之间会在不断地反复观照中相互激励,认识自己、改进自己、成长自己。学会尊重别人,学会倾听,学会交流。立体的评价方式,营造了一种师生平等的、和谐、安全、民主的课堂氛围,打破了教师权威,优等生独占发言权的局面。

四、点评的操作要点

让学生评,让更多的学生参与评价,不允许教师不等学生思考、研究攻关就轻易下结论;抓住主要方面评价,不宜面面俱到,影响学习进程;要不惜时间,力求让每个学生特别是学困生养成良好交流的习惯;提倡学生评价老师;课堂结束时要小结优秀的点评个人和小组。

(孙铁龙)

"四学一导"课堂模式如何高效

"四学一导"课堂模式实施以来,效果显著,课堂上学生生龙活虎,讨论积极,辩论有力,课堂气氛热闹非凡,如火如荼,真正感觉到了孩子那洋溢的青春气息,绽放的人格魅力。但最初实践中,课堂学习任务大多不能完成,课后的检测稍有难度学生的答卷就一片空白。而高效课堂的关键是在"高效"上下功夫,没有效率的课堂不能称之为好的课堂。因此,需从以下方面着手,才能实现良好的课堂效率。

一、调动好学生,全面参与

"四学一导"课堂模式开始实施时,最大的困惑就是学生参与意识不高,不懂参与的方法,优秀生喋喋不休,待优生一言不发,课堂成了优秀生独占鳌头的课堂。如何调动学生全面参与?随着听课的深入,逐渐有了一些眉目。"四学一导"课堂上,学生为主体的小组学习,教师干什么,老师如何组织、引导、参与、评价,就显得尤为重要。学生学习时,老师不能只是教室里简单地巡视,要参与到各个小组,认真倾听小组成员的发言,适时与小组成员进行交流。这样老师就能认真观察和了解每个小组的活动情况。如发现个别学生不能认真参与交流,或做与学习无关的事情时,就要及时地加以引导,提出明确要求,让他们能够顺利参与到学习中。在巡视中要指导学生清楚明白地表达自己的见解，如何进行综合、归纳同学的意见，如何代表小组进行集体交流等。有针对性地进行耐心细致的指导，初开始或示范表述，或想方设法激励学生参与讨论的积极性。

同时还要指导小组成员学会倾听，认真补充、修改学案，特别要鼓励学生大胆发表自己独特的看法，随时做好笔录，这样学生在展示时有底气，积极参与，大胆发言。

二、培训好小组长，让其发挥领导作用

"四学一导"的核心是自主学习和小组交流，质疑问难，这种情况下老师什么事都面面俱到，事必躬亲，是不可能的，这样，小组成员的管理与监督就落到了小组长身上。如何培训好小组长，就显得特别重要。

小组长主持小组内的活动，组织大家交流、讨论、记笔记。虽然初始阶段课堂看起来可能显得有点乱，但这正是锻炼学生自主管理必经的一个过程，学生由动到静，再到静中有动，静中求学生的创意，动中求学生的互动，和谐发展。实践证明，的确收到了很好的效果。

要召开小组长培训会议，交代小组学习的重要性，要求各个组长严格要求自己。同时交代组长：需要做的工作是什么。不但要认真完成自己的任务，同时要以自己积极的态度带动每位组员，促使本组每个组员团结协作，共同进步。哪些问题是讨论的重点，哪些问题可能讨论有难度，应该组织充分辩论，课后如何评价组员参与情况……

每个同学的导学案完成后由组长首先检查，分歧或疑难问题组织讨论。安排"一对一"的帮扶，组长对参与积极同学要及时表扬鼓励，思想抛锚的同学也要适当地给予提示和警告。组长打出A、B、C、D等级来评价小组成员，每天根据课堂表现调整等级，促进同学们的积极性。

教师帮助小组长监督管理小组的C、D级成员，每次学习任务的完成，哪个小组的C、D级成员首先完成，对前5名甚至前10名，都可以给其小组加分，这不仅激励了 C、D 级成员，还激发了小组的凝聚力，其他同学必须帮助他们，才能赢得集体荣誉。这样，学困生会以自己为小组得了分而自豪，从而提高学习热情。

三、编制好导学案，让学生有法可依，有的放矢

导学案一定要围绕教学目标，删繁就简、抓大放小、不旁逸斜出，不反复啰嗦。一课时一个导学案，对教材中有一定难度的内容作适当的提示，把难点分解为几个逐步递进的问题，逐步引导学生自主学习、合作探究，并留有疑难问题汇总处，鼓励学生质疑问难，在解决问题的过程中培养学生的发散性思维能力和探究创新精神，激发学生的求知欲。

教师在设计的导学案中要充分考虑学情，问题设计具有层次、有梯度。满足不同层次学生的需求，让每个学生都学有所得。在导学案中设计的问题可以分为基本任务、拓展任务，待优生完成基本任务就达标，特优生要完成拓展任务，优秀生在特优生的引导下完成拓展任务。这样使特优生在使用导学案时感到有挑战性，优秀生受到激励和启发，待优生也能在教师的点拨中尝到成功的喜悦，最大限度地调动学生的学习积极性，提高学生学习的自信心。

课堂是教学的主阵地，更是现今课改的主阵地。我们深知"四学一导"课堂模式不能光有热闹活跃的课堂氛围，更要提高教育教学效率。提高课堂教学效率的方法除了设计合理的学案、不断改进课堂结构和教学方法、营造和谐教学氛围外，还有很多，需要我们去不断思考与实践。

（秦艳刚）

第五章

"四学一导"课堂模式之教师角色

教师角色的转化和定位

"四学一导"课堂模式之所以是对传统课堂的彻底颠覆和革命,其根本在于:这种模式从课堂规范中完全改变了教师的教学方式和学生的学习方式。教学方式从"以教为主线、以教师为主"转变成"作为促进学生学习的辅助,以学习活动组织为主线,以学生学为主"。学生学习方式由以听记为主的被动接受变成了以自己阅读、实验、思考、演算、猜测、推理、验证、讨论、讲解、评议、争辩为主的主动学习。

教学方式和学习方式的转变决定了教师的课堂行为必须随之发生改变,下面我们就从教师备课、上课等教学主要行为谈谈教师角色的转化和定位。

备课,传统课堂教师上课前要写教案,而"四学一导"课堂要求教师上课前必须编写导学案,虽然只有一字之差,但实质却有天壤之别,体现两种截然不同的教学理念,即课堂谁是主体,学生怎样学习,是让教师牵着鼻子耳提面命,还是让学生自主学习。尽管导学案的编写也要求教师研究教材、研究学生、研究学法,但其出发点和着力点完全不同,下面我们就此展开论述。

研究教材立足于思考学生怎样学,而不是考虑自己如何教。比如,七年级数学教学《角》一节，传统教师备课，熟悉知识以后，通常的教学设计是：教师先在黑板上做一条射线，然后再旋转画一条射线，告诉学生，这个图形叫作角，再标出字母。讲解角的记法，特别强调重难点，角的顶点必然写在三个字母中间。然后配合练习，让学生分辨角，并练习用字母或符号表示一个角。备课时，教师的着眼点在于我怎样讲，怎样强调重难点。而在编写导学案的过程中，教师熟悉知识后，首先考虑的是：不通过教师讲解，学生如何能掌握角的概念和记法。于是可以设计以下题目：1. 阅读教材中角的概念，然后在练习本上画一个角，并指出角的顶点和边。2. 画完后同组之间交流，看谁画得规范，说得准确。3. 从教材中找出角的不同表达方法，说出各种方法的优缺点，并分别举一个例子。4. 如用三个字母和角号表达角，字母顺序是否可以调换，为什么？举例说明。5. 归纳角的表达应注意的问题。

  传统的备课，教师总是将例题抄在备课本上，上课时始终让学生合上课本，然后再由自己将例题原封不动地板书在黑板上讲解。而导学案的编写，教师在处理例题时要复杂得多：开始，教师要让学生自己阅读例题，然后通过问题导引让学生自己研习，明白结论，讨论疑点，指出关键，归纳规律，这中间远非单纯教师讲解可以做到。特别是重难点，传统课堂上，教师通常直接灌输给学生，并反复强调，在高效课堂上则要让学生在学习中体会、质疑，最后克服障碍，了然于心，学生对重难点的消化也绝非做几个习题可比。再比如历史、政治、地理等学科，过去教师备课，总是自己看书，然后讲述原文。高效课堂上教师转为让学生看课本，画知识结构图，并指出重点难点，也可以设计问题让学生带问题阅读等等。实际上让学生再现了教师备课的过程，引导学生整理知识要点，归纳逻辑关系，辨别重难点，克服学习障碍，自己学习并吸取知识，从而提高能力。

  "四学一导"课堂模式下的研究学生，立足于思考学生学习起点、学习高度、学习过程的顺利性，而不是定位教的依据、技巧与方式。传统教学也强调研究学生，通常包括学生的认知水平、思维特点与习惯、认知规律等，但这些首先服务于教师教，教师研究这些的目的是为教奠定基础。例如《角的比较与运算》一课，教师了解学生的学习起点，先组织复习角的概念、记法，然后，遵循由易到难的认识规律，讲解角的比较两种方法，用看图方法讲解角的大小关系及运算，然后出练习题运用巩固。研究学生的目的是帮助教师揣摩教的依据、技巧和方式。但新的课堂模式，研究学生学习的起点是设计顺利学习活动的预热和准备。仍以《角的比较与运算》为例，以导学案为牵引，让学生识角，并用不同方法表示角，然后让学生画两个不同角，用重叠方法，指出角的大小，再用三角板比一比，说一说方法，小组内交流，是尊重学生感性认识到理性认识的认知规律，然后看课本后，自己给同伴出一个练习题，指出角的大小关系，并列出运算式。在导学案设计过程中，教师同样研究学生，但目的是为了更科学地设计学习活动，让学习依据认识规律，保证学习的顺利性，设计问题的讨论、质疑以保证学习的高度和深度。

"四学一导"课堂模式下的研究学习方法立足于让学生在学习中体会、熟悉、运用，并养成良好的学习习惯，而不是在教师的指导下明白学习方法。如《春》一课的背诵，传统课堂中的教师在讲完课文后对学生说：请大家注意中间部分的绘春图，每一段都有一个主要内容，先记主要内容，再背具体段落。又比如《陋室铭》的背诵，教师讲完后讲：抓住最后反问句，统览全文，先比兴，再由比兴引出主旨"斯是陋室，唯吾德馨"。教师进而具体描述，最后反问强调，先记住思路，再具体背诵。由于方法是教师讲出的，学生自然体会不深，大部分同学在课后实际操作时往往早把教师的叮嘱置之度外，以至记忆费时且不够准确。而新课堂学案的编写，是让学生自己在学习中归纳方法，当堂比赛背诵。学生实践了方法的归纳过程，既加深了对课文的理解、感悟，同时，由于是自己归纳的方法，自然乐于运用，并容易形成习惯，这样就照顾学生的个性差异性，防止了一刀切，给了学生更大的发展思维和空间。

上课的变化除了理念革新外，从形式上看至少有四点变化：

位置的变化：传统课堂，教师基本独占讲台，独霸话语权，居高临下。新课堂模式，要求教师走到学生中间去，成为学习者中平等一员。传统课堂学生全部面向教师、讲台，不能左顾右盼，随便讲话，标准的正襟危坐，是被动学习。新课堂整个教室以学习小组为单位形成围坐，学生可以随时发言、讨论、展示、质疑、点评，是学习者，是主人，是与教师平等的学习主体。

任务变化：传统课堂教师任务是讲解、传递；学生主体任务是听结论、记讲解。新课堂教师主要是组织、引导、巡视、调控、矫正、辅助学生学习；学生的主要任务是自主学习，寻求帮助，参与讨论，完成学案。

地位变化：传统课堂教师处于绝对权威，决定学习内容、课堂进程，学生发言权，下结论，定调子，作评价。学生是教师传授知识的对象，咀嚼教师理解的结论，记住教师做出的答案。新课堂，教师的发言只是一种观点，教师可评价学生，也可被学生评价，一般不干预学生发言的次数和频率，师生地位平等，学习互动，成长互助。

活动变化：传统课堂，教师的主要活动是讲解、表演、提问、答疑，决定课堂的秩序、学生发言权，代表权威作评语，下结论；学生主要是听教师讲，看教师表演，被动回答教师提问，听教师讲答案或下结论。新课堂教师的主要任务是组织自主学习，巡视，组织小组讨论，安排展示，展示质疑，指导小组学习活动，引导并参与点评，矫正无谓讨论争辩，调控学习方向、方式、节奏。学生主要自学、讨论、提问、表演、争辩、验算、实验、推理。

"四学一导"课堂模式，备课要求理念变化：从着眼于自己怎样教，到着眼于学生怎样学；上课要求行为变化：从以教为主线，教学生学会，到以学为主线，让学生会学。正因为理念、行为从传统的以教定学，教为主线，变成了以学为主线，教为学服务，才真正改变了教师的教学方式、学生的学习方式，实现了课堂教学从指向知识、指向能力，到指向人、指向人的发展的革命性变化和对传统课堂的彻底颠覆。

(孙铁龙)

"研学"与"展示"环节中教师的主要任务

"四学一导"课堂模式中,教师对课堂的驾驭主要包括三种:一是指导使用导学案,二是对课堂讨论的组织和学习指向的调控,三是启发、参与讨论、点评学习活动。但实际教学过程中,由于教师角色定位不明确,缺少任务意识,常常出现以下问题:1. 重点问题一带而过;2. 易混淆、有分歧之处,教师未重视;3. 课堂讨论简单、展示浮浅,学生没有思维的兴奋度和深刻性,体会不到思维的艰辛与攻克难关的愉悦;4. 学生没有思想的交锋和心灵的碰撞,更不能产生智慧的火花和灵魂的顿悟。这些异常顺利的情景遮掩了课堂粗浅浮躁的实质。

那么,在实际教学中,我们怎么才能做到自己不去讲解,却能让学生在重点处反复琢磨、斟酌,不一晃而过?在难点处,条分缕析、层层剥皮、透析入木,最终通过艰苦思维了然于心,知其然,更知其所以然?还能从繁杂的现象,归纳出本质规律,明白问题的关键所在,总结解决问题的经验和原则?反观学习收获,内省体会感悟?

新的课堂模式,不允许教师独居讲台,鸟瞰课堂,但绝不是让教师无所作为,袖手旁观,悠闲漫步。在"研学"与"展示"环节,教师应重点做好以下几个方面:

一、引导学生亲历学习思维过程

举一个例子，有教师在执教《有理数的加减法》时，开始让学生看书，归纳出有理数加减的规律，但是有一个学生，还没等大家看书，就归纳出了："1. 同号两数相加，取相同的符号，并把绝对值相加。2. 绝对值不相等的两数相加，取绝对值较大的符号，并用较大的绝对值减去较小的绝对值，互为相反数的两个数相加得0。3. 一个数同0相加，仍得这个数。"其实这个学生并没有仔细阅读教材，思考推论的过程，而是直接读了教材后面给出的结论。本来教师可就这一结论提出质疑：你是怎么知道的？结合数轴，就不同情况，给大家讲一讲。但教师本人认为，只要记住结论，完全可以不看前边的过程，并且考试中学生的计算结果并不会出错，课本绕了一大圈，才得出结论，完全是多此一举。并且言之凿凿地说，他教了几十年都是这样，既简捷又方便，效果也不错。竟将这个课堂插曲略过了。

生活中，这样自以为是的经验主义教师不在少数。仔细研究教材就会发现：教材从足球赛记分和物体运动问题导入，将生活问题转化成数学概念——数轴，让学生由直观结论概括规律。这一过程至少包含了以下思维内容和数学思想：1. 有理数加减法是基于解决生活实际问题提出的。2. 生活问题可通过转化为数学模型加以解决。3. 数字转化为图形更具有直观性，甚至可直接得出结论。4. 有理数加减法规则不是由谁规定的，是由生活实际和现象归纳得出的，是科学的、实际存在的。如果省略了前面的过程，虽然简捷了，也同时省去了对学生思维的训练，特别糟糕的是让学生只知其然，不知其所以然，学生一旦忘记了运算规律，就变得束手无策。更何况对七年级学生来说，枯燥的数学术语，没有学习过程不仅不易记忆，而且易混淆。相反，如果重视了学生学习的过程，即使学生忘记了规律，依然可以通过数轴归纳出规则。

饱含思维的学习过程，万不可省，如果学生投机取巧，教师一定要质疑提问，让学生静心研学，孜孜以求，切忌浮而不入。

二、组织学生于重点处设疑

教学重难点的突破，不仅要在导学案设计上下功夫，在课堂上，重点的地方也要重锤响敲。过去是靠讲解，现在要启发学生质疑，组织学生讨论，切忌不痛不痒、轻轻带过。有人执教《用坐标表示平移》一节，让学生表示关于 x 轴、y 轴对称点的坐标的关系，学生声音很小，恰好把 x 轴、y 轴对称点的坐标的关系搞混了。而教师正忙于看其他同学的练习，等学生回答完后问大家对不对，许多学生也没听清，随便回答"对"，教师便匆匆地研讨下一个问题。其实在这一环节，教师不仅应该认真地听学生回答，同时眼睛看着学生，一方面真的关注，另一方面是对学生的尊重，更核心的问题是，自己首先要听清学生对关键问题的表述，便于发现问题，适时点拨。声音小常常是学生不自信的表现，说不清往往是思路不清、概念模糊的表现。教师一方面提醒学生大胆表达，另一方面听清关键的地方，思路是否清晰准确，再根据情况设疑提问，或鼓励学生提问。如果恰好关键地方表述错了，正是弄清问题的大好时机。如学生的错误表述没有同学质疑，则表示问题较普遍。教师可根据学生存在的问题组织讨论，或让学生画图验证，然后共同找出正确结论。如果回答正确，应要求学生阐述理由，讲解给大家听，让其他同学补充并评价。教师不仅不能心不在焉，也不能只听一个学生表达完毕就认为全班同学都弄清了。"一花独放不是春"，教师要想尽方法在关键处设疑、质疑，引导学生质疑，组织讨论解疑，才可能达到突出重点的目的。

三、诱使学生于难点处争论

教学难点是指教材中最难以理解、最容易混淆、最容易出错的内容。还是以《用坐标表示平移》一课为例，当学生学会做关于 x 轴、y

轴对称的图形后，教师让学生做关于直线 $y=-1$ 的对称图形，并求对称顶点的坐标。班上绝大部分同学无处着手，一个小组大概有一两个同学能做。对于这样的难点，小组讨论，常常会出现会做的同学讲给不会做的同学，这时教师不能满足大家都知道结果，会做这道题目，而要鼓励大家质疑，并组织讨论。例如设问：做这道题的关键是什么？（不受直线 $y=-1$ 的干扰，过点做直线的对称点。）核心步骤是哪些？（1. 做对称点；2. 研究点的坐标与对称图形对应点的坐标的关系。）争论的过程是大家聚焦思维、理清思路、廓清概念，辨别是非，攻克难点的过程。不要怕浪费时间，课堂上用时间把学生的夹生饭煮熟，胜过课后无谓的题海战术。

四、启发学生归纳规律，总结经验，指出关键，畅谈收获

在展示结束时，教师不能简单评价，而应引导讲解的同学指出关键步骤，归纳一般规律，总结学习经验，畅谈学习收获。这是回顾课堂内容、整理课堂思路，咀嚼、回味重点，收束提炼方法，从特殊上升到一般的思维升华的重要环节。而不能只评述对错，指正仪态，夸张地鼓掌，实际未触及课堂的本质内容，只图形式，草草了之。

仍然是《用坐标表示平移》一节，当学生讲完关于直线 $y=-1$ 的对称图形的做法时，不能简单地评价错对，或夸赞学生聪明了事。重点应让学生通过这个题目归纳出作此类题的一般步骤和方法，以便于让学生由具体的题目上升到一般的方法。应组织质疑、探究、诱导学生归纳出如下规律：1. 作图形的对称图形，实际上是作该图形顶点的对称点。2. 作对称点的核心是作点到直线的对称点。3. 研究并理清对称点与原图形顶点的坐标关系。4. 连接各对称顶点。如果草率收场，则会留下诸多遗憾。课后再补，事倍功半。

五、主动巡视，捕捉信息，及时调整学习秩序

编写学案时，我们对学生的学习状态、能力、水平，都先有一个基本的预测，但无论多么周详的预测，总会在实际操作中与学生的实际水平有些出入。这就要求教师随时根据课堂实际调整思路、方式、顺序，以保证课堂的高效。

经常出现以下几种情况：1. 重点不一定是难点，重点不一定要反复揣摩才能掌握牢靠。如有教师在上《有理数除法》一节时，原本设计除法法则运用为重点，结果上课时发现，学生在自学时，已完成了研学部分的大部分题目，于是教师适时地改变要求，重新指定了自学进度。2. 攻克难点的切入点有问题，或预先设计的方法不当，大部分学生思维滞涩。这时教师应适时地通过质疑，了解学生思维的切入点，以变换切入角度，调整方式方法，使方法更易于学生理解和把握。3. 由于学科自身的特征，加之学生在不同学段不同的学习要求，会产生不同的学习特点，如语文、数理化，需要学生讨论、体验、质疑的东西比较多；思想品德可能联系实际生活的内容较多；而外语、史地生则可能记忆的东西多。那么在小组学习时，就要充分注意学科的特点，发挥组员之间监督、检测、检查等作用，而不宜一味讨论、浪费时间。

概念、公式、定义、定理、法则，一经教师的口讲出，它对学生的影响就会大打折扣。教师要围绕学生的学习转，而不能让学生围着教师的教学转。这正是"四学一导"课堂模式的基本特点：一是教师要尽可能让学生学、讲、做、说、论；二是教师要做学生学习的服务者、促进者。

（孙铁龙）

如何引导学生转变学习方式

学习方式的转变说到底是学习态度的重新定位,学习策略的再次取舍,学习习惯的再度培养。实质是学生学习生活由被动变为主动的核心指标。

学习态度从过去被动接受到主动获取;学习方法从过去接受、理解、内化、迁移、运用,变成了选择、定向、采集、思考、交流、理解、内化、迁移、应用;学习习惯从接受教师讲解、布置、分配、安排、评价到阅读、查寻、思考、交流、理解、参与评价。

如果说教学方式是从外部作用于课堂效益,那么学习方式无疑是从内部决定着课堂的成效。

那么教师如何引导学生转变学习方式呢?

一、充分动员,让学生认识学习方式转变的必要性

在"四学一导"课堂模式推行之前,学校组织了各种形式的动员,班主任也会做新模式的班级培训,尤其各教师对学生的动员会更具针对性,更具有学科特征。新的学习方式除对创新人才的培养意义、对个人未来生活智慧、能力品格的作用外,更注重根据学科特点就学习态度、方法、习惯与传统学习方式进行具体的解剖对比,让学生明白学习方式转变的内涵,让学生明白新的学习方式成就的不仅是学生的学习成绩,还是能力、人格、素养的综合提升。

二、认真培训，让学生适应新学习方式的技术要求

新的学习方式是以学生的学习活动为主线组织课堂的，较学生听讲、理解、记录、应用等传统学习方式，更多样、更复杂，有更多的研讨、展示、讲解、评价，甚或质疑、争辩。实行之初，许多学生都有应接不暇的感觉，为了保证课堂的顺畅，教师有必要就本学科研讨、展示、讲解、质疑、辩论的规范性进行统一的讲述、训练，使某些环节程式化，约定成俗，以便课堂不受枝节性的技术问题干扰。例如：如何开始讲解，怎样结束，如何布局板书，怎样提问，如何有效辩论、客观评价等等，有计划地花两三节课进行培训是有必要的。

三、重视评价，让学生体验新学习方式的快乐

传统课堂总是教师评价学生，评价方式单一，教师对学生学习状态的定位基本固定，而新的学习方式提倡学生点评、师生点评，提倡评价多元。许多教师不习惯启发学生、评价学生，更不让学生评价教师，课堂气氛沉闷。由于新学习方式要求学生广泛参与，这给学习基础差的学生提供了展现自我的机会，教师更应抓住机会，发现这些学生的些许进步，组织学生评价，让他们体会被别人尊重的感觉、参与学习的快乐。

四、鼓励协作，让学生感受集体战胜困难的力量

新学习方式除了要求学生独立思考、自主学习外，还强调以小组为学习单位，相互帮扶，集体进步。这表现在展示者代表小组发言，小组成员之间相互讲解、检查，小组代表评价、质疑别的小组，学习积极性、参与度、成功率最终都以小组的形式进行评价。教师要鼓励指导小组内部、小组之间的竞争、评价、质疑、辩论，让学生体会集体智慧的力量。

五、遵循规律，让学生品尝思维兴奋的乐趣

教学活动的设计要遵循学生的思维习惯、认知起点，依据由易到难、由感性到理性、由简单到复杂、由特殊到一般的规律。只有选准切入点，不断地给学生铺路、搭桥，学生才能思维顺畅，不知不觉地学会较难的

知识。在重点处组织研讨，在难点处追问、质疑，让学生在思维的迷宫中突围、冲撞、突破、超越，不断地分辨、摒弃错误，搜索、认定结论，最终攻克难点，学生才会体会到通过自己努力取得成功的兴奋和快乐，从而对学习产生深刻的兴趣。

六、精心组织，让学生在立体交流中茁壮成长

课堂组织首先要引导学生，迅速地转换学习形式，防止不同环节之间的转换干扰学习注意力。其次要有意识地组建师生、生生之间的立体的交流网络。单生生交流就有讲解、辩论、帮扶、督促、对话等各种形式。只有充分地交流、展示，才能有效完成重点任务，攻克难点，激活思维，激励参与，活跃课堂。学生只有在多角度、多向度交流中学习才能深入思考，充分展现自我，获得能力发展、个性发展、全面发展。教师是新学习方式中的首席，在学生学习方式转变中有不可代替的作用，在培植、引导、激励、培养新的学习方式中也有不容忽视的责任。

（孙铁龙）

课堂组织应注意的九种问题

"四学一导"课堂模式的总体特点：务实、简捷、率真。务实就是从学生实际出发，采取切实有效的措施，实实在在地领会知识，发展能力，学习合作，成就人格。不要花架子，不做表面文章，不做给别人看。要击中要害，打倒敌人，不要花拳绣腿，装腔作势，哗众取宠。简捷就是直截了当，不拐弯抹角，不繁冗琐碎，不零敲碎打，快捷有效，直奔目标，紧扣目标，撞击目标，一击而中。率真就是率直诚恳，直面真实课堂，直面课堂的真实生态，直面真实学生，直面真实学生即时的学习状态。不掩饰，不掩盖，不做作，针对困惑、疑难、障碍，心灵碰撞，真诚合作，共同提升。

"务实、简捷、率真"既是新课堂模式的特点，也是整体要求。但实践过程中，发现有的教师在组织课堂过程中，总是有意无意地背离了新课堂的要求。有时是着意、刻意求课堂样子新的观念在作祟，以为只有创出新形式，才是改革，才能夺人眼球；有时是因为教师对新课堂的操作还需要进一步修炼和提高。现就实践过程中发现的问题一一剖析。

一、自学过程浮光掠影、浅尝辄止，学习不充分，不深入

通常情况下，无论哪一学科，自学阶段，学生都要通读教材，并且在自学案的导引下深入研习教材，掌握教材内容，结合学习目标，明白重点知识，梳理知识结构，找出疑难困惑。自学既是学习的开始，也是

自主学习的核心和关键，既是自主学习的实施，也是学生未来独立学习能力的培养方向。所以，此环节要求教师精心设计问题，引导学生阅读教材，重组教材，理解或清楚重点，从课文中猎取信息，解决问题或部分解决问题。但课堂上易出现以下几种状况，造成自学效益低下，课堂效率堪忧：1. 导学案设计存在问题：（1）历史、地理、生物科，自学案问题设计过于琐碎，常常是几个填空，没有着眼于课文整体感知活动。学生只从课本找出了答案，却对课文整体内容茫然不知，或断章取义，一知半解。（2）数、理、化等科例题处理要么照搬课本，要么只简单地要求："看课本例××，完成××"，没有引导学生深入思考。（3）降低思维高度。虽然要求学生自己思考整体的框架、层次，但题目设计成教师归纳好结构，只空出个别地方，让学生填空。2. 教师对自学认识不足，重视不够。学生还未来得及看书，教师就匆匆进行下一环节。3. 教师不放心学生，在学生阅读时，自己喋喋不休提示，影响学生注意力。4. 课堂组织无力，学生开小差，或部分学生不安静，也不制止，没有创造静心钻研的环境。

二、没有认真倾听学生发言，仔细审查展示结果

新课堂，教师由过去讲给学生转变成多数情况下听学生说，由过去总是板书给学生变成经常看学生的板书，角色转变不习惯。常常出现不认真倾听学生发言，不严格审查学生展示结果，以至于造成了教师判定含糊，甚至不做判定的情况。最糟糕的是一节语文课上，教师竟将错的判成了对的，造成学习方向的游离，制造了学生思维障碍。认真倾听学生发言，严格审查展示结果既是对学生的尊重，也是课堂操作对教师的基本要求。

三、辩论游离学习目标，教师无所适从

课堂辩论是学生思维激荡、撞击、升华的最佳途径之一，教师在重难点处，要有意识地启发，设置组织争辩，以便使学习更深入，思维更

活跃，但一定要把握辩题，使之紧扣目标。课堂上常常因为参与人数多，辩论游离目标本身。这时，不论辩论有多么精彩，教师都要及时引导其回到目标上来。方向错了，使的劲越大，离目标越远，正所谓南辕北辙。教师切忌无所适从，毫无作为，甚至听之任之。这些都不是正确的态度和方法。

四、沿用举手发言的方式，展示方法不当

举手发言容易遮掩学习存在的问题和困惑，常常这样做，还会形成优等生独霸话语权、其他学生放弃活动参与的不良倾向。通常情况，除点评和辩论阶段，小组展示的成员应固定为中下水平学生，以便暴露问题、突破难点、照顾差异、拔齐思维水平。

展示方法可以是全班大展示，也可小组内展示，也可一对一展示对照。教学中要充分发挥不同展示的优势，提高效益，不可只局限于一种展示方式。例如：自学部分较简单的问题，没有必要进行全班展示，小组内展示更多人参与，效率更高。英语中对话练习，小组内一对一展示就比全班只有两个同学展示参与率高，训练机会多。

五、同一水平的展示，无效重复

有一语文教师执教《静夜思》，一连叫了三个人在深入学习课文之前朗读，学生朗读水平基本一致，中间也没有让学生点评，还准备继续朗读下去，让人疑惑她让同一水平的学生不断地在一个水平上展示有什么意义。展示力求在不断点评中改进和提升，当学生点评起不到提升作用时，教师要参与评价，或者更深入学习课文之后再展示朗读，提高水平。

六、缺乏统筹安排，忽视学习活动的过渡和转换

新课堂一改过去学生上课单一听记的学习活动，取而代之的是阅读、展示、质疑、辩论、点评等丰富多样的参与活动。相较而言，学习活动的多样、复杂，给教师统筹安排提出了更高的要求：一是要保证人人有事干，如C层展示，B层质疑、纠错，A层辩论、点评，防止出现一部

分人有事干，另一部分无所事事的场面；二是保证自学静如处子，讨论井然有序，热烈而不混乱，展示、纠错、点评记录各有分工，各种学习活动转换快捷，学生迅速变换角色。既充满生命激情，又有条不紊，做到高效，防止分工不明、转换缓慢、甚或混乱，造成时间浪费，效益低下。

七、过于务虚，或远离目标，或抢人眼球

有的课堂无限淡化教师作用，有意让学生主持学习活动，自己置身事外，不值得提倡；有的教师标新立异，上课前集体朗读班级誓言，这无关课堂本身；有的教师动不动就想当然让学生表演，看似热闹，指向不明，目的不清；有的教师夸大人文性，常常让学生联系生活实际，大谈特谈，实质上背离了文本；更有教师削足适履，死搬硬套"四学一导"模式，自学蜻蜓点水，讨论一哄而上，展示不讲方式，看似热闹，其实低效、无效。

八、忙于应付，忽略导学案的检查评价

一次，听课时，发现有一个学生没领到导学案，后来补了一份，耽误了一点时间，讨论发言时却很热烈，拿过导学案一看却连一个字都没有写。问他："你都没做，怎么讨论？"他说："我忙着讨论。"简直让人啼笑皆非。还有的学生，下课后，导学案根本没有修改和补充。这些现象直接影响到课堂效益。教师不但要自己巡查，还要不断安排完成学案，采用一对一检查、小组长检查等多种方式督促学生填写、纠正、完善导学案，万不可只顾表面热闹。特别是在研学环节，一定要求学生先独立完成研学案，再进入小组讨论环节。不仅如此，还应监督学生写出自己的思考结果。只有这样，学生独立学习过程才能得以落实，才能杜绝一些学生自己不思考、等、靠、要的懒惰学习习惯。

九、评价失当，或含糊其辞，或一味鼓励，表扬语气夸张

现实课堂的评价存在两种倾向：一是学生展示结果不准确、不完整、不正确，教师不直指问题，顾左右而言他，或含糊其辞。貌似是保护学生，其实就是遮掩、迁就错误。这种做法，不仅会从知识上误导学生，而且会造成学生脆弱的人格。试想，我们学生都不敢正视错误，怎么能进步？怎么能成长？一针见血地点明问题结症，其实正是表示对学生的关注，并且只有正视错误才能进步和成长。当然我们不允许因学生课堂问题回答错误而指责其人格、人品，但准确地指正知识、纠正方法，却是对学生的负责。另一种倾向是：当学生答对问题时，激励和评价方式单一、过度，谁答对了都要鼓掌，对每个人都说你很棒。单一的评价、激励方式会使激励程式化，长此以往会失去激励的价值和作用，随着学生年龄的增大，学生会感到老师的程式化表扬缺少真诚。相反，有时只需要我们认真地评判即可，不一定要把表扬的话挂到嘴上。比如：你回答得很准确，你对这一问题的回答很独特，这样想很有意思等。关键是态度真诚，评价客观，大而全的永久不变的单一评价，只能作秀，不能深入孩子内心。

教师要想尽办法，使学生课堂上不浪费一分钟时间，不做任何与学习目标无关的事。既井然有序，又务实高效，动静合宜，适度紧张。

（孙铁龙）

第六章

"四学一导"课堂模式之学生培训

着力于学生全面健康的成长

在"四学一导"课堂模式推行过程中,有一种现象让人陷入深深的迷惑:传统的讲授法往往掌握地既准确又快捷,而新课堂让学生自己阅读、研讨、展示、评价往往既浪费时间,结论又不一定准确。推行之初,课堂常常完不成教学任务,那么,我们的课改是不是走上了邪路?从表象上看,有时确实是"少、慢、差、费",我们投入那么多的精力,难道是破坏了课堂效益吗?我们的"高效"课堂高效又在何方?其意义、价值到底在哪里?

如果单从知识掌握的快慢和准确上看,新的课堂有时的确不如传统课堂。尤其是新模式实行之初,要改变学生传统的学习方式,让他们从被喂着吃,到自己主动找食物吃,由吃别人咀嚼好的,到自己想办法嚼烂,由吃别人已经去伪存真,去粗存精的精细粮食,到自己过滤、辨别、消化、吸取,确实有一个不适应、陌生、困厄、痛苦、蜕变的过程,就像刚放出的鸟一样,有一个重新回归自然的适应过程。这和教师从传统课堂到新课堂教学方式的转变同样困难。并且,由于年龄、心理等原因可能更难、更痛苦。要允许他们有一个适应过程,要耐心地引导、放开、等待、激励。

有人说:"中国现在的教育已经退化成了教学,而教学又退化成了纯知识的传授。"反思之前的迷惑，其实是自己自觉不自觉地陷入误区，即错误地认为课堂教学以掌握知识为最终目标。但教学最终的目的是发展人、塑造人。"四学一导"课堂模式的最重要的价值正是把课堂教学的目标由过去的指向知识、指向能力，转化为指向人、指向人的发展、指向人的全面发展。切不可因为打破旧规则之初遭遇了不适，就退回到纯知识传授的老路上去，影响前进的信心与步伐。

那么，和传统课堂相比，新课堂都着力于学生哪些方面的发展呢？

知识得到更准确的定位。时代不断发展和进步，现在已进入了知识爆炸时代，想让孩子在学生时代掌握足以满足未来生存和生活需要的知识已成为一种奢望和梦想。时代已经要求未来的人，除了有一定的基础知识外，还必须有适应时代的学习能力，终身学习已经成为时代的强烈呼唤。所以，相对于知识掌握得多少而言，掌握知识的能力，对人未来的生存质量的影响显得更有决定性的意义。所以，课堂的定位应该是培养学习能力的媒介和跳板。新课堂应着力于让学生在学习知识过程中提升学习的能力，而不能仅以掌握知识为目标，更应重视过程方法，重视在学习过程中的经历、体验、再现。对学生来说，学习是一种生活，对障碍的克服、对难题的破解，永远是一种从未知到已知的体验。不论他们所用的方法如何可笑，他们的经历、选择是多么愚不可及，并且他们探究的问题是许多前人早已破解的问题，都是历练思维的宝贵经历，也与生活本身同质。任何忽视这种体验和经历的做法，都是对学生学习生活的不尊重、对思维发展的忽略、对智慧成长的扼杀。新课堂中学生自己阅读、研讨、展示、评价的过程就是一个面对问题、认真思考、寻找资源、请求帮助、切磋揣摩、破解难题的成长过程、发展过程、创造过程。

着眼于在学习过程中，发展智慧、塑造人格、健全品格。在解决问题的过程中，认真思考、寻求帮助、查阅资料、与人交流，这中间无不包含生活的智慧。在学习过程中，展示自我、帮助别人、团结协作无不是健康人格形成的必备要件。在小组中承担责任，管理别人，既有自我发展的意识，又有团队荣誉感，每一点都是健全品格的成长要素。新课堂中每天都让学生在学习活动中培养生活的智慧、健康的人格、优秀的品质。

从长远看，学习能力优异的学生不可能考试成绩不理想，优异的考试成绩必定会成为新课堂的副产品。但必须从内心澄清矫正新课堂的目标指向并非是单纯的成绩。只有把课堂目标指向人、指向人的发展、指向人的全面发展，才能从行为上纠正急功近利的做法；从心理上宽容新课堂开始时表面的"慢"、"费"；从眼光上容忍学生不老练、不成熟、不简洁、不精明，会再多些耐心、宽容与理解。

（孙铁龙）

对学生学习的基本要求

1. 独学阶段，先独立思考并尽己所能完成更多的导学案题目。对自己拿不准的思路、答案、想法，要力求尽可能写出来，防止等、靠、要的思想或做法。记住，学习，首先是自己的事。

2. 对学、群学阶段，倾听别人的观点和意见时要专注，要目视对方，要尽快思考别人发言的关键与实质，并做出评判或质疑。

3. 在与他人交流的过程中，如果别人问你一个问题，你应该先回答，然后再回问一个问题。这事关礼貌，你要向别人表示你也关注他们的想法，而且"追问"可以帮我们将思维引向深处。

4. 交流尽量控制在规定时间内，交流者要站立、小声，尽量减少对其他同学的干扰。

5. 如果本组内你的观点最好，可以对自己说"我太棒了"或"我下次（或其他学科）还能做好，只要我积极准备"，但别忘记提醒自己"别人的意见中是否还有可取的地方能帮我更完善"。

6. 如果别人的观点更好，你可以说"你很了不起"或者说"我很受启发，我希望下次还能跟你交流"。发自内心地赞美别人会让你收获好心情、好人缘。

7. 准备充分了就要积极争取展示的机会。听明白不如想明白，想明白不如说明白。能清晰、条理、深入浅出地把本组的最佳观点展示出来，你会理解得更到位，也能记忆得更牢固。

8. "展示"不是展示者个人的事，而是展示团队共同的事，团队成员之间要积极配合、相互鼓励。

9. 质疑团队要在展示团队表述结束后进行发问。质疑对抗是为了将问题引向深处、优化我们的认识和结论，不要为了争论而争论。

10. "敢于坚持"是崇尚真理，"善于妥协"是理智地包容别人的智慧，二者是对立而统一的，是学会协作的关键。

11. 对别人表达赞赏很容易，有时只是一次热烈的掌声，但它给人的激励可能会是强大的，特别是真诚的赞美，可能会让人终生铭记。

12. 边倾听边做好双色笔纠错，最好能分析记录错误原因，打造属于我们自己的个性化的复习资料。

13. 纠错是成功的捷径，反思是提升的跳板。一个错误，一次纠错，一次反思，一笔财富。

14. 不管遇到什么样的问题，把它当成突破自我的机遇，永远对自己保持信心，不放弃、不抛弃。

15. 一个能把对手当成助手的人，一定"海纳百川"，一定"仁者无敌"。

16. 做人，"真"是第一位的，我们不仅要对别人"真诚"，更要"真实地面对自己"、"面对真实的自己"。

"四学一导"课堂模式下的学生培训

培训内容

一、每天制订高效学习计划,并自我检查落实情况。

二、课前准备好需要的课本、笔记本、导学案、双色笔等学习用具。

三、预习(独学)

用好导学案是自主学习的关键环节。预习是实现课堂高效的重要手段。学生通过预习能基本掌握基础知识,处理大部分内容,能发现问题,增强课堂学习的针对性。

1. 预习资料

预习要有两种材料,一是课本,二是导学案,资料是辅助。

2. 预习形式

预习要求独立完成。独立预习有利于培养学生独立思考问题的习惯,提高自学能力,避免浮躁。

3. 预习方法

预习要先全面后侧重。学生先独立阅读一遍课本,结合课本解决导学案自学部分的内容,内容要尽量解决,解决不了的要形成问题,这些问题带入学习小组,利用合作学习时间按照老师的分工有侧重地进行研究性学习。

4. 基本要求

(1) 坐姿要端正，切忌伏桌书写。

(2) 翻动书本、学案要轻，离开座位凳子尽量不要响动。

(3) 独学过程不要提问或交头接耳，独立完成。

(4) 遇到与己无关情况不能分神，更不能抬头张望。

(5) 独学认真思考，阅读教材，参考资料，全面完成习题，不能敷衍对待，更不能抄袭他人学案，记录下自己的观点或疑问。

(6) 导学案的书写要字迹清晰、工整规范，行平列直，切忌潦草应付。

四、小组合作

1. 小组合作交流，依由小到大的原则，即：对子—分组—整组。

2. 对子交流。把自己的观点或疑问与结对子的同学进行交流、解惑。

3. 小组交流。把与自己结对子的同学也解决不了的问题，进行小组内讨论交流。

4. 交流时声音适度，以双方及组内，听清为准，切忌大喊大叫，小组交流起立时，不要拥挤。

5. 学生交流离座，要把凳子轻轻放入桌下，便于交流活动。

6. 交流时，鼓励畅所欲言、神采飞扬、各抒己见的积极表现，反对缄默不语、麻木迟钝、人云亦云的依赖心理。

7. 严禁假交流，随意交流，更不能借交流之机嬉戏、玩耍。

8. 合作分工具体明确，做到人人有事做，事事有人做，时时有事做，行动要迅速，切忌游手好闲。

五、展示

1. 聚焦

(1) 动作要快，过程中动腿不动嘴，展示的同学，要照顾到全体同学,迅速进入"角色",展示开始。

(2)聚焦时展示者站在聚焦处,便于展示及观展者倾听。

(3)聚焦时要避免学生"平行站位",要有层次,保证每个学生都能站在最佳位置,不影响听课。

2. 展示者

(1)展示者提前进入预定位置,上组展示评价完,自己迅速到位,不耽误时间。

(2)展示者面向全体,讲解时要用教棍等必要教具,做好展示的导入、结语及组间过渡。

(3)展示者准备要充分,对展示内容要熟悉,鼓励拓展性展示,不做无效展示,要把展示内容组织成展讲语,展示时尽量脱稿或半脱稿,切忌照念答案。

(4)展示者声音洪亮,语言流畅、规范,切忌啰嗦,准确把握展讲时间,避免拖泥带水,浪费时间。

(5)展示者要充分运用展示艺术,善于运用肢体语言,根据学科特点,说、学、演、唱,书写、描绘淋漓尽致,达到既传授知识又感染人的效果。

(6)板示者书写要迅速、工整规范,合理运用双色笔,板面设计精彩、美观、规范、横平竖直、作图科学、重点突出、图文并茂。

3. 观展者

(1)观展者,站位合理,前后由低到高,保证全员观看、听展。

(2)观展者,坐要端正,不能伏案托腮;站要直立,不能抱膀搭肩,要做到拥而不挤。

(3)观展者,盯住展示者和板面认真倾听,不许左顾右盼,不许低头,不许玩笔、尺等各种小东西,更不许暗中做小动作。

(4)观展者,观展时要闭口,切忌中间插嘴,私下议论,嘲讽取笑。

(5)观展者要根据展示及师生补充点拨随时记录,不放过每一个难点、疑点,做好即时性巩固及导学案填补。

4. 质疑

(1)展示环节中,在展示者展示完后,观展者如有疑问要及时提出自己的观点,其他同学可以进一步质疑对抗。

(2)质疑对抗要针对问题,避免不必要的争论。

(3)观展者主动质疑、补充要做到有抢有让,彰显个性,语言规范、简明扼要。

(4)进行对抗质疑时无须举手,可直接起立发表自己的观点。

5. 评价

(1)观展者在补充评价时,要用第二人称,目视被评价者,切忌将征询的目光投向老师。

(2)不做重复、无意义评价,要积极发现优点,指出不足,语言规范、简明扼要。

(3)被点评同学要认真对待他人评价,及时改进。

六、巩固提升

1. 在穿插巩固时,组内要互帮互助,做到兵教兵、兵练兵、兵强兵,争取全面收获。

2. 在穿插巩固时,认真更改错题,填补遗漏知识点及新生知识点,全面完善学案。

3. 达标检测时要严肃认真,本着"知之为知之,不知为不知"的原则,独立完成检测题,真实反馈学情。

4. 每天上完课后要及时整理导学案,将出错的问题整理到纠错本上。

七、课后

"没有总结就事倍功半,没有反思就不能进步。"课后做好回顾积累,才能巩固学习效果，扩大学习效益。

1. 学生对课堂学习活动进行回顾，回顾自己在课堂上参与了多少，展示得怎样，提出了几个问题，主动解决了几个问题，为本学习小组的成功做了多少努力，展望以后该如何改进。

2. 对本课的内容了解不透彻的，掌握不牢固的，甚至还没有解决的问题，要通过对子组、小组合作、请教老师等渠道解决好，不留"后遗症"。

3. 做好总结，积累纠错工作。纠错是学生的知识"背囊"，是期末和九年级复习的最佳资料，学生要将重要的知识点、易错点，特别是通过同学的帮助、老师的点拨才理解的东西，重要的解题方法，规律性的东西，自己的体会、感悟，都要记录在纠错本上，将自己做错的题目更正在纠错本上，并提醒自己不要重复犯错。

其他常规要求

1. 导学案使用：按照学习目标、方法提示独立完成导学案，对重点、难点及有疑问的地方用双色笔标出。根据导学案确定展示活动，紧扣学习目标，重难点为主要展示内容。

2. 双色笔运用：突出重点内容。如蓝红双色笔，蓝色标记一般知识，红色标志重难点、易错点及拓展知识等。

3. 板书：

（1）板书迅速、工整规范，合理运用双色或多色粉笔，突出重点内容。

（2）板面设计规范合理、清楚美观，作图科学、横平竖直、图文并茂。

（3）板面是反馈、拓展、交流、展示的平台。板面利用自然，想写就写，尽情挥洒。

4. 板面设计与利用：用记号笔画格，用数学教师的教具三角板量尺寸，格与格间距6—7厘米，宽度48—50厘米左右，每组三个板面就足够使用了，每条黑板横行写8—10个字。为了板面利用的整齐划一，前板、侧板、后板，从第几格开始书写，要作出统一的规定，不要随心所欲，想从哪行写就从哪行写，不要靠边儿靠沿儿，如果内容或文字很少，写在本组三块黑板中央即可。

5. 粉笔：

（1）用好彩色粉笔，有助于强调重点，有时还会达到意想不到的效果。

（2）以白粉笔为主，用黄粉笔强调重点字词或语句，用蓝或红粉笔在文字下划线，使用固定的三种主要标记色，如：白黄蓝、白黄红，可灵活掌握。

（3）彩色粉笔的使用不要过多，否则不仅没有达到突出重点的效果，还会给人眼花缭乱之感，影响板面整体效果。

6. 纠错本的使用：及时将错题难题整理巩固到纠错本上，对纠错本上的每一个问题都要充分理解、会答。

小组长培训

1. 明确组长的责任和作用。教师在培训时要让小组长明确自己的工作内容，既保证日后小组长的工作实效，又增强其责任心。

（1）行政小组长的职责

①了解组内同学的思想动态，融洽同学之间的关系，打造团结向上、勤于钻研、积极进取的学习小团队。

②协同学习小组长控制好组内同学自主学习、分层讨论和高效展示的进程，做好组织分工，明确任务目标，确保每一个学习段的学习活动

有序进行。

③控制组内同学的课堂学习秩序和自习、周末自主学习秩序。

④及时分配学习任务，督促组内的同学自主学习，按时高质量完成作业。

⑤协同学习小组长对本组同学的学习状况、学习目标的达成情况搞好评价和总结，提醒帮助待优生确保学习效果。

⑥经常反思小组管理中的问题，组织组内同学开展每周一次的小组活动，研究解决存在的问题。

(2) 学科小组长职责

①及时收齐作业，查好作业的质量，交给学科学习班长。

②协同行政小组长控制好组内同学自主学习、分层讨论和高效展示的进程，做好组织分工，明确任务目标，确保每一个学习段的学习活动有序进行。

③负责了解积累本小组内所有同学的学习状况，发现在自学、讨论、展示、检测环节及导学案和训练学案的使用等方面存在的问题和建议，及时向老师反馈。在科研小组会上与老师共同研究改进课堂和学案的措施。

④协同行政小组长对本组同学的学习状况、学习目标的达成情况搞好评价和总结，提醒帮助待优生确保学习效果。

⑤协助行政小组长组织组内同学开展每周一次的小组活动。

⑥开好由学习班长组织的高效课堂研讨会，认真汇报组内的情况，积极思考讨论改进的措施，并把会议的精神传达给小组成员。

2．教师要定期召开小组长会议，洞悉他们一周来在思想上、学习上和生活上的困难并及时予以解决，让小组长感受到教师的关怀和温暖。

3．教师要给小组长"加餐"。小组长为同学们服务，很辛苦，学有余力，必须有所回报。"加餐"应注意的问题：有例题有规律方法总结有针对性习题有答案；量上由小见大；对学习效果要有检查评价。这实际上锻炼了组长的自学能力。

4. 教师要帮助学习小组长培养各学科组长，在某些学科上让学科成绩优秀的同学担任学科组长，这样既能给常务小组长减负，又能带动其他同学的学习积极性。

5. 教师要适时地肯定、表扬、激励。马斯洛需要层次理论认为，人的需要是有层次的，可分为生理需要、安全需要、归属与爱的需要、尊重需要和自我实现需要，在低层次需要满足之后，会向高层次需要努力。在当前满足生存和安全需要的情况下，小组长领导一个小组也就趋于其满足更高层次如归属、尊重、自我实现的需要。教师使他们在工作中体会到这种自我实现的心理满足、荣耀感，是激发他们对小组更加尽心尽力工作的源泉。

小组成员培训

1. 加强学生互助意识的培养，要让优秀学生明白，教会待优生学习，让待优生学会的过程，也是自己深化知识、提高能力的过程，帮助待优生不但不会影响自己，反而能提高自己的水平。

2. 给待优生更多的学习、答题、汇报、展示的机会，对他们的每一点微小的进步，都要给予及时的肯定和赞扬，即使答错了，也要肯定他们的精神，一点一点地培养他们的学习积极性和自信心，让他们勇于参加到小组的学习和探讨中来。这需要老师在学习过程中心里时刻记着他们，关注他们。

3. 转变传统的学生评价方式，在学习的每个环节、学生日常管理的每个环节，都以小组为单位进行评价，个人的成绩不再凸显，而是以小组为单位评价优劣，包括课堂上的表现、班级纪律、学习成绩等等，让学生明白，小组整体成绩的优秀更值得荣耀，以此强化学生的团队意识，督促学生在小组内开展互助，提高整个小组的水平。可以在班内开展优秀组长的评选，以此激发优等生帮扶待优生的积极性，还可以开展学习小组竞赛活动，营造小组间你追我赶的竞争氛围。

4. 在班级和学校范围内，大力开展集体主义教育和团队精神教育，优秀学习小组的评选可以扩展到全学校的范围，为班级工作创造更大的空间。总之，只有把学习小组建设好了，合作与交流才会真正地发挥作用，学生自主学习、共同提高的目的才能达到。

培养学生自主学习十大能力

1. 自我学习。能够自主、自觉、自愿、自省、自理地学习，认识到学习是自己的事情。

2. 敢作敢为。敢想、敢答、敢演、敢创，敢字当头，勇于表现。

3. 感知知识。运用知识迁移，尝试、体验、总结、归纳、分析、领会，学会搜集信息。

4. 整理笔记。记录要点、中心句、易错易混的难点、对自己有影响的内容、喜欢的格言警句等。

5. 联想拓展。善于联系社会生活，进行热点分析、经典再现、探索发现、人生感悟、科学推论等。

6. 作品呈现。通过对知识的理解、把握，自己创作，或编题，或解读，或应用，或课本剧编排，或诗歌、范文写作，或小品排演，或制作、发明等。

7. 交流合作。生生、生师、强强、弱弱，网络式开展切磋、研究、借鉴、取舍、优化、补充、修改、锻炼。取长补短，共赢并进。

8. 善于表达。语言流畅、声情并茂，能够充分运用身体语言、书画美观、演艺精彩，感染人、教育人、影响人。

9. **方法科学**。学会学习，用科学的方法论、辨证的哲学思想去把握知识的脉搏，眼光远大，厚积薄发，思维敏锐，逻辑严密，学以致用，创新图强。

10. **铸就人格**。形成正确的人生观、价值观，胸怀大志，爱党报国，落落大方，举止文明，做事严谨，学习得法。

（吴山林）

学习小组的建设与培育

小组是"四学一导"课堂模式的核心组织形式。重视小组建设，小组的成长和培育，是实施有效教学的要义之一。小组建设的质量，小组的成长速度和成熟度直接关系到课堂效果的优劣。研究小组的建设与培养不仅是班主任的工作，而且是每个科任教师的任务。

学习小组的组建

小组布局：理想状态是班级人数在50人左右，6人一小组，如果是大班额，可8人一小组。如教室空间允许，各组桌凳可拉开，小组成员四周围坐，以免学习小组之间相互干扰。如学生太多，可面对面排纵列，但需保持组距。小组成员尽量按性格、性别、学习习惯、成绩相互搭配，做到组内异质，组间同质。需要说明的是，仅依学习成绩分组是不科学的，容易导致学生心理上形成负面影响。6人或8人对坐，优等生、中等生、学困生交叉排座，便于交流、讨论、监督、检查、帮助、改错。

小组分工：小组应设组长，全面负责纪律、卫生、学习。小组成员在生活、纪律、学习方面各负责一个具体事项。要职责明确，并且在实际生活、纪律、学习中，各司其职、发挥作用。尤其要注意分配给学困生一些具体的事务，让他们体会自己在集体中的地位和尊严，更要求大家服从每一个人主管事务的安排与要求，形成相互协作，相互尊重的习惯。

小组文化：第一，为了强化学生小组归属意识，通常在小组成立之初，要求小组成员共同给小组命名，拟定组员职责分工，确定小组格言，并制作小组标志牌，放于小组座位中央。第二，生活中，在人人有事管、事事有人管的机制中，形成人人尽责任、大家讲尊重的健康人际关系。第三，学习中，依据小组分工各司其职。研讨既是在探究真理中展示自己的智慧和才能，又是为小组荣誉献计献策。在学习实践中领会合作方法、体会合作力量。第四，课堂上，在大家群策群力、奋力攻关、破解难题的过程中，养成崇尚真理、追求真理、尊重真理的习惯。第五，研讨辩论时，既要大胆发表自己的见解，又要允许并尊重别人发表完全不同于自己的见解。树立真理面前人人平等的观念，习惯于民主、平等、和谐地讨论问题。

学习小组的培训

小组学习的优势在于：有利于合作交流，有利于实行兵教兵的辅导，有利于团队精神的形成。缺点在于：不利于独立自主的学习，不利于课堂纪律的维持、不利于形成自觉的学习习惯。这一点开始就要让学生明确，并要求学生在实际学习中克服缺陷、发挥优势，不可盲目以为小组学习包治百病、完美无缺。

小组成员的职责，除了要明确分工以外，实行初期要督促全组成员履行职责，特别是有自卑心理的学困生，更应该让他在管理中重拾自信、体验管理与被管理的必要性，做到人人有事管，人人被管理的平等成长格局。

明确小组学习的方式。要通过培训，让学生逐步学会并习惯小组学习方式。训练学生学会阅读、学会倾听、学会表达、学会提问、学会争辩、学会展示、学会评价，指导学生逐渐学会和适应自己学习、自觉学习的方式，克服和纠正"等、靠、坐"等传统的习惯和学习方式。

明确小组学习的意义。要通过实践，打消学生对新学习模式的顾虑和陌生感。要告诉学生小组学习的要求，以及它以发展人、锻炼人、成长人为指向的课堂终极目标。注意在开始时，让学生在投入学习中体会、体验、感受新学习方式的快乐，在运用中体验，在学习过程中给予指导、指点、鼓励、要求。让学生逐渐由陌生到习惯，由等学到要学、会学、能学。

明确优秀学习小组的评价办法。许多教师站在成人的角度，认为小组表现赋分，得小红星、小红旗、小红花，这些评优胜学习小组的有效组织方法是小儿科，不屑于、不惯于投入精力，进行小组学习评价。这是一种自以为是的错误认识和做法，只有一开始就明确小组学习评价办法，坚持不懈地培育和评选优秀学习小组，才能不断激发和营造学生相互激励、竞争、协作的良好学习氛围。

小组学习实施的素养训练

学会阅读：自主学习是新学习模式的重要方式之一，而阅读是课堂学生自主学习的主要方式之一，学会阅读是学生启动自主学习的关键环节。小组学习中的阅读，不只指语文课中的阅读，它包括数、英、物、化、史、地、生所有学科课文的认读、理解、消化、归纳、提炼。不仅有对文字信息的获取，还包括算式、图表、声像、录音等资料的理解、整合和迁移。总之是包括所有课本资料的获取、汲取、融化、运用。尽管阅读不能解决所有疑难，但没有自己阅读，自己学习的习惯，整个新式课堂就无法实施。学生自己阅读习惯培养要注意：一、用问题引导学生阅读。二、指引学生宏观把握教材，既有点的知识，也有面的、宏观的归纳、概括。三、一节课问题指引要循序渐进，整个学习过程也要依据学生阅读实际逐步提升难度。

学会倾听：实践证明，由于传统课堂影响，学生往往不习惯听学生发言，只注意听教师发言。针对这种现象，教师一是纠正，二是要学生再重复他人的发言，引导学生养成认真听取同伴发言的习惯。小组讨论时，要有秩序地发言，别人已经在说，自己就不能随意打断，不能不顾别人，自己讲自己的。反对别人，先要领会别人发言的实质和要点，才能有准备、有条理、有针对性地进行反驳。

学会表达：一开始要先从表达的仪态入手，例如站姿端庄、表情自然、声音洪亮、目视大家。二是要训练表达条理性，最好要求学生分小点阐述。三是训练发言的一般程式和习惯语言。如小组代表发言，常用语有："我们小组的意见是……""……回答完毕，其他小组还有什么不同意见？""个人评价是：××同学××的优点是……存在的不足是……"

学会展示：一、练好粉笔字，学会使用实物投影仪；二、学会规划合理布局黑板；三、学会手指答案，面向同学，有条理地分析解题过程。

学会讨论、质疑、答辩：一、学习有秩序地表达观点，反对胡乱争吵，影响别的学习小组；二、学会尊重别人，只争论不同观点，不侮辱别人人格；三、允许别人有不同看法，不能以势压人；四、不无理强辩，要信仰真理。

学会迅速转换学习角色。新模式对学习方式的改变，一反传统的以听为主，辅之以练习的做法，要求学生阅读、质疑、展示、答辩，不断转换学习角色。一开始许多学生不习惯这种转变，往往造成注意力不集中或转换较慢，而影响到课堂效益。教师在开始时，要格外注意引导学生注意倾听别人发言，投入认真学习状态。

学会相互关照、帮助和监督。小组学习的优势在于小组成员之间的相互协作。教师要引导学生，把同学帮助作为一种重要的学习方式，把帮助不会的同学学会作为每一个人的责任，形成学习上大家互相帮助、监督、关照、检查的氛围和习惯，促进小组的整体进步。

　　李炳亭先生说：小组学习是一种现实的小班额学习形式。作为一种新的学习组织形式，需要不断培育、训练和催熟。课堂教学的高效化，在一定程度上取决于小组学习质量的优劣。小组的建设培育不仅是新课堂教学顺利实施的关键，更是着眼于学生健康人格、文明素养、公民素质的培育和成长。

（孙铁龙）

第七章

"四学一导"课堂模式之导学案编写

导学案编写的基本要求

导学案是演化"四学一导"高效课堂的设计蓝本,认真编写的导学案应有实用性、适用性、操作性、创造性。

一、导学案编写的原则

导学案编写要遵循"四个符合"的原则:符合新《课程标准》精神,符合学科教材特色,符合不同课型要求,符合具体学情实际。

二、导学案编写的准备

编写导学案要求认真做好准备,要做到——

第一层级:熟悉教材。要在反复通读的基础上,明确本节教材的基本内容、要点特点、前后联系、所处地位、重点难点等。

第二层级:挖掘教材。结合《课程标准》有关要求和学生实际,在透彻理解教材编写意图的同时,确立本节教材的关键点、训练点、生成点。

第三层级:驾驭教材。在"用教材教"的思想指导下,初步形成引导学生学习本节教材的过程轮廓,一般应包括内容顺序、逻辑层次、学习活动、学习方法,即导学案编写的框架构想。

三、导学案编写的要领

导学案是构建"四学一导"高效课堂的路线图，其主要内容包括学习目标、重点难点、学习方法。从板块上看分为自学案、研学案、示学案、检学案等。

1. 学习目标。确立学习目标的依据是《课程标准》要求、教材本身内涵、教材编者意见、学生成长发展需要。设置学习目标要具体体现"三维度"理念，不同的目标可以有不同程度的要求（如：了解、理解、掌握、运用等）。学习目标应贯穿课堂全过程，包括"自学"参照目标、"研学"围绕目标、"示学"体现目标、"检学"落实目标。

2. 重点难点。有效突破重点难点，是高效课堂的具体体现。重点、难点宜精，突破策略要多样，还要有强化训练的时间保障。

3. 学习方法。要从教学内容出发，归纳具体的学习策略，在学生学习本节课之前对学法有宏观的了解，为进入学习做准备，不可不加分辨地将每个学科、每节课的独学、对学、群学的学习方法一概而论。

4. 自学案。自学案以掌握教材基本内容为主，不宜拓展、延伸。编写自学案，务必要有学习过程的要求、思维演进的导引、具体方法的提示。编写中，可直接引用或改编现行教材及有关资料中的题目与项目。自学案应鼓励学生通过自主感知，形成独特见解。

5. 研学案。研学案主要是针对学习重点与难点提出的。研学案的问题设置切口宜小，有利于培养创造性思维，具体操作则要突出全员参与。研学问题的数量要适宜，问题的来源，可以参照现行教材及有关资料。研学问题的设计要注意思维引导和训练，不宜过于简单或琐碎。另外，研学案中还要提出有关交流、合作、评价方面的具体要求。努力体现自主、合作、探究及生成性、互动性、突破性、渐进性、创新性、复合型。

6. 示学案。在实际课堂上，这一环节常常和研究交替进行，但编写导学案时，教师必须明确展示什么，怎样展示，在什么范围内展示，在本节课的重点、难点、关键展示时，可能出现什么问题，教师计划采用什么方法组织解决这些问题。

7. 检学案。检学案的作用在于巩固、强化、迁移、运用。检学案的内容要分"选做"与"必做"两部分。检学项目要精选，可参考教材及有关资料，更要给不同层次学生提供不同程度的成功机会。

结合检学，还应进行简短小结与恰当评价。同时，检学案要突破一味做题的旧框式，注意引导学生在自我反思中不断增强信心、体会人生。

（张全兴）

导学案编写应注意的若干问题

导学案是学生学习的主要抓手,更是教师体现教学智慧,指导学生学习、驾驭课堂的有效手段之一。导学案的质量直接影响到学生的学习效率,教师指导目标的实现,课堂学习活动的秩序和流程。精心编写导学案不仅是"四学一导"课堂模式的基本要求,更是全面实现课改目标的关键环节。在实际教学中,编写导学案应注意以下问题:

一、应紧扣教材,不宜撇开教材,另搞一套

关注课改,精心学习课标,研究新教材,就会发现:新教材的编者以最大的努力,力求通过教材来改变学生的学习方式和教师的教学方式。例如:在语文教材中,课后涉猎了大量的"议一议"、"说一说"、"收集整理资料"等内容,都力求将语文学习与社会生活、家庭实际、成长环境相联系,不仅指向交际工具,更体现语文学科对文化的传承,对学生人文精神的培养,直接或间接地作用于学生的情感、态度、价值观。数学、物理等教材,一改过去概念直接呈现的方式,尽可能地让学生从生活的实例中归纳,从动手实践中总结,从已有知识中推理,为学生自己学习、自己实践、自己归纳、自己推理搭建平台。思想品德课,不再是干巴巴地讲道理,而是在生活实例中提出许多尖锐突出的问题,让学生

结合生活实际谈认识、说体会、明道理。如《珍爱我们的生命》一课中，课本设计中有以下练习：1. 想一想，奥斯特洛夫斯基为什么呼喊生命之火万岁？2. 向大家介绍自己生活中的快乐与幸福，体会生命的美好？3. 我的生命已用＿＿天，我的生命还剩下＿＿天，算完以后，自己的感受是＿＿。4. 人的生命可贵，体现在哪些方面？5. 在下列情况下，自己怎么办？6. 当自己遇到意外情况，生命处于危急状态时，可以采取哪些方式获救？而英语教材几乎就是以学生学习活动为主线组织教材的，如《My name's Gina》一课：写出图中物品的英语单词，你能写几个？结对活动，练习上面的对话，然后问候班上其他同学。结对活动，练习下面对话……但在实际教学中，许多教师不仅没有贯彻教材编者意图，自己缺少学习，有的还认为新教材不明朗、不清楚。特别是旧教材原本清楚的结论，现在新教材却将其隐含在生活实例、实验过程甚至习题中，让学生自己揣摩、总结、运用，远不如直接教给学生来得简洁、明了、轻松，于是感到新教材不好教、不顺手。有的干脆直接补充原来旧教材的内容，完全我行我素。语文教材的"说一说"、"谈一谈"、"议一议"全都让教师讲解代替；数学教材让学生动手画、折叠、归纳等全由教师直接给结论；思想品德课凡让学生感受、体会、讨论的地方，全部变成背诵、默写理论条文；英语教师全然不顾教材要求，反复讲句型、语法、词法，不让学生听、说、练、写。一句话，旧思想用新教材，穿新鞋走老路，扭曲编者思想，糟蹋了新教材。绕来绕去，课堂教学的目标还是只指向知识，而不是指向人的成长和发展。

新教材力图全面体现新课标的精神，导学案的编写绝不能撇开新教材另搞一套，它应以教材安排的学习活动为主线，解读、内化、细化、巩固教材内容，突出重点、分散难点，训练思维，重现结论获得过程，实现获取知识体验、成长健康情感、树立科学态度的目标。那种不管不顾、一讲到底的传统做法应坚决摒弃，那种不学习教材、不研究教材、另搞一套、标新立异的教法，浪费精力，既不科学，也不讨好。

二、应有学习活动的明确指示，不宜做成练习题册

导学案除开篇明确学习目标外，自学与研学部分的主体以提问和习题形式呈现，但导学案绝不等同于练习题册。区别于练习题册的显著特征是：1.所有学习活动应以解读教材为主线，其顺序、逻辑受教材呈现方式的限制；2.所有提问和习题都有明确的学习活动作为指向，又以内化教材为目标。

这就要求：1.提问和习题前的学习活动指向必须明确，因为学习指向决定完成提问和习题的方法、途径和准备。没有指向或指向不明会影响学生学习的过程，甚至阻碍学生学习成果的获得。例如英语课中仅说"分组练习"，指向不够明确，缺少可操作性，不如设计为：两人一组，一对一问答练习，每组练三遍。有具体的分组方法、练习形式、练习次数，简单明了，方便操作。2.应尽可能运用可操作、可检测、能呈现学生智力活动水平的句子描述学习活动，要求要准确。例如，语文《新闻二则》有人设计活动为：了解新闻的结构特点。了解是一种智力活动，如此描述，教师如何知道学生是否了解，了解程度如何。而且以了解作为题目的要求，常常难以引起学生的重视。不如有人这样设计：默读课后第二题（题干指出新闻结构特点），阅读课文，标出两则新闻的各个部分。指出了方法——先读课后第二题，也有了呈现了解的方式——标出各个部分。既有思路指引，也便于教师掌握学生了解的程度。

三、提问力求多元，保证问题质量

提问应尽可能变换课本呈现的角度、顺序、方式，促进学生自学、内化、理解、迁移，不宜照本填空，照抄定义、公式、概念，照搬课本内容。

例如，数学教学中有人设计：什么是全等三角形的对应顶点？对应角？对应边？这样学生的回答只是照抄概念，抄了不一定理解。如果变

这样设计：如图△ABC≌△A′B′C′，指出图中的对应顶点、对应角、对应边。把学生对概念的理解，具体到几何图形中，实际上突出了内化、理解的过程。又例如，提问：什么是二次函数？不如设计成：从二次函数的定义看，构成二次函数有哪些条件？试判定下列等式是否是二次函数？既考察了学生对二次函数定义的理解，又要求学生运用定义进行判定。

照搬、照抄的目标指向是记忆而不是内化和理解，变化方式、角度、顺序的提问方式有助于学生对概念的理解、内化、运用，目标直接指向思维。

四、自学案的问题不宜过于冗碎，缺少思维含量

有人《就英法联军远征中国给巴特勒上尉的信》设计了如下自学问题：

1. 雨果是哪国作家？代表作品有哪些？
2. 雨果提及艺术有哪两种来源，分别产生哪两种艺术？
3. 各国艺术都有其代表建筑，如：希腊有_____，埃及有_____，罗马有_____，巴黎有_____，而东方有_____。
4. 找出雨果评价圆明园的一个关键词。
5. 按照雨果描绘，圆明园中有哪些物品？
6. 雨果认为圆明园是为谁而建？为什么？
7. 两个"强盗"指谁？当时两国统治者分别是谁？
8. 英法联军火烧圆明园的罪魁祸首是谁？
9. 两个"强盗"在圆明园犯下了哪些罪行？
10. 雨果批判所有英国人与法国人吗？

仔细分析这些题目的指向，的确没有离开了解作者、熟悉课文。但这些问题，学生几乎不需要思考，全部都能在课文中找到现成的答案，又全部着眼于文章的细节，不利于学生对文章的整体感知。实践证明，浪费了大量时间，而没有多少实际的意义和价值。语文课自学部分一般应定位于：扫清字词障碍，了解作者写作背景，整体感知文章。

五、应遵循认知规律，选准切入点，不宜随心所欲，人为制造学生的思维障碍

有人执教《在山的那一边》，在自学部分，先给出了"象征"的定义，然后才让学生自读课文。对于七年级学生来说，恐怕一开始会先纠结于什么是"象征"。如果这样设计也许会更好：联系课后第一题，默读全诗，想一想，诗中的"山"与"海"是指现实的"山"和"海"吗？还包含什么意思？生活中用实际的事物来表达抽象的道理的现象还有没有？试举几个例子？最后由教师指出这种语言现象叫"象征"。这样是由感性认识到理性认识，由简单到复杂，由具体到抽象，学生更易接受。再如有教师设计了这样的问题：怎么做到有感情地朗读？下面语句应用什么语气朗读？理由是什么？恐怕连语文教师回答这样的问题也十分不易，何况七年级学生。经过商议，变成如下设计：联系全诗内容，结合上下语境，有感情地朗读下列句子，说说你这样说的依据和理由。这样便遵循了认知规律，找准问题的切入点，让学生由易到难拾级而上，避免思维的阻隔和跳跃，才能打消学生的畏难情绪，在不知不觉中训练思维、锻炼能力、提升自己、自主学习、以学为乐。

"四学一导"课堂模式才刚刚推行不久，导学案作为一项新生事物，仍在摸索完善，实践是最权威的导师和最生动的课堂，诸多的经验将来自于广大一线的实践者，希望大家不断反思、归纳和提升，早日使导学案真正的成熟，消除缺陷。

（孙铁龙）

第八章

"四学一导"课堂模式之答问

关于"四学一导"课堂模式答教师问

——孙铁龙校长问答录

关于课堂理念

1. 为什么说传统课堂是以"教为中心"的课堂？

班级授课制的组织形式，从讲台、讲桌到黑板，发射中心式的设置，无不突出教师的霸主地位。从知识的传输方向看，教师为信息发射源，然后由教师这个发射中心单向向四周辐射。从知识的接受看，作为信号接收器的学生，接收的永远是教师的理解、思考和评价。由于过分突出"教"的地位，所以传统课堂把教师的技能发挥到了极致，要求教师语言像文学家，幽默像艺术家，口才像演说家，表演像戏剧家，思想像哲学家，是全才，是天才，是奇才。由于过分迷信"教"，所以自然认为学生学得好坏取决于教师教得是否正确，是否精彩，是否具有智慧。也导致许多学生由于不喜欢某个教师，进而不喜欢某个学科，有的学生甚至因为碰到一个蹩脚的教师而荒废某个学科的学习。

2. 为什么说传统教学方式违背了学习的规律？

学习是主体性行为，它的第一特征是具有亲历性。传统教学因为过分强调教师"教"的作用,所以首先阻隔了学习的亲历性。如果用吃苹果打比方的话,学生总是咀嚼教师咀嚼过的苹果渣,尽管教师尽可能事先削除了有虫的部分、腐烂的部分,但学生缺少了自己的选择、剔除的过程。更可怕的是,学生吃的永远是带有教师口味的残渣。学生缺少吃第一口时"啃"的过程体验,缺少了吮吸新鲜果汁的甘甜享受,缺少吃第一个苹果的新奇、兴奋和刺激,学生学习具有永久的安全感,不必担心吃出苦味、吃出虫子、吃出腐烂。教师是真理的化身、知识的权威,教师没有解决不了的问题,学生总是等待解答和重复教师解决问题的思路和方法,失去了亲历学习的体验、享受、新奇、兴奋、刺激,所以学习就没有了探究、思考和创新。

只有亲历学习的过程,才能体验来自新知识、探求未知领域的好奇、刺激,这是学习天然动机与乐趣。只有在不知道能否解决问题的情况下,攻克一个个难题,找到解决问题的方法,才会从内心感受胜利的喜悦。求得答案的过程,刻满了创造的快乐、艰苦思考,这是学习的最重要的价值和意义。学习的过程就是创造奇迹的过程,而不是重复教师思考轨迹的过程。只有在学习中不断地创新、创造,才能成就创新型的人才。总是不断地重复教师解决问题的方法,永远培养不出具有创新精神的人,只能培养出习惯走老路、重复别人的二流人才。

学习是主体性行为,它的另一重要特征是具有实践性。把人放在水中,才有学会游泳的可能,只在岸上讲理论,不让人下水,永远不可能学会游泳。这是一个人人皆知的道理,但具体到学习中,许多人就对这一道理熟视无睹、置若罔闻。传统的教学方式是这样教人学游泳的:教师讲解游泳的意义、游泳的方式、游泳的方法、游泳的步骤、游泳的注意事项;学生记忆教师讲解的内容,运用教师讲解的内容回答关于游泳的理论问题,并运用教师讲解的内容解决虚拟的游泳问题。由于缺少下水实践,学生的学习基本是从听教师的理解到记教师的理解,再到用教师的理解解决教师假设的问题。一个人即使学了再多理论，讲得再头头是道，如果没有自己试过水的冷热、水流的缓急、风浪的大小，没有自己尝试手臂用力的方向、脚掌拍打或后蹬的力量、迎击风浪的方法，也不能称其为会游泳。在水中呛水、挣扎、呼救，才知道原来自以为重要的理论有可能一文不值，它是教师的，不是自己的。

科学的学习过程就好比把学习游泳的人放进水中，让学生自己试探水的深浅，体会游泳的方法，形成游泳技能，内化并生成自己关于游泳的理论。实践是理论内化和生成的桥梁，没有实践，单靠传授得来的知识无法进行自主建构，变成自己的东西。

学习是主体性行为，它还有一个重要特征就是具有能动性。课堂学习的主体是学生，教师工作的对象是人，而不是机器或没有生命的产品。这就决定了学习行为的能动性，具体表现为以下三个方面：学习者的动机、态度、意志、品质会直接影响学习效果；学习过程就是学习者对知识的分辨、剔除、排列、整理的内化过程；学习过程总是伴随着情感的表达、交流、变化。相应的要求教师在课堂应作好三个方面的工作：重视点燃、唤醒和激励；引导分析、思考和探究；组织质疑、讨论和争辩。

学习活动是人的活动，就应该充满人性、尊重人道、符合人伦、遵循人本。而传统的教学方式推崇等级霸权，讲究服从配合，单向传授灌输，机械重复操练，加重学业负担，牺牲学生健康，泯灭人情人性，有悖人伦人道，是应该坚决予以摒弃的。

3. 新课堂的学生观是怎样的？

新课堂的学生观有三个核心的理念：学生是一个独立的生命个体，享有生命的尊严，享有与生俱来的生命平等、人格独立；学生是自主的、能动发展的生命个体，有天然的发展需求、发展动机、发展可能；学生是个性化的，生命特质是有差异的，个体的发展是有阶段性的，也是独特的。

4. 新课堂的教师观是怎样的？

学生是学习的主体、发展的主体，决定了新课堂的教师观的核心内容：尊重学生的人格独立、生命尊严，平等地对待学生，点燃学生发展的渴望，唤醒学生内在的发展动机，激励学生自主发展、自我完善；正视学生个体的独特性、发展的阶段性，容纳群体发展的多元性、成长的差异性，相信生命发展的丰富多彩，尊重生命差异，力求给每个生命的发展、每个阶段的发展创造机会和可能。

5. 新课堂的师生关系是怎样的？

新课堂的师生关系可以从三个方面进行描述：人格平等，相互尊重，强调教师要胸怀宽广，包容错误，要以家长对待自己孩子的方式包涵幼稚，容纳棱角和个性；决策民主，崇尚真理，真理面前人人平等，不迷信教师，不迷信书本，不迷信权威，敢于质疑，善于探究；成长互助，相互激励，教师要隐居学生的学习背后，放手让学生思考、探究，学会示弱，善于鼓励、赞美、欣赏、激励。

学生是学习的主体，教师要尽可能创造条件让学生自主阅读、感悟、思考、探究、交流、归纳，教师是学生学习团队中的首席，是学习的组织者、引导者、促进者、服务者。

6. 新课堂是如何从形式上铲除教师霸权的？

一是撤掉讲桌，让教师从课堂信息的发射中心走下来。二是在教室周围都设置黑板，让黑板成为学生展示的舞台，而不是教师表演的舞台。三是不允许教师带麦克风讲话，要求学生要听教师说，教师也要听学生说，学生更要听同伴说。四是不允许教师只站在教室前边，要求教师要走到学生中间去，关注自学，参与研讨，组织展示、点拨、评价。

7. 一个模式能适合所有课堂吗？

世界上没有任何一种能适应所有课堂的模式，模式只是在课改初期，引导教师转变教学理念的抓手。模式本身隐含着许多先进的理念，如果离开模式,单谈转变理念,教师可能觉得无从着手,有了模式,教师只要按模式运作,就自然符合了先进的理念。有时,即使教师不十分理解,也不影响理念的落实。当然,我们力求在推行模式的同时,通过培训让教师理解模式背后的理念支撑,边实践边学习,在学习中促进实践,在实践中深化学习。当模式承载的理念深入内心,并通过内化,转变为教师的教学方式和行为时,模式就完成了自己的使命,就可以消失了。

正因为模式不能适合所有课堂,所以当课改推进到一定阶段,就有必要对不同学科以及同一学科的不同课型就模式操作进行具体研究,适当取舍、增添。但在模式推行之初,统一要求还是十分必要的,否则会造成教师无所适从,或给有人趁机走回头路留下空隙。

8. 学生自主了,教师干什么?

课堂学习的研讨、探究不同于科学家对未知领域的研究和揭秘,学生是学习前人已经揭示的规律和成果,课堂学习过程的感悟、体验、思考、研究虽然强调亲历性,但通常情况下要讲究任务与时效,是在一定的范围内重复前人的研究经过、思维历程、情感体验,因此在一定阶段,教师的主导作用无法取代。

教师通过以下方式体现自己的主导作用:

编写导学案:(1)确定学习目标,明确学习任务。(2)明确学习重点,预设学习难点。(3)进行学习方法提示和指导。(4)安排学习活动和学习逻辑顺序。(5)指导学生通过自主探究、合作交流、展示争论等方式掌握重点,突破难点。(6)引导归纳规律,拓展延伸。

组织教学活动:(1)安排学习秩序。(2)组织展示、讨论、评价。(3)矫正研讨方向。(4)指导归纳、拓展。

适时讲解:(1)对学生无法习得的字母、符号、读音可以直接教授。(2)作为学习中的首席,力求通过自己的一家之言将学习推向更高的层次和深度。

9. "海量阅读"和新课堂有什么关系？

经常广泛的阅读，无疑会使人有丰富的信息资源和敏锐的思维嗅觉，会随时让课堂充满惊奇和趣味，会提升研讨的层次和思维的深度，反过来，课堂表现的内在需要会助推阅读兴趣和阅读习惯的形成。

关于学习小组的建立

1. 为什么要成立学习小组？

首先从形式上改变了教师作为信息中心发射源的地位，作为点状接收器的学生组成了一个个学习型的小团队。其次，每一个点都成为信息采集站，然后组内相互发射，形成一个网状学习交流群，为结对学习、相互研讨提供可能和方便。再次，以小组为单位的评价机制，让组内相互帮助、共同提升成为交往的目的，使集中精力关注学困生成为可能。

2. 建立学习小组有哪些基本原则？

人数：6人为宜，最多不宜超过8人。

特点：组内异质，组际同质。

文化：组名、口号、组规。

机构：组长轮流，兼顾学科。

职责：人人有事干，事事有人干。

3. 小组文化的内核是什么？

团队协作、团队精神、团队荣誉。

4. 优秀学习小组评选的方式是什么？有什么意义？

小组的团队评价与奖励。每节课的小结评价要以分数呈现各小组的学习情况，学习委员要每天记录，并依据分数评出周优秀学习小组，每月由小组培训部评选月优秀学习小组，然后学校分阶段、期中、期末予以表彰奖励。

意义在于凝聚团队精神，激发学习内驱力，增加学习竞争，打造活力课堂。

5. 围坐在一起就是学习小组吗？如何把小组培育成学习型组织？

严格地说，只围坐在一起还不能算学习型组织，学习小组要经过长期培育和打磨。

小组建立之初，要动员每一个成员参与，给小组命名，提出小组口号，选任各科组长，明确组员职责。

每一节课，要求评出优胜学习小组，每周学校要公布优胜小组，期中、期末要予以表彰奖励。

让小组成员之间的交流、讨论由开始的形式走向自主学习的内在需求、组员组内的交往方式，让展示成为小组集体智慧的结晶，让帮助组内成员成为义不容辞的责任和自觉，让团队荣誉把大家凝聚在一起。

关于导学案的编写

1. 编写导学案和备课有什么本质不同？

简单地说就是立足点不同，编写导学案是立足于学生的学，而备课则是立足于教师的教。

导学案和备课有许多相同的地方，比如课堂目标、重难点、方法等，但由于立足点不同，编写策略和侧重也会有许多不同。比如，导学案中称"学习目标"，而备课中则称"教学目标"。重点、难点，导学案更侧重研究学生，而备课则重在教师的预设，"方法"在导学案中指学生学习方法，而备课则指教师的教学方法。总之，导学案的编写目标是如何让学生依托课本，在导学案的指引下，通过自己学习掌握学习目标。而备课则是教师怎样运用备课把课上好，给学生讲清，讲精彩。

2. 导学案和课本是什么关系？

课本是学生课堂学习的第一依托。导学案是依据课本体系为学生学习设计的路线图和辅助工具。

仔细研读课改后的各科教材就会发现，教材不仅是教学内容的呈现，同时也渗透着新的学习理念和学习方式，绝大多数教材内容的编排都体现着问题的探究性、生活的实践性、现实的联系性。阅读课本是自主学习的第一要务。

导学案是教师依据课本内容，提炼出学习目标，预设重、难点，指引学习方法，安排学习活动，提出思考问题，帮助学生掌握课本内容的辅助工具。

3. 导学案就是习题单吗？

尽管导学案的主体部分是以问题的形式呈现的，但导学案绝不等同于问题单。

内容不同：导学案主体部分，除了问题还有学习活动安排，学习方法提示。

排列不同：导学案的问题不像一般问题随意排序，而是依托课本内容，按照一定逻辑层次排列的。

意图不同：导学案的问题会依据重点、难点变换不同形式、角度、方法使学生就同一问题深入思考，突出重点，突破难点。

4. "四学一导"课堂导学案有哪些基本环节？

课题、学习目标、重点、难点、学习方法、学习环节（自学、研学、示学、检学）、作业布置。

5. 导学案编选的一般原则有哪些？

导学案编写主要有以下几条原则：

以学为线的主体性原则。导学案的整体设计应着眼于学生的学，以学生的学习活动为主线。

学习活动的指向性原则。学生的学习活动是导学案主要内容之一，哪个环节干什么，怎么干，干多少，和谁干，都要有明确指向。例如英语导学案要求："依照上面句子，每个句子再造一个句子，写在练习本上，结对练习，练三遍。"这些具体指向对于学生落实练习，具体而且必要。

问题设计的挑战性原则。问题设计要有思维含量，做到三个反对：一是反对以填空或者简单题形式直接呈现课本内容，学生往往照搬了课本内容，都没有理解其内涵。二是反对亦步亦趋的琐碎提问，看似启发思维，实质是牵着学生鼻子走，禁锢了学生的创造性。三是反对只针对概念、定义、公式、定理本身的提问，而不是着眼于判断或应用。

学习顺序的逻辑性原则。编写导学案时，对课堂上先干什么，后干什么，为什么要这么干而不那样干，要思考清楚，精心安排。

学习过程的探究性原则。自学部分一定要求学生通览教材内容，独立完成课堂练习。思想品德、历史、地理等呈现式的知识力求跳出文本，从整体着眼设计问题或要求，画出知识结构图，或通过教材前后内容进行归纳、比较等。

6. 导学案怎样突出重点，突破难点？

重点部分要变换不同角度设计问题，引导学生深入思考和巩固提高。要让正确的学生展示得以巩固理解，让错误的学生展示得以剖析原因。还应当在难点、重点处组织小组之间的大讨论，并预设追问问题。必要时，教师可简明陈述。

7. 导学案和课堂生成是什么关系？

导学案只是教师对课堂学习的一种预设，理论上讲，无论教师研究得多么深入，设计得多么精妙，都会存在与现实课堂的偏差，这不但是允许的，也是不可避免的。例如教学难点的预设，自学开始时，我们常常会发现，学生出问题的地方不是我们预设的难点，这就需要教师根据实际，调整难点突破的方法。导学案只是一种学习的辅助，不论教师还是学生，都不应该被导学案的预设禁锢，只要不偏离学习的主题，不断生成的课堂，都是有价值的课堂。

即使集体编写的导学案，教师在使用前和使用中也需依据本班学生实际和特点进行修订。

8. 导学案编写的一般程序是什么？

一般分以下步骤：（1）把教材按章节或单元分配到人，个人按要求编写导学案。（2）印发给本备课组成员，相互研习并提出意见。（3）以备课组为单位，由主备人谈编写意图，其他人提出意见，大家讨论，逐节编订。

9. 修订导学案的一般步骤是什么？

一般步骤是：（1）课后，个人根据上课情况撰写课后反思，记录导学案修订细节。（2）每周一下午研课，备课组征集上课时导学案的使用情况，并研讨修订。（3）期末整理修订稿，重新编印。

10. 导学案的未来是什么？

随着学生的自主学习能力的发展，学生完全有能力自己依托课本进行学习，到那时，导学案将完成自己的使命，自然消失。

11. 英语学科的导学案有什么特点？

鉴于语言学习的特殊性、学生英语的实际水平，以及英语教材以语言的训练为主线的编排特点，自学环节以记忆和检测单词和短语为主要内容；示学部分以组内训练、听力训练、结对展示为主；研学内容减少，以核对学案、阐释理由为主；研学、示学环节顺序不定，并可能多次循环。

关于课堂环节

一、自学环节

1. 为什么课前要亮出学习目标？

传统课堂的教学目标，是教师给自己教学的定位，学生不一定要知道，但新课堂的学习目标，实际上是依据课标、教材拟定的本节课学习任务、学习方法、需培养的情感态度。所以上课伊始亮出学习目标，让学生明确，有利于整个学习活动的展开。

2. 为什么要强调"独学、对学、群学"下的具体的学习方法？

"独学、对学、群学"是适用所有科目、课型的一般方法。除此外，各学科，不同的内容应有具体的学习方法，比如：比较分析、归纳推理、联系实际、联想想象、举例演绎、朗读对话等。

"独学、对学、群学"就像《宪法》，是所有法律的母法，而具体到每节课的学习方法就像《教育法》、《婚姻法》等子法，母法规定方向和原则，子法具体有针对性地解决具体的问题。

3. "自学"是课堂的引子吗？"自学"有哪些具体的任务？

"自学"不是简单地复习或课堂导入，知识的引出。它有以下几项具体任务：（1）明确学习任务、学习方法、重难点。（2）通读教材内容，完成自学思考题和课本练习题。（3）记录学习疑惑，准备进入研学。

通过以上任务看，自学实际上是在导学案的指引下，学生独立学习本节内容的过程。

4. 学生自学时，教师干什么？

巡视学生自学情况，找出典型答案、错误答案、典型错误答案、创新答案，为示学做好准备。观察学生自学状态、学习任务完成进度，掌握课堂进程。验证学习难点的预设，适时调整学习活动。

5. 如何对学生自学情况进行评论？

以小组为单位，从以下角度进行考查：学习投入程度、学习任务的完成情况、学生的自学品质等。

学习投入度，指抢抓时间、集中精力、专心致志的程度。

学习任务完成情况，指学习活动的落实、习题完成率、认真程度。

学习品质，指认真阅读不投机取巧，认真书写不潦草，认真思考不等靠，敢于攻坚不畏难。

6. 自学的课堂状态是什么？应避免什么样的情况？

课堂状态：安静、专注、思考。

应避免的情况：教师不断地讲话，用自己的不放心扰乱学生学习。

7. 自学允许学生带资料吗？如何处理学生照抄答案的情况？

查找资料与阅读、讨论一样，本身就是一种获取信息的方式，是自主学习的一种正当手段和途径。但我们反对学生养成依赖资料、不肯认真思考的不良习惯，甚至有的学生一拿到思考题，不先认真阅读教材，不先自己分析思考，就匆忙查阅资料答案，特别是语文学科表现较为突出。

为克服以上不良倾向：一是教师要反复阐释独立思考的意义，引导学生养成独立思考的习惯。二是尽可能变换提问方式，尽可能让提问陌生化。三是一旦发现学生有照抄资料的情况，要追问质疑，力求使学生内化答案，引导其深入思考。

8. 自学阶段，学生可以板书展示吗？

"谁来展示，展示什么"都需要教师在学生自学时认真巡视，随时掌握学生自学情况，然后依据不同目的，安排学生上黑板展示（关键点、易错处、典型问题等）。自学时，可以上黑板展示，研学时小组可以对展示结果进行修改，但必须留下修改痕迹，在示学环节阐明修改原因。黑板展示放到研学之前，可以节省时间，也更易暴露自学过程中存在的问题。尤其是数理学科较为适宜。

9. 英语课的自学也要学生通览教材内容吗?

根据初中学生英语学习的实际，目前还难以实现自学时通览教材，自己先完成练习。现在只是明确目标、重难点、学习方法，记记英语单词、短语，以后是否也可以像其他学科一样，还需进一步论证和实验。

10. "自学"等于"自主学习"吗?

"自学"是"四学一导"模式中与"研学、示学、检学"并列的一个学习环节。

"自主学习"是现代学习方式中与"合作学习"、"探究学习"并列的一个学习方式。

"自学"与"自主学习"是两个不同的概念，不是一回事。

自主学习是与传统的接受式学习相对的一种现代学习方式。顾名思义，自主学习就是学生自己作为学习的主体，通过独立的阅读分析、交流探究、质疑求证、实践创新等方法达到学习目的的学习方式。《基础教育课程改革和发展纲要》在论及基础教育课程改革具体目标时指出："改变课堂实施过程中过于强调接受学习、死记硬背、机械重复的现状，倡导学生自主参与，乐于探究，勤于动手，培养学生搜集和处理信息能力、获取新知识的能力、分析和解决问题的能力以及交流与合作的能力。"这段论述其实隐含了自主学习的特点：自主、乐于、勤于。强调学习的主体是学生自己，要关注学习的兴趣、态度、动机。"参与、探究、动手"强调学习过程的亲历，"搜集、处理、获取、分析和解决"强调知识的建构、能力的创生，而不是"听懂、理解、练习、复制"，不是知识的克隆、能力的模拟。

所以，自学只是自主学习的一部分，是学习起始的部分，自主学习包含强调学生自己是学习主体的合作交流、质疑探究的所有学习方法。

二、研学环节

1. 如何确定研学内容?

首先是学生在自学过程中存在的疑难和困惑。其次是教师依据本节课的教学重难点预设的思考题目。再次是教师根据自学过程中出现的问题,临时设置和提出的问题。

2. 研学的具体任务是什么?

研学的任务:对子批阅导学案,找出异同;阐述理由,交流思想;修改导学案,完善思路;组内相互帮助,让同组成员都能听懂、会讲、完成导学案;纠正完善展示答案,准备展示。

3. 研学组织应注意的问题是什么?

自学完成再进行研讨、组际之间可有先后,不宜统一叫停自学、进入研学;研讨就是互通有无与比较异同。阐释与辩论,说明与修正,是交往而不是装模作样,自欺欺人;教师要深入研学小组内,关注学生学习状况、参与程度;要指导落实组内的互相帮助,检查学生掌握情况和导学案的完成情况。

4. 研学的课堂状态是什么? 应避免什么?

真诚质询、热烈交流、相互提升,实质就是学习过程中的一种交往。避免装样子、做假、给别人看。

5. 如何对学生的研学情况进行评价?

看学生整体的投入情况,有无置身学习之外的组员;看讨论的真实、真诚度,是否做样子;看组员的整体学习深度和掌握情况;看帮助的效果、学困生的学习程度;看展示答案的完善和准确度;看集体展示的准备情况。

6. 怎样防止个别学生置身研学之外?

检查导学案的完成情况;力求让每个成员在学习过程中有事可做;尽可能让掌握有困难的同学准备代表小组展示;不同科目的小组长尽量

不同,最好每个同学能担任一科学习组长。

7. 学生研学时,教师干什么?

组织研学秩序;关注整体的学习状况;参与小组讨论、发现研学普遍存在问题;继续为示学做准备确定并指导谁展示、展示什么、怎么展示;关注和帮助学困生完成学习任务。

8. 研学就是探究学习吗?

研学是探究学习的一种形式,但探究学习绝不仅仅是研学,探究学习是指学生在学科领域内或现实生活情境中,选取某个问题作为突破点,通过阅读、质疑、调查研究、分析研讨、表达交流等学习活动,获得知识,激发情趣,掌握程序与方法的一种学习方式。

从这个意义上讲,自学环节是自主探究阶段,研学是合作探究阶段,示学是交流探究阶段,每一节课都应该是一个探究学习的过程。

9. 思想品德、历史、地理、生物课课堂研讨的重点是什么?

这些科目大多是呈现性知识,自身的可探究的内容较少,那么,应着重引导学生研讨什么?首先本节课的重点应变换角度让学生阐释、重复。其次是本节课的结构层次,论述逻辑。第三是尽可能将前后知识贯通,让学生归纳、总结、比较、分析。最后是要着力研讨答题要点和排列层次。

三、示学环节

1. 怎样确定展示的内容?

教师从自学开始至研学结束都应把了解学生学习情况、确定展示内容作为课堂巡视的主要任务之一。以下内容均应列入展示之列:(1)规范正确的方法和步骤。(2)典型的错误方法。(3)易出错的错误方法。(4)创新的典型方法。(5)重点、难点的问题。

2. 让什么人进行展示?

让答案规范正确的人展示,目的在于巩固新知识;让答案典型错误和在易错处错的人展示，目的在于解剖问题，纠正错误，警示大家；让答案创新的人展示，目的在于打开思路，提升课堂高度和深度；重点、难点的展示以实现课堂目标。

3. 采取什么样的方式展示比较合理？

展示的方式要根据展示的内容和课堂的需要而定，通常情况下，数、理、化宜于黑板展示，语、史、政、地、生适于口头展示，而英语则更多需要组内轮流口头展示，有时还有表演展示、集体展示等。不论什么样的展示，都要服务于课堂的目的，选择展示方法之前，弄清为什么要这样展示，这样展示的指向是什么？不能为展示而展示，更不能弃课堂目标于不顾，哗众取宠，夺人眼球。

4. 展示的意义是什么？

展示有以下意义：（1）验证和巩固所学内容。（2）暴露问题、解剖错误。（3）碰撞思维、提升课堂。（4）突出重点、突破难点。（5）开拓思路、训练思维。

5. 怎样让全班同学的注意力聚焦到展示的同学？

展示同学要面向大家，手指黑板，声音洪亮、规范展示；边缘的、背对展示同学的可以站起来动一动，到合适位置；随时指定同学换一种方式陈述讲解或点评。

6. 英语课的展示有什么特点？

英语课以语言训练为主，课堂要充分发挥小组学习的作用，抓住机会让每个同学在小组内朗读、对话、造句。

7. 谁举手就让谁展示吗？

通常情况下，举手的同学都是掌握好的，如果我们一味地让举手的学生展示，就会掩盖问题，而展示有一个重要的价值就在于暴露问题，鉴于此，我们主张教师在自学和研学中要不断巡视学习情况，指定展示对象，除了答案规范正确，有创新思路的外，还有答案典型错误的或普遍性错误的。从某种程度上讲，后者的展示才是课堂展示的重心，解决问题的关键，而这个展示对象通常不是举手的学生，而是不举手的学生。

在组内的争论期间，有时教师为了放慢课堂进程，调动大家提高思维难度，往往会在不同的时间让不同水平的同学展示自己的思考过程，而不是一开始就让优等生说出答案。自由争论阶段，就更没有必要举手了。

8. 展示和传统的上黑板板书有什么本质的不同？

人数不同：传统课堂板演只是少数学生，而展示至少一组一个代表，有时还让尽可能多的学生展示。

目的不同：板演只是反馈学生对知识的掌握情况，而展示则更多的是表现自己的学习思路、方法、创新。

处理不同：板演通常由教师评判讲评，而展示通常由展示同学讲述、阐释。

9. 什么时候，如何组织组际之间的质疑辩论？

在每节课的重点、难点处。新课堂把学习的主动权交给学生，许多教师对于突出重点、突破难点显得束手无策，特别是当展示答案正确时，大家都没有意见和质疑时，往往到重点、难点处一掠而过。组织组际之间的大讨论便是突出重点、突破难点的重要方法之一。

每节课的重点，不能满足于一个学生展示正确就轻易放过，变换方式让更多的同学阐释、组织同学评价，并鼓励其比前边展示同学说得更好、更具体、更清楚、更完善、更有深度。

对于难点的掌握，首先我们要在自学和研学中发现问题，并有目的地暴露问题。其次在难点处要加大预设问题的分量，最关键的是要在学生展示结束后现场组织质疑或者追问。必要时，教师作为学习者的首席要以平等的身份参与辩论，将探究推向高潮。

大讨论的过程中，教师要充满期待，目视全场，及时捕捉学生思维火花和灵感，适时追问。有意设置思维障碍，尽可能让不同水平学生在适合的时机展示自己的思考，让学生经历艰苦的思考，用深刻的思维攻克难点。

10. 示学有哪基本任务？

展示学习成果，巩固学习内容；暴露存在问题，纠正理解偏差；质疑交流辩论，深入理解学习内容，突出重点，突破难点。

11. 示学的一般学习状态是什么？

板书讲解或口头阐释；倾听、补充、评价或辩驳；组际之间交流、碰撞和争论。

12. 如何评价学生的示学状况？

板书是否规范整齐，讲解是否清晰洪亮，态度是否大方得体。

倾听是否专注，评价是否诚恳有针对性，辩驳是否切中肯綮。

思考是否有深度，是否态度真诚崇尚真理，是否相互尊重并据理力争。重视团队协作，鼓励独到见解、创新思维，尊重差异、坚持机会均等。

13. 教师在示学时任务是什么？

依据自学、研学情况，确定展示者及展示内容。

随机组织评价，补充和辩论。

在重点处变换角度和方式，让学生不断地阐释重点。

于难点处适时质疑、追问、组织争论、参与争论。

组织学生评价示学状况，并适时参与评价。

14. 如何避免优等生独霸课堂的情况？

坚持课堂要暴露学习问题，安排展示既要展示正确的，也要展示错误的、不完整的。

坚持再现学习思维过程，让不同层次的同学在不同时机展示，不宜一开始让优等生直接说出结论和正确的完整思路。

坚持团队评价中照顾学困生，鼓励每组 C 层同学展示，并给不同层次同学的展示赋不同的评价分，提倡组内帮助 C 层同学，让 C 层、B 层同学展示。

除最后大展示的自由发言，通常教师应安排展示者和展示内容，以控制优等生过多展示，掩盖学习的困惑和疑难。

15．如何处理个体展示与群体研讨的关系？

可将黑板展示提至自学开始后，不一定等研学时或研学结束，以节省时间。

板书没有结束，可让大家观察已展示的答案存在的问题。

当展示者板书未完成时，不宜组织其他同学进行大讨论或有学生在另外组展示讲解，这样就会将板书的学生排在学习进程之外。

16．“课堂霸主”和"学习团队中的首席"有什么本质不同？

师生关系不同。传统课堂中，教师是课堂的霸主，学生听教师讲，配合教师教，记录教师观点和理解，服从教师安排。新课堂中，师生地位平等，学生是学习的主人，教师在学习的引领中、组织中、促进中、服务中体现自己的首席角色。理想的课堂是师生互助、共同成长的课堂。

表达方式不同。传统课堂中，教师的表达主要是讲解、指令、安排，是知识的化身，权威的象征。新课堂中教师要尽可能把话语权、学习权、思考权、实验权交给学生，教师的发言只是一家之言，目的是把课堂推向一个新高度，催生思维深入，许多时候，教师不必发言。

活动目的不同。传统课堂教师的讲解、板演是要传授自己的理解、观点、思考，目的是让学生接受、服从、尊重。新课堂教师的发言，只是学习组织中的一个平等分子，诸多思考中的一个观点，目的是引领思考的深入，提升课堂高度。

时间时机不同。传统课堂教师几乎独占课堂时间，学生活动成为教师讲解的点缀，教师通过控制时间来控制学生的学习、思考。新课堂要求学生学习时间、交流时间是课堂的主体，教师只在不得不发言时才发言，而且要求简洁、精彩、深刻，不得过多地侵占学生的学习时间。

四、检学环节

1. 检学的价值是什么？

巩固本节知识；反馈学生学习情况；归纳、总结学习逻辑；拓展延伸；进行整节课的整理和评价。

2. 检学的一般学习状态是什么？

完成检测题目、组内批阅，组长反馈批阅情况。

小结本节学习内容，评选优秀小组。

3. 检学题目设计的一般原则是什么？

反馈性原则：以检测本节知识掌握情况为基本内容，突出重点、难点的考察。

层级性原则：题目设置应分层级，如基本题目、较难题目、拓展题目。

差异性原则：基本题目必须完成，其他题目学生可依据自身情况选做，既能让基础好的同学提升，又能保证学困生达到基本学习要求。

4. 为什么要强调课堂小结和评价？

课堂小结是学生对照学习目标对整节课学习情况的回顾，对重点的再回顾，对难点的再强调，对知识结构的条理化、系统化，是学生知识建构的必要环节。

评价各小组的学习状况，选评优秀的学习个人，是小组培育与建设的必要手段和长效机制，也是课堂评价的重要部分。

5. 检学时教师干什么？

巡视检学题目的完成情况，收集小组检学反馈；了解学生学习效果，组织学生进行课堂小节，组织评议优秀学习个人和学习小组。

关于教学研究

1. 新课堂实施中，有哪些基本教研形式？

集体编制导学案撰写课后反思；周一研课；周五会课；周五微教研展示；期末修订导学案；课例研修；课题研究。

2. 课后反思有什么意义和要求？

意义：（1）依据学生课堂学习实际，调整课堂学习活动。（2）记录课堂精彩生成，总结亮点及生成经验。（3）反思课堂缺陷，思考改进策略。（4）有计划地验证先进的教育思想和教学理念，感悟内化。

要求：（1）节节有反思，可长可短。（2）用自觉思考来克服课堂行为的随意性。（3）积累研修素材。（4）为解决备课组普遍存在的问题提供思路，积累经验，提供例证。

3. 周一研课的主要内容是什么？

依据上课情况，结合课后反思，以备课组为单位修订一周的导学案。

4. 什么是微教研？会课的主要内容是什么？会课和微教研有什么关系？

微教研是相对系统的教研提出的一种新的教研形式，就是以备课组为单位，以教师在本周教学中存在的问题为研究对象。经过研讨或个人思考，提出解决策略的一种研究问题方式。相对于传统的教研概念，微教研强调随机性、随发生随研究；强调现实性，来自现实课堂，解决现实问题；强调灵活性，不是系统的，不是宏观的，而是小的或零散的、单项的，某一方面的问题强调针对性，发现问题后，经过思考、研究，提出对策，便立即在课堂上操作、实验、完善、修订；强调原发性，研究可以是教师个体，也可以是自发的自然的同伴交流，也可以是以备课组为单位的，多数是教师自发的。

会课是备课组微教研活动成果的解读课，也是备课组现实的引领课。我们要求教研组把备课组的微教研成果通过一节示范课来演示自己的解决方案，然后进行解说，以引领各教师的实际课堂，通常要求会课前，教研组要反复上课试验、修正，让会课更具有示范性、引领性及对教师教研成果的实证性。

把微教研展示与会课安排在一起，目的就是把微教研的成果转化成课堂操作形式，让其他教师内化、思考、实际操作。

5. 学校如何组织大家进行课例研修？

课堂模式推进到一定阶段，我们越来越感到，学科自身的特征，学科内部不同课型，常常让我们捉襟见肘。2012年，我们在模式推行一年半后，开始对不同学科、不同课型，进行具体的研究，具体做法是：

同一教研组，依据不同学科特点分课型成立几个研究小组，例如语文课分为阅读课型、写作课型、口语交际课型、名著荐读课型、综合实践活动课型等。

每个研究小组先就本课型进行课标、教参、教材的学习和研究，提出此种课型设计的一般程式，并依此编写导学案。

然后上课进行实践研究，分角度进行分工观察并作详细记录。

依据上课情况，大家研讨存在问题，提出解决办法，再次修改导学案。

二次上课，观察并记录情况。

二次研讨修订导学案。

三次上课并观察记录。

三次研讨修订导学案，打磨课堂。

再次上课、最后研讨，形成导学案、公开课和该课型一般规范的课堂流程的课例研修报告。

简单地讲，四次研讨、三次上课实践、四次设计导学案，最后形成课例研修报告。

关于课堂中评价

1. 课堂评价的形式有哪些？都有哪些功用？

小组自学评价：自学结束，小组长检查导学案后，对本组自学投入情况、学习任务完成情况、学习认真程度综合自评。

板书判断评价：示学者展示结束后，由其他同学对展示结果的正误给出判断。

优点缺点评价：口头展示结束后，由其他同学对展示答案、展示态度进行评述。

评述争论评价：示学辩论过程中，先对别人观点做出评价，然后进行补充、修正或另作阐释。

课堂小结评价：由一名同学评价整节课表现优秀的小组同学，或对自己的表现进行评价。

2. 学生课堂评价有哪些标准？

面向大家，声音洪亮；态度诚恳，全面客观；思路清晰，语言简明。

3. 教师如何运用课堂评价组织课堂？

充分运用学生对学生的评价激活课堂，聚焦学生注意力。

充分运用学生对教师的评价，营造民主、平等的课堂氛围。

充分运用教师对学生的评价，矫正研讨方向，指向学习目标。

充分运用小组之间的评价，强化团队意识，增强集体荣誉感。

充分运用分数评价，激化小组学习竞争，推动思维深入。

评价不仅要贯穿课堂始终，而且每节要进行小结评价。

4. 如何避免教师的评价主导课堂？

教师尽可能少做评价。教师评价过多，往往会走回教师权威的老路，导致许多学生逐渐丧失自主判断品质,看教师脸色、揣摩老师心思。

把不得不出场的评价,以示弱的身份,用提问的口气,启发学生判断,不做任何暗示。

鼓励学生自己做出评价,给学生以安全课堂的信号,让平等、民主成为课堂底色。

把学生的评价作为课堂的主色调和常识,让课堂因精彩的学生评价绽放异彩。

关于教学评价

1.教学评价的三部指什么?他们有哪些职责?

三部指小组培训评价部、课堂操持评价部、教学研究评价部,每部由教务处一名领导牵头。成员由教研组和骨干教师组成,共8名。

小组培训评价部:通过听课、巡课,检查小组建设、培育、运行情况,发现小组学习活动存在问题,并及时提出改进策略。依据教师每节课评价记录,评出优秀学习小组,每周公布,每月小结,分阶段进行表彰。

课堂操作评价部:通过听课、巡课、检查课堂模式使用情况,发现课堂操作存在问题,和教学研究部讨论提出改进策略,并依据上课情况给教师赋分。

教学研究评价部:通过听课、巡课,结合课堂操作部建议,发现教学中普遍存在的典型问题,并就此设计教学研究活动,组织进行研究实验,并推广成熟经验,组织微教研展示和会课活动,就教师的教研活动情况和成果赋分。

2.评价一节课的维度有哪些?与传统课堂评价的考查重点有什么不同?

评价课堂有以下五个基本维度：三维目标是否全面达成；课堂交往是否平等、民主、和谐；课堂主体是否是学生生动的学习活动；是否做到全面参与、全面发展、人人成长；是否具备心灵碰撞、思想交锋、个性张扬等课堂特征。

研究新的评价标准可以看出，与传统课堂评价本质的不同在于：评价的主体发生了变化，新课堂的五个维度中，全部是基于学生学习情况的评价，把学生的学习状况作为评价教师的最重要标准，用学生上课的精彩度来评价教师的工作效能，把教师放在师生交往中评价。在学生学习动机的释放程度上，学习兴趣的激扬高度上，学生参与的广度上，学生思考的深度上，看教师的唤醒能力、点燃能力、激励能力，看教师的组织能力、促进能力、服务能力、引导能力。

再不是传统课堂评价看教师讲得是否准确，是否精彩，是否符合教学目标要求，学生的学是否很好配合教师的教。一句话，评价的主体是学生的学，而不是教师的教。

3. 目前，学校对教师课堂评价有哪些方式？

上课、作业、辅导常规检查赋分。

听课，共三个层级，领导小组成员随堂推门听课，两年多人均听课800余节。三部的同志要求每部每天至少听一节。各位教师周五会课听课，三部和各位教师听课现场赋分。

巡课：三部每天每部巡课两节，并赋分，每月要巡遍各位教师的课。

学生听课评价：每月组织学生对教师上课情况进行测评。

阶段、期中、期末检测，依据学生成绩给教师赋教学实绩分。

4. 目前，学校对教师教学研究的评价有哪些方式？

编制导学案、课后反思、周一研课、修订导学案，根据检查情况赋分。

微教研、课例研修、课题研修展示后集体赋分。

论文发表、教研大赛获奖分别加分。

5. 学校对教师教学评价的总体特点是什么？

过程与结果并重，评价方式多样。有质量检测的终结性评价，也有听课、巡课的过程性评价。不但考查学生的掌握程度，同时考查学生是怎样掌握的，掌握的过程和状况。

校评、他评、自评结合，评价主体多元。领导听课属学校评价，三部听课、巡课属中层评价，会课属教师互评和自评。学生评价属教师课堂情况的整体反馈，也是评价的一个重要方面。

强调实践反思，评价导向明确。评价标准不仅限于教研活动的参与考勤。对教师的教研成果，备课组的教研成果，通过展示，三部予以赋分，引导大家不仅研究怎么教，而且重视为什么要这样教，把教师群体打造成以备课组、教研组牵头的学习型、研究型组织。

实现捆绑赋分，评价团队成长。每个人的听课、教研活动表现与教研组总体赋分挂钩，实行团队捆绑评价，形成人人关心团队进步，个个为团队争荣誉的抱团发展机制。

6. 评价教师新模式的运用情况有哪些显性指标？

导学案的设计；导学案的课前预习、批注；学生导学案的使用；教师是否在学生学习中间；学生学习是否积极、敢于表现自己；黑板展示情况；小组学习是否有序；学习任务的完成情况。

7. 为什么要实行捆绑式评价？

希望建设和培育学习型团队，激活学习的内动力和外驱力，促进教师个体努力和自律，否则不仅影响自己，也影响别人；促进教师之间的相互学习，向别人学习，促使别人学习；以备课组、教研组为单位组织大家学习、研究、实验，提升团队整体能力。

8. 为什么要把课堂评价纳入教师绩效考核？

过去对教师过程评价仅限出勤和纪律，对于绝大部分教师来说，教学考核最后实质只是结果考核,即把考试成绩作为教师教学工作考核的唯一指标。

新课改实施以来,我们的理念是不仅要看学生的最后学习结果,更是要看学生的学习过程,不仅看学生学到了什么,还要看学生是怎么学的。在一定意义上考查教学过程,侧重课堂质量,实际上不只是看学生知识的掌握程度,更考查课堂育人功能,看学生学习的能力提升,过程方法的科学,情感态度的健康成长,就是考查课堂教学的目标是否指向人、指向人的发展、指向人的全面发展。

9. 学生评价教师纳入教师绩效的做法是否偏激?

学生是学习的主体,是教师的工作对象,但历来对教师的评价不重视来自学生的评价,这是一种奇怪的现象,就像评价医生不重视患者的感受一样。把学生对教师的评价纳入教师个人的绩效考核,是体现学生是学习的主体,是课堂以人为本的回归。

为解决学生认识幼稚的问题,每学期开学初我们要对学生进行培训,让学生明确新学习方式的价值和意义,并在教学实践中让学生体验。实践证明来自学生的评价是中肯的,符合实际的。

10. 非专业的听课是否会影响评价的客观性和公正性?

不论是领导听课还是三部的听课、巡课,都涉及非专业的听课、评课,实践证明,并不影响评课的公正性和客观性。

领导小组成员,从课改实施到全面推开,他们几乎每天泡在课堂里,成了实践中的专家,就初中学段的知识而言,对课堂评价的影响实在是有限的。

三部成员,都是各科骨干力量,除了扎实的课堂理论功底外,也会在不断地听课、巡课实践中不断成长。

教学理念的内核是相通的,非专业的评课总是和专业的评课相结合,并非用非专业的评课取代专业的评课,所以因专业知识造成的影响几乎是微不足道的。

11. 持续不断地观课对于学校的重要性在于什么？现在高效课堂中观课与以往听课有什么不同？

我校已经过两年的课改实验，完成了全校129名教师手把手地培训指导。成立了专门的观课组织，我们又称为"巡课"，有"巡查"、"巡视"、"巡访"的意思。上课时，不专门在一个教室看一个教师上课，而是采取走动式的，对同一节上课教师的课逐个巡查，看导学案使用情况；巡视，看课堂基本流程，看师生课堂状态；巡访，问学生上课情绪、感受。在一个教室待两三分钟，力求发现一个亮点就离开，发现一个问题就离开。既总观课堂的总体情况，又能在短时间内攫其要点，予以具体指导和研讨。

课改初期，分步分批，对教师手把手进课堂培训指导，扶其上路，送一程，以保证每个教师熟悉课堂的基本流程，熟悉每个环节的操作要求。跟踪听课是非常有必要的，当教师熟悉基本流程，初步掌握操作要求后，采取观课，既能掌握总体的课堂情况，节省时间，又能抓住关键，有针对性地予以具体指导。

如果说听课是解剖麻雀，那么观课就是观其要略，撷取一点。听课有利于针对一个人具体研究指导，观课有利于掌握课堂的总体情况，又可截取课堂的一个横截面进行分析指引。听课对象是个体，观课对象是一个群体。

12. 观课主要"观"什么？评判一节课是否达标的基本标准是什么？

观课主要应考查：学生学习情绪是否饱满，学生学习方式是否是自主、合作、探究的现代学习方式，课堂的师生关系是否平等，学生参与是否广泛。课堂操持的典型做法与普遍性问题。

评判一节课的基本标准应该有：（1）课堂的目标是否落实课程设计的三个维度（知识与能力，过程与方法，情感态度与价值观），即是否指向人,指向人的发展,指向人的全面发展。(2)学生是否是学习的主体,课堂是否以学生学习活动为主体。(3)学生是否以自主、合作、探究的现代学习方式学习。(4)师生关系是否平等,课堂气氛是否和谐,课堂决策是否民主。(5)课堂组织是否有序,目标达成是否有效。

13. 观课中,如何处理课堂流程与学科内涵的关系?也就是说我们更需要关注的是流程还是学科?

其实,课堂流程与学科内涵从来都不是矛盾的、割裂的。所有的流程都是基于具体学科的课堂流程,同样,任何学科的内涵都一定会在具体的课堂学习流程中体现。

在课改的初期,我们总是暂时避开具体学科,只谈课堂流程,强调"自学—研讨—展示"。但实际上,无论什么流程,对每个教师来说都是具体学科的课堂流程,都会受到学科特点的制约或影响,打上学科自身的烙印。比如,英语课通常会以一系列的语言训练活动为主线。历史、地理、生物、思想品德课可能自学部分让学生梳理知识结构,更有整体感。数学课通常需要板书展示来再现思维的过程。理化课实验可能要阅读与动手相结合。数、理、化可能具有更强的探究性,而史、地、生、英则侧重于知识的积累。优秀的教师总是把现代学习方式与学科自身的特点交融得非常恰当,运用自如。

所以在课改进行到一定阶段,研究不同学科、不同课型的课堂流程就成了迫切的任务。比如,语文的阅读课、写作课、口语交际课、综合性实践课、名著导读课等的课堂流程各有什么特点。复习课、试卷讲评课与新授课的流程又有什么不同。

从来就没有只侧重于课堂流程的观课。同样,也没有只侧重学科内涵的观课。恰恰相反,是否将现代学习方式与学科自身特征融合为一体,处理得当,正是观课的重点之一。

14. 校长观课后如何将意见反馈给上课教师?上课教师又该如何处

理反馈意见？

校长观课后将意见反馈给教师的方式有三种：一是即观即评，针对个体。下课后即时与上课教师交流，具体问题，具体指导。二是培训反馈，针对群体。存在的普遍问题每周召开培训会，指出问题，给出解决问题的具体方法。三是促膝长谈，针对个别。对个别思想消极、行为对抗的教师，要通过谈心解决思想问题，打消疑虑，激发改革热情。

上课教师针对反馈意见通过以下三个程序反思、汲取、纠正。一是课后反思。每节课后，教师要针对观课组提出的反馈意见，结合自己的上课感受进行思考，写出课堂教学反思、小结得失、调整策略。二是周一研课。备课组要组织大家就一周的教学情况谈思考，谈感受，调整修订导学案。三是周五会课。每周五，各教研组要拿出自己组的展示汇报课，针对反馈意见，提出改进策略并上课实践，再次听取观课反馈，从而进入下一轮上课、反思、实践的良性循环。

15. 如何制订学校校长、中层教师间的观课机制？不同角色的人，观课的重点是否也有所侧重？

学校成立了课改管理三部。分别是小组培训与评价部、课堂操作与评价部、教学研究与评价部。各部部长由教务处领导担任。设副部长一人，由教师担任。组员分别是教研组长、各科组长、课改骨干教师，每天要求听课两节，观课一节，并就观课情况给上课教师赋分。小组培训与评价部主要评价各种课堂明星及优秀学习小组。课堂操作与评价部主要评价教师操作技巧、课堂策划。教学研究与评价部主要就课堂教学存在的问题进行整理研究，并提出改进方法与策略。

另外，实行以教研组为单位的捆绑式评价。个人上课赋分情况纳入教研组赋分，并与校内绩效挂钩。这样，教研组内部成员互相之间的学习观课便成了自发的行为，观课以后的相互指点，更具有实效性。每周五的六节会课，上课教师不仅是代表个人，同时代表教研组，而每位教师必须听课两节。

同时,每月学校将设计统一问卷,让所有学生对所有任课教师的上课情况进行评价。

这样,就形成了校长—领导—教研组—备课组—教师—学生的全员评价系统与机制,形成了学校观察指导评价、教研组内部的帮扶学习评价、全体学生整体的反馈评价的三位一体评价网络。

关于学生培训

1. 学生培训的形式有哪些?

学校集中培训:召开学生大会,介绍新课堂的程式、推广意义、新的学习方式。

课堂体验培训:分班,分小组,把课堂环节、学习方式、操作规范编写成导学案,以上课的形式让学生学习体验。

上课实践培训:运用新模式上课过程中,发现问题随机培训。

专题引领培训:小组培训部依据上课情况,提出重点考查内容,规范要求,引导教师每周一个重点,加强培训。

示范推广培训:小组培训就普遍存在问题,提出改进策略,并示范引领,逐渐推广。

2. 学生培训的内容有哪些?

阅读培训;板书培训;表达培训;倾听培训;讲解培训;质疑培训;评价培训;帮差培训;导学案使用培训;双色笔使用培训。

3. 学生培训有哪些有效的方法?

集中指导;专项训练;口诀记诵;榜样示范;评价激励。

4. 学生培训有什么意义?

激发学生运用现代学习方式的热情;学习运用现代学习方式的课堂

规范；明确新课堂的基本环节和流程；训练运用现代学习方式的基本能力。

关于教师的培训

1. 课改启动时教师培训有什么特点？

理论学习直接指向实践。初期把新课堂模式基本环节、操作要领印发给大家，组织学习并初步辅导，然后要求教师以此为依据，在自己的课堂上试验实践，一开始就把理论学习直接指向实践，鼓励大家在实践中探索，总结，形成自己的课堂理论。培养本土专家，不在新教学理念上过多纠缠，强调在实践中成长。

跟进课堂，打造校本示范者。4个实验班开始上课后，校长带领导班子节节听课，人人座谈指导，总结现实经验。一个月后便拿出新模式示范课，在全校上公开课，营造课改氛围，并从理论上进行诸多阐释，形成研究性论文。

实践实验，培育本土理论。开始4个实验班，七、八年级各两个班，共30名教师，除课堂跟进指导研讨外，鼓励骨干教师自己撰写新模式的实践体会，经过审核后，立即印发给其他实验教师，作为培训材料。并且每周组织实验教师就本周上课中存在的普遍问题进行有针对性的培训指导，边实践、边总结、边培训、边提高，形成了一套本土的模式推进理论。

开阔视野，培育课改骨干。2011年10月，课改推行一个多月后，领导班子和4个实验班班主任赴上海参加全国首届课改博览会，进一步开阔骨干群体视野，坚定了大家的改革信念和决心。

借助外力，点燃团队热情。2013年5月，课改推行两年后的暑期，我们依托《中国教师报》组织全国二十几名专家对学校全体教师进行了为期5天的培训,大大激发了教师课改热情和内在动力。

2.模式推进过程中的教师培训有什么特点?

本土理论引领。尽管我们的模式是在中国教师报《问题导引——成长为本》的总课题下设计的子课题,启动前也学习借鉴了昌乐二中等名校的经验,但从一起步,我们就注重自己课堂实践的理论总结,并且用自己的理论来指导和培训教师。现在已经形成了课堂理念、教师培训、学生培训、导学案使用、课堂环节操作规范、教学研究、课堂评价、教学评价一整套成熟的理论,作为教师实践的引擎,避免了照抄照搬、水土不服、照猫画虎、缺少内力、邯郸学步、半途而废,或上热下凉一阵风。

课堂跟踪指导。全校共分四批实验推广,每批实验班教师都逐人跟踪听课,每人至少听三到五节课,手把手进行指导,最后进行过关验收。

每周专题培训。每周根据上课存在的普遍问题,进行集中培训指导。

教学研究推动。依据每个阶段存在的问题,设计教研活动,通过活动推动教师内化教学理念,总结实践经验,推动课堂提升。

骨干团队引领。学校积极鼓励外出讲课、论文发表、电视台访谈,打造骨干团队,推出名师群体,引领课改工作。

关于课改推进

课改推进成功的关键是什么?

校长是课改的灵魂。从模式的顶层设计,到实践理论的本土,再到课堂操作的具体指导、教研活动的策划,校长不只是统筹安排,还必须全程参与,泡在课堂中,泡在教研中,成为名副其实的校本课改专家,否则,高校课堂无法真正克隆。

坚持课改的领导团队。坚定改革、勤于学习、亲历课堂的学习型团队是改革顺利推行的组织基础，两年来，领导团队听课人均800余节，完成理论构建材料20余万字，进行各种培训近百场次。

本土课改理论的培育。只知照搬、不顾实际，只知拿来、不知内化，只知实践、不做研究，永远不可能走出自己的课改之路。

稳步科学推进策略。我们采取分批实验、逐步推进的策略。第一批4个实验班，拿出示范课和基本操作理论。第二批6个实验班，完善实验步骤，进行课堂操作研究。第三批6个实验班，建立评价制度，实行过关验收。第四批10个实验班，进行课例研修，建立评价机制。正因为采取分批实验方法才避免了家长、学生的质疑、恐慌，避免了全面同时推进的慌乱和阻力，保障了课堂在实验中成熟、在实践中成熟、在成熟中推进的良性成长势头。

评价制度的变革。成立了课堂教学评价三部，小组培训评价部、课堂操作评价部、教学研究评价部，对教师的教学过程进行严格的监控和指导，把教学过程纳入绩效考核。同时建立学生评价课堂质量的测评赋分制度，这些配套的评价变革，成为课改推进的制度保障。

下　篇
收　获

付出的是汗水，收获的是笑容；付出的是辛劳，收获的是经验。不同学科不同课型的深入研究，一方面克服单一模式的局限性，另一方面促使教师将理念转化为具体的课堂行为。

第九章

"四学一导"课堂模式之课例研修

思想品德

打造思想品德高效课堂
——新授课课例研修

  我们使用的是鲁人版的初中思想品德教材，教材选取了许多学生关心的、具有教育意义的现实生活中的事例及社会问题作为主要素材，极大地丰富了课堂教学资源；同时新的课程标准也要求我们要更加关注学生的知、情、意、行的同步发展。然而，当前初中思想品德课教学过程中仍延续着传统教学中的一些弊端，突出表现在：教学方法上，重教师单向的知识灌输，轻学生主动参与探究；教学内容上，重课本知识，轻生活实践；学习评价上，重学生的卷面成绩，轻学生的能力、情感态度与价值观的培养等。这些导致思想品德课上死气沉沉，没有活力，难以调动学生学习的积极性，严重地制约着新课标的有效实施和课程改革的步伐。

  那么，在新形势下，如何解决上述问题，提高思想品德课的教学效果呢？我校提出了"四学一导"课堂模式，并开展了一系列的研究活动，本学期主要进行各种课型的课例研修。

课例研修设计

1. 政治组教师全员参与，首先确立了本学期课例研修的三大课型，即新授课、复习课和试卷讲评课。本次研修的课型是新授课，即如何使用"四学一导"课堂模式上好新授课。授课人：王建琴；记录人：党小月；观课人：全体政治教师。选取课题为鲁人版思想品德七年级下册第13课第一框《你了解自己的情绪吗》。

2. 授课人备课，编写导学案。

3. 召开课前会议，由执教者向研究小组成员阐述自己对本节课的设计理念，教学方式的应用，重难点的突破等问题。研修小组成员评议授课人的导学案，安排观课人员分工，包括课堂时间分配、教学流程、学生行为、教师行为等内容的观察记录。

4. 进行"三课三反思"，即执教者先后进行三次授课，每次授课时研究小组成员做好记录工作，完成课堂观察表，课后进行反思，对导学案进行修改，并召开会议进行集体反思。执教者在集体反思后结合自身情况，对研究成员提出的问题与建议进行认真反思，对教学设计进行修改，不断调整教师教学行为。

思想品德新授课的特点

1. 内容新鲜。新授课是最常用的课型，其最大特点就是"新"。教学内容是学生以前没有接触过的新知识，对学生来讲具有新鲜感、生疏感。

2. 吸引学生。也正因为它的"新"，让它比复习课等其他课型具有更大的吸引力，更能使学生产生浓厚的兴趣。

课例研修中的"三课三反思"

一、第一次课堂实践观课、评课及教学反思（2013年3月5日 七年级5班）

实际上课之前，王建琴老师先将她的教学设计与研究小组成员进行了先期交流。听课教师依据各自对这节课的观察，提出了一些意见和建议，归纳起来有如下几点。

1. 自学部分

（1）应该只对重点难点内容进行展示。自学完成后，组长检查，加上交流展示，时间长达15分钟。应取消组长检查，并只对有问题的内容进行展示，以提高课堂效率。

（2）自学部分应让学生绘制知识树。这样，有利于让学生更好地整体感知教材，了解教材的基本框架。

2. 研学部分

（1）研学问题的设计应联系学生身边的生活。设计的问题不要只是教材上的，应从学生的实际出发，紧密联系学生身边的事例，让学生有话可说，有话想说，从而充分调动学生学习的积极性。

（2）日常教学中应加强对学生，特别是组长的培训。研学中组长没有起到应有的组织作用，部分学生未参与研讨，研学任务没有全员完成。进一步加强对学生的培训，让学生清楚在教学的每一个环节应如何去做，使全体学生紧跟课堂流程。

3. 示学部分

（1）学生没有充分地分组、分层次自主展示，相互评价。示学是课堂的高潮部分，也是最能体现学生主体作用的部分。但是，教师说的过多，指令太多，抢了学生的风头，学生的参与度也大打折扣，应让学生分组、分层次自主展示，学生之间互相评价。

（2）展示时应形成一定的固定程式。展示时学生声音不够洪亮，也没有使用一些必需的固定语言，如"我们组认为……""我的回答完毕，谁还有补充或不同意见？"等。

4. 检学部分

题目的设置要少而精，突出重难点，注重归纳提升。检学第2、3题与自学部分重复，应重新设计。

二、第二次课堂实践观、评课及教学反思（2013年3月12日 七年级4班）

王建琴老师在反思第一次教学实践的基础上，对自己的教学设计做了颠覆性的修改。听课教师课后对本节课进行了评议交流：

教师1：几位听课老师进行了交流，认为这节课较之前一次更为成型、有生机。王老师在第一次实践后，吸取了大家的建议，能从学生实际生活选取材料，将学校的远足活动与教材中的知识点相结合，让学生人人有话可说，既活跃了课堂气氛，又让学生体会到我们所学知识是与实际生活紧密联系的。

教师2：这次导学案自学部分的编写，改为知识框架的形式，有利于学生整体感知教材，应该肯定。但教师在设计知识框架时，把知识框架设计得太完整，这是不是代替了学生的思考？不利于提高学生阅读概括的能力？在设计知识框架时能不能只做简单的提示，让学生自己概括出教材的主要内容？再或者直接让学生自己画出自己喜欢的知识结构图，这样，有利于充分调动学生学习的积极性，有利于发挥学生的主观能动性、创造性。

教师3：编写导学案时，一定要依据课标，突出重难点。本框题的课标要求只有一点："理解情绪的多样性、复杂性。"所以我们在编写导学案时就要突出这一点。研学题"写出你所知道的情绪类型"，改为"请以自己喜欢的方式表达出你所知道的情绪类型"更佳。这样有利于激发学生的学习热情。教材中让学生"写出不同的人在同一种情绪下的不同表现"在导学案中也应体现出来。

教师4：学生在展示时，书面展示和口头展示相结合很好。但我认为书面展示时，其他同学可以继续在组长的带领下进行研学，完善自己的导学案，以便落实"兵教兵"。也可以让学生把自己做的与黑板上展示的相对照，看有何异同，以便口头展示时进行质疑、追问。

三、第三次课堂实践观、评课及教学反思（2013年3月19日 七年级7班）

在前两次观课评课的基础上，王建琴老师进一步对自己的教学设计进行完善，并重新修订了导学案。第三次观课结束后，听课老师又一次进行了评议交流。

教师1：教师要真正参与到学生的学习之中去，和学生融为一体。学生自学时，教师应俯下身去巡视，及时发现学生学习中存在的问题，以便找到解决问题的最佳办法。学生研学时，应参与到学生的讨论中，及时掌握情况，适时地对学生的讨论进行指导。而不能是学生自学、研学，教师没事干，要时刻体现"学生是主体，教师是主导"的基本理念，教师的"导"要体现在整个课堂中。

教师2：教师应不断利用鼓励性、启发性的语言激励学生不断进步。学习是复杂的事情，如果学生在学习过程中屡次遭遇挫折，那么兴趣就会逐渐消失，维系浓厚学习兴趣的途径是让学生不断获得学习收获，建立学习信心。学生的发言如果正确就要及时给予肯定，一方面是对学生的鼓励，另一方面也是对课堂气氛的一种调节。在课堂上，有个男生充满信心地回答了活动三，但用的全是教材中的句子。教师当头一棒："你这个答案不行，应该……"换一种说法会更好，比如："我们今天学的是新课，你能够准确地从教材中找出回答这个问题的内容很不错，说明认真阅读了课本，如果再能结合题目用自己的话来回答的话那就更好了。"

教师3：教师应及时对学生的错误或不良行为进行纠正。第五组的女生在展示时，始终面向黑板。教师应当及时指出在展示时一定要面向全班同学，相信只要这样提醒并进行了纠正，下次这个学生再展示时就不会面向黑板了，同时也提醒了其他学生。

教师4：这节课的总体印象，较前两次来说，明显感觉到学生更有激情了，参与面扩大了，对问题的思考深入了，教学效果也有了较大的提高。此次课例研究让我受益匪浅，体验到标准而完整的教学过程，感受到科研状态下的教学，对使用"四学一导"课堂模式上好新授课有了更深的理解，我深深地感到学无止境。

新授课的一般方法及应注意的问题

通过三课三反思的课例研究，我们认识到采用"四学一导"课堂模式进行新授课时应做到：

1. 编写导学案要做到课标、教材、学生、生活"四结合"。要依据课标、紧扣教材重难点，从学生实际出发，吸收生活中体现学科价值的鲜活素材精心编写。通过课标指明的教学方向、目标，从学生实际出发，把教材和社会生活融合起来，用教材中的知识分析、解决实际生活中的问题，让学生知道思想品德在社会生活中的重要性，并且能用它自觉规范自己的行为。

2. 课前可以围绕新知识给学生布置一些准备的活动。如让学生利用课余时间，通过查阅报刊、图书、互联网等方式，搜索、掌握一定的相关事例、数据、图文等材料，为学生在课堂上熟悉、理解教学内容做好准备，同时也提高了学生搜集、整理信息的能力。再如，可以让学生编排有关的小品等。

3. 自学要着眼于让学生整体感知教材内容。让学生在认真阅读教材内容，预习课文和熟悉目标的基础上，用自己喜欢的方式把本节课的内容整理出来，可以是提纲式，也可以是知识框架图，对有难度的内容教师可适当给予提醒。同时，让学生把整理的内容在课本中标注出来。自学案完成后小组内对照。自学部分通常情况下用时5—8分钟。

4. 研学要把教材内容问题化，突出重难点。应以教材中的探究题为主，对于材料内容过时的可以用近期发生的典型事件来代替，以体现思想品德教学的与时俱进。同时，研学问题的设置要注意突出本节课的重难点，不能胡子眉毛一把抓。研学时学生先用10分钟左右的时间独立完成研学案，并及时记录有困惑的内容，然后在组长的带领下小组合作学习，有秩序地进行讨论，解决疑难，大约用时5—8分钟左右。

5. 示学要充分体现"学生是主体，教师是主导"的理念。导学案中可以告知学生哪个小组主要展示哪些问题。展示时，由小组代表展示本小组研学成果，其他小组进行评价、质疑、追问，并进一步完善导学案，大约用时15—20分钟。示学中，出现错误信息或几种完全不同的观点，教师要及时纠正和引导，必要时应进行适当的讲解。

6. 检学要体现重难点，注重归纳提升。检学题要体现教材的重难点，包括必做题和选作题。必做题为学生必须掌握的基础知识，选作题为有一定难度、综合性强的题目，这样可以满足不同层次学生的需求。检学案要求学生独立完成，小组内互阅，组长检查并辅导组内有困惑的成员，如果时间紧张也可课后完成。

7. 教师要树立平等、民主、合作的参与意识。在整个教学过程中，教师要坚持以学生为主体，时刻关注学生的学习状况，融入学生的学习之中，参与、指导学生的讨论，并坚持以学生为主体。只有这样，教师才能及时发现并解决问题，提高课堂效率，并促进自身的不断进步。一般情况下，个别问题个别纠正，普遍问题集中会诊、集体订正，有创意的内容可让学生黑板展示。

课例研修中存在的问题

持续一个月的课例研讨结束了,通过这一次研讨活动收获很多。不仅让各位教师学习到了许多理论知识,而且通过这三次课例研讨活动明确了新授课的教学思路和教学理念,使得以后再上新课的时候有了前车之鉴。

当然,通过这一段时间的教学实践,也发现,由于是第一次进行课例研究,在研究的手段上还存在不足。

1. 对于如何进行课堂观察还不甚了解。因此,此次研究中虽然也有观察,但是记录不够具体。

2. 由于记录不够具体导致课后交流过程中对某些问题的思考缺乏客观依据,这点应该是日后再做课例研究时需要特别注意的内容。

总之,我们应该与时俱进,加强学习,在课堂教学改革中努力实践,勇于探索,使思想品德新课程散发出它应有的魅力!

(宋新丽)

附:三课三反思后最终的导学案设计

你了解自己的情绪吗

[课标要求] 理解情绪的多样性、复杂性。

[学习目标] 情感、态度与价值观目标:热爱生活、乐观向上,克服消极情绪,保持积极情绪。

能力目标:辨别分析不同情绪可能带来的不同后果。

知识目标:知道人的基本情绪种类,了解不同情绪的外在表现。懂得情绪产生和变化的原因,了解积极情绪与消极情绪带来的不同结果。

[学习重点] 情绪的四种基本类型；情绪对人产生不同的作用；情绪对生活的影响。

[学习难点] 情绪产生和变化的原因。

[课前准备]

1. 课前预习教材内容。

2. 人的情绪可以通过眉、眼、嘴等面部器官的动作表现出来，请在观察他人和自己的基础上，画出人在喜怒哀惧等不同情绪下的各种表情。

3. 观察不同的人在同一种情绪下的不同表现。

[学法指导]

1. 案例分析法，关注生活，理论联系实际。

2. 采用自主、合作的学习方法，通过讨论、探究掌握本节课教学内容。

【自学】

请同学们认真阅读课本25—31页的内容，在预习课文和熟悉目标的基础上，补充下面的知识结构图，并用笔在课本中标注出来。

你了解自己的情绪吗 { 丰富多样的情绪天空
情绪产生和变化的原因 { 1. 2.
情绪不同，结果不同 { 1. 2. }

【研学】

请同学们先独立快速完成研学案，然后在组长的带领下有序地进行讨论，并及时用笔记录有疑惑的问题，鼓励大家把自己的见解说出来。

活动一：

请以自己喜欢的方式表达出你所知道的情绪类型，并举例说明。

活动二：（课本第27页）

讨论：面对同样的天气，两人的情绪反应为何不同？

活动三：

为了磨砺全校师生的坚强意志，这学期我们学校还要举行第三次远足活动。听到这个消息，你的情绪是怎样的？为什么？试推测一下，这样的情绪将会给你带来怎样的结果？

活动四：（课本第 31 页）

讨论：冰心老人"在微笑中写作"给我们什么启示？

【示学】

1. 小组代表展示研学内容：5 组活动一，6 组活动二，7 组活动三，8 组活动四。组内成员可以补充。

2. 其他小组激情点评，大胆质疑、追问。

【课堂小结】

把自己本节课的收获说出来同大家一起分享（可以是知识、能力、思想认识等方面的收获）。

【检学】

独立完成，小组成员互批，组长检查并打分。

1. 写出不同的人在同一种情绪下的不同表现。

喜：

怒：

哀：

惧：

2. 情绪产生和变化的主观原因、客观原因各是什么？

3. 想一想：自己有过考试时情绪紧张、焦虑的经历吗？对自己产生了什么样的影响？

【课堂小结】

评选本节课的优秀小组及展示明星。

让思想品德复习课更具特色

根据学校的工作安排，政治组对思想品德学科不同课型进行了研究与实践，本文着重谈谈复习课的研究与实验、思考与感悟、体会与教训、突破与创新。

课例研修设计

政治组第二轮研修的研修课型是复习课，并确立了复习课的主题为九年级思想品德"国情教育（一）"，也就是九年级思想品德第三课的内容。研修人员：张莉、王丽萍、肖冰荔、秦红春。由组长宋新丽老师做出了明确的记录员、计时员、教师观察员、学生观察员的具体分工。每一周的周二第三节课听课，每一周的教研组例会上反馈观察的结果。并在例会上进行交流。提出更改的方案及具体的措施。通过三轮的听课、记录、观察、分析、研究、评课、反思、不断更改，形成复习课的研究成果。

各位老师由最初把课例研修看成一种负担，到今天急不可待地期盼，一次次的课例交流，一次次中肯的意见，一次次思想碰撞出的火花，一次次教学设计的反思与修改，结成智慧的结晶，促进能力的提高，这其中的感悟和触动只有参与才有切身的体会。

思想品德复习课的特点

复习课作为课型的一种，指的是依据记忆规律，通过特定的课堂教学活动对学生已经构建的知识进行巩固。其主要任务是巩固所学知识并提高运用知识解决实际问题的能力。经过反复琢磨与实践，总结出了复习课的一般特征。

一、立体式、大容量、快节奏

高效课堂要求发挥小组成员自主和合作学习的作用，在学生个体对照导学案对基础知识进行认真细致快速识记、理解的基础上，同学之间进行相互学习、检查彼此的掌握情况，最后少量学生没有掌握的知识点由老师点拨。这样效率就大大提高了，真正做到复习课的立体式。其大容量体现在并不像新授课那样，一个框就是一课时，有时也根据情况会安排两课时。而复习课是对一整课、一个单元进行的复习，甚至是一部分专题知识的复习。比如：在复习"权利与义务"这一专题时，就用了一节课的时间，囊括了七年级的知识和八年级的知识。课堂的容量比较大，而时间又很有限。所以，在规定的时间里完成知识的复习，也就体现了快节奏。

二、构建整合的知识网络系统

思想品德复习课需要构建整合知识网络系统，它强调知识点与线的结合，点与面的结合。并强调了立体整合和结构整合。强调了知识的纵向和横向的结合。

在课堂上引导学生总体勾勒一下课文的框架结构，弄清课题、目题之间的关系，形成知识网络系统，以使学生做到线索清晰、目标明确地复习。线索明晰了，知识网络构建好了，再帮助学生在这个框架下搞好基础知识的复习。一方面，教师要引导学生通过阅读，系统找出课文当中的知识点，将教材内容梳理好，使之系统化，充实知识网络。另一方面，教师应结合课文内容和学生掌握知识的程度，对基础知识认真设计好适量的书面练习题，力求做到标准化、准确化，促使学生思考。这样，通过完成练习题，可使学生进一步理解、熟悉教材基础内容。

整合学科知识，构建知识网络。平时的教学，是分阶段、分内容逐步推进的。如果学生仅仅学好了某阶段知识，学会了某些内容，而缺乏不同阶段间不同知识内容的交叉、渗透、整合，其学习能力、思维品质是很难得到健康发展的。而认知建构和整合过程，除了教师平时教学中有意识地渗透和学生的自悟外，在很大程度上需要复习课来有意识地、高效地拓展和深化，通过师生共同努力来完善。初中思想品德课要复习的内容多，且由于种种原因许多学生在七、八年级不重视思想品德课的学习，普遍存在学生基础差、知识漏洞多、能力低的现象。这要求组织复习的教师首先提纲挈领地帮助学生弄清每一学期教材的主干内容，理清前后章节之间的内在联系。如九年级思想品德的复习应理清和呈现这样一个逻辑体系：基本国情→基本路线→基本国策→民族问题→全球观念→理想和责任。这样便于学生对整个九年级的知识进行一个系统的整合。比如学过的基本国策都有哪些？通过整合一目了然总共学了四个基本国策：计划生育、保护环境、合理利用资源、对外开放。这样不仅便于学生理解知识，还进一步深化了这一部分知识，学生也就深刻地记住了这部分内容并会灵活运用知识。在此基础上帮助学生整合不同教材不同知识板块的相关性，帮助学生构建一个涵盖整个初中思想品德课的知识体系和网络。在整合和构建过程中，还要使学生进一步分清易于混淆的概念，防止实际运用时张冠李戴。如：要分清我国的根本制度和根本政治制度、基本政治制度和根本政治制度、我国的基本经济制度和分配制度，避免这部分知识混淆。

三、突出与生活实际的联系

思想品德新课标明确指出：强调与生活实际的联系。思想品德课在新课程标准理念的指引下，课程内容更加贴近学生实际，也不断探索新的教学方法、运用新的教学手段，使得因枯燥、"不近人情"而让学生望而生畏的思想品德复习课变成了初中生非常喜欢的课程之一。但在思想品德复习课中，往往还是采取传统的老办法，课堂脱离了生活的实际，让学生感觉离他们很远，大多只是讲大道理，只是简单地将知识复习一遍就可以了。因而学生也就对思想品德复习课失去了兴趣。新课程标准注重以人为本，促进学生全面发展、提高学生思想道德素质、培养学生社会责任心，关注社会生活，注重实践探索。教师在复习过程中要引导学生关注社会生活，关心时政要闻，了解国内外大事要事。思想品德复习课深入了解学生的学习需求，重视学生视野里的学生生活，寻找学生身边触手可及的、与学生的生活经历密切相关的、学生关注的事例，并注重于教材的联系点，比如开学第一课、中国式过马路、中国式接孩子、光盘行动等，都是与学生的生活密切联系的现象。要把思想品德复习课上好，应突出思想品德课程的"思想性、人文性、实践性、综合性"，把学生学习、探索和活动的主动权交还给学生，通过学生自主参与，扩展知识技能，完善知识结构，提升情感孕育，促进正确思想观念和良好道德品质的形成和发展。

四、强化与热点、焦点的联系

思想品德课是一门实践性、时效性、时代性很强的课程。与其他学科相比，思想品德课复习的一个很大特点在于它必须紧密联系当今社会热点、重点、焦点问题对重点知识内容加以重点复习。这是思想品德课的内在要求和生命力之体现，也是思想品德复习课成败之关键所在。这就决定了教师在教学过程中应该密切联系当前国内、国际基本形势，注重分析社会"热点"问题。例如当今我国的热点、焦点有：民生问题、生态文明建设、中国梦、正能量、创新、跟节俭有关的光盘行动、莫言获诺贝尔文学奖、中国文化、钓鱼岛问题、黄岩岛问题、南海问题、雅安地震、十八大、食品安全、两会等。这些也都是中考的热点问题，是中考材料的来源。因此，思想品德课复习过程中，就其教学策略而言，就要围绕时政热线和政策主基调，把教材考纲重点与社会热重点有机结合起来，以一些社会焦点为切口，精心设计复习方案，创设情景，材料引进课堂，师生共同讨论，提出问题、分析问题、解决问题，定能收到事半功倍的效果。

思想品德复习课导学案的编写及应注意的问题

思想品德复习课要上好，编写好复习课的导学案是前提条件，也是上好课的关键。

一、复习课导学案所具备的特点

1. 时事政治常态化

复习课中对时事政治进行系统学习，将社会热点分专题、多角度进行分析，采用小组自主探究式的时事专题学习法。每节课课前3分钟时事播报，课前搜集前一周的重大国内外新闻5条，并对其中感兴趣的新闻用所学的知识进行全面的分析。每一节课都要对时事进行分析，要养成习惯，也就是要常态化，由于每一节课都是新的内容，也引起了学生浓厚的兴趣，这样久而久之，积累的东西也就多了，分析的也就到位了，印象也就深刻了、再难的材料题也就学会分析了。

2. 自学知识网络化

复习课导学案的设计比较讲究知识的系统性，并体现对所学知识的巩固、深化、拓展、提升。设计这部分内容时，应充分发挥学生的主体性，让学生参与其中，理清知识的主干，建立知识间的纵横联系，形成知识网络，查漏补缺，实现对单元知识或一课知识的整体把握。先回顾知识与网络构建，再对主干知识中的要点进行深度的剖析和深化。形成知识树。要把学过的知识系统化，使这些知识在学生头脑中竖成串，横成链，形成知识网络。按"单元—课题—框题—目题"的逻辑层次指导学生自己动手制作知识框架图表，构建完整的知识框架体系，在头脑中形成一棵知识大树的枝干。然后仔细阅读教材，使每一"目题"下的知识大树枝叶丰满。这样，既使所学的知识脉络清晰，又使知识系统化、全面化，还有利于把握知识之间的内在联系。比如在思想品德复习课导学案九年级"领域三　国情教育（一）"自学部分是这样设计的：请认真阅读教材34页—43页内容，自主学习，构建知识体系、用自己喜欢的方式画出结构图。在自学过程中有疑问的标出来。（请在5分钟完成，组长检查并给出分数。）

3. 研学问题典型化

研学部分的内容的编写是重中之重。复习课的研学部分主要通过典型的问题，从应用的角度深化对主干知识内涵的理解，把握知识的外延。研学部分主要采取以下几种主要的题型：（1）辨析型问题，主要是针对容易引起误解的重要概念、规律的适用条件进行分析；（2）应用型问题，主要是针对知识内涵的深化理解，进行思路、方法和规范习惯的培养；（3）拓展型问题，主要是对针对拓展思维和联系实际的问题，培养学生理性思考和变通思维的意识，实现知识、方法和实际问题的互融。所有的典型问题的设置要接近中考题型。比如在思想品德复习课导学案九年级"领域三　国情教育（一）"：

请同学们认真阅读中考说明，先认真完成研学案，然后在小组长的带领下进行高效、激烈、快速的讨论。（请在10分钟完成）

[情景一：中考在线]

社会主义核心价值体系——马克思主义指导思想

为迎接中国共产党第十八次代表大会的召开，小善正在制作"坚定信念跟党走"的宣传报，其中，还有5处尚未完成，请你补充完整。

【旗帜篇】	【思想篇】	【行动篇】
旗帜就是方向。高举中国特色的社会主义伟大旗帜，就是坚持①＿＿＿＿＿ ②＿＿＿＿＿	中国共产党经历了90多个春秋，战胜各种灾难，带领中华民族伟大复兴，就是始终坚持③＿＿＿＿＿重要思想为指导深入贯彻落实③	沐浴在党的阳光下的青少年，应以实际行动跟党走，力争做到：思想上：④＿＿＿＿＿ 学习上：⑤＿＿＿＿＿

此题形式新颖，重在考查学生基础知识的掌握。也就是应用型问题和拓展型问题。

[情景二：中考热点题型分析]

省十二届人大一次会议27日开幕，娄勤俭做政府工作报告。

报告说，去年陕西省全年实现生产总值14451亿元，GDP增长12.9%；城镇居民人均可支配收入突破2万元，达到20734元，农民人均纯收入也达到5763元；分别增长了12.6%和14.6%。在提出今年的预期目标时，记者发现，报告将生产总值增长目标定为12.5%，将财政增长目标定为16%，都比2012年实际完成情况有所降低，但全省居民人均可支配收入的增长目标有所提高，定为15%。

从材料中你能够读出那些有效信息？

以上采用中考中的热点题型进行分析，是一道以陕西作为背景材料的纯地域试题。不仅材料典型体现了地方特点，而且题型也很典型。提高学生分析解决问题的能力，引导学生树立关注陕西、热爱陕西、建设陕西的意识，增强爱家乡、爱祖国、爱社会主义的情感，既增强了建设美好陕西的主人翁责任感，又体现了浓郁的地方特色。

4. 示学形式多样化

在复习课的示学中，首先要写清展示的内容，具体的分工是怎样的；其次要写清由谁展示，怎样展示。展示的形式可以是多样化的。各小组展示本组的复习成果及疑难问题，其他同学进行全方位的点评并解答展示中提出的疑难，老师做好追问、点拨、引导，使复习成果得到进一步的深化，老师最后进行评价。

5. 检学问题层次化

经过不断地更改与实验总结得出：题型的设计必须全面；题型接近中考；采用层次化选做法进行，强化时间观念。思想品德复习课"国情教育（一）"中是这样设计的：第一部分设计一个单项选择题，对中考中的"十八大"报告中的改革开放这个热点进行考核，让学的通过做题明白改革开放是强国之路。第二部分设计材料题：

请同学们在5分钟内快速完成检学案，对子对阅。

材料分析题：（在三个展板中任选一个或多选，进行解答）

党的十八大召开以来，小秦所在的学校积极组织同学们开展各类活动，表达了对党的十八大胜利召开的喜悦之情和对未来美好生活的殷切期盼，在校园内营造了学习宣传贯彻党的十八大精神的浓厚氛围。

下面是同学们制作的"为党旗添光彩，为发展做贡献，为人民谋福祉"的系列展板，请你补充完整。

[展板一：党的建设]

> 大会的主题是：高举_____伟大旗帜，以_____、_____、_____为指导，解放思想，改革开放，凝聚力量，攻坚克难，坚定不移沿着中国特色社会主义道路前进，为_____而奋斗。
>
> 我们中学生一定要清醒地认识到，我国仍处于_____，作为党的后备军，我们要坚定不移地走_____道路，努力学习，练就过硬本领，为把我国建设成为_____社会主义现代化国家而奋斗。

[展板二：丰功伟绩]

> 中国共产党自成立以来，领导全国各族人民武装夺取了政权，建立了新中国，确立了社会主义制度。改革开放以来，中国人民在中国共产党的领导下，沿着建设有中国特色社会主义道路奋勇前进，取得了举世瞩目的成就。
>
> 例如：（请你列举改革开放以来我国在世界上产生重大影响的几件大事）
>
> （1）_____ （2）_____
>
> （3）_____。

这部分的设计，采用分层选做的方法，用中考中经常出的热点进行考核、按照中考最新的出题方式进行考核。提高学生的应试能力。分层设计，关注学生的差异，并加强变式拓展训练。虽然是复习课，但不要在题目难度上盲目拔高，其难度要保证多数学生都能做出了，避免挫伤学生的学习积极性。

二、复习课导学案编写中应该注意的问题

1. 学情分析要全面

相比新授课的导学案,复习课导学案进行学情分析显得更具体明确,就是要进行重新的梳理,分析哪些是普遍性问题,哪些是个别化问题,哪些是主干性问题,并分析问题产生的根源,做好归类整理,找出解决的对策,进行针对性的设计。

2. 课标把握要到位

课标是教材编写的依据,教材是课标的具体化。复习课上要讲的内容,一定要以课标作为参照物,划分出教材知识的重难点和不同层次,从而使复习有章可循、轻重明确、少走弯路。所以不仅是新授课先要研究课标,复习课同样要研究课标,这样就知道复习的方向。对于每一课的知识不可能一个不漏地复习,肯定有侧重点。如果不分主次就会在复习过程中,胡子眉毛一把抓,不能取得良好的效果。复习过程中要不漏过一个考点,覆盖面要广,知识点要全面,但是切忌冷饭重炒,泛泛而谈,面面俱到,一定要侧重基础知识和重点主干知识、核心知识。因此,教师在组织复习课的教学中,编写复习课导学案之前一定要研读课标,把握好课标,这样有利于把握重点。

3. 检学练习要典型

复习中的巩固练习要达到理解热点,巩固考点的目的,就要选取并选做不同类型的例题和练习。习题的选择要典型,具有代表性;在设计选择例题和练习时要关注课标、中考说明的要求,要与中考题型对口;要与学生的学习水平及承受能力相当,突出思维训练,并具有中考导向性。

练习题要针对学生容易弄错的知识点进行整理、归纳,并转化成多种形式的练习题作为课后强化训练题。要做到有布置有检查,才能发现学生没有掌握的知识点,才能有针对性地辅导,查漏补缺。每复习一个

内容，都进行综合练习，并认真批改、研究，对学生错误的知识点作特别地强调。

在思想品德复习课探索中的两大创新

一、对研学的讨论部分和黑板展示部分进行整合

在思想品德复习课中前两次的研修中发现，在研学、展示中存在个别问题，讨论不是很高效，学生展示的不是本组的答案，而是个人的，等讨论完再展示时，有时课堂时间就不够，比如有些老师在进行复习课的教学时，学生刚在黑板上展示完研学的答案就下课了，来不及进行讲解、点评、质疑和追问。这样课堂最精彩的部分就失去了，等第二节课时，学生又没有了兴趣。面对这个问题，应该将两者有机地结合在一起、既节省了时间，又完成了各个环节，而且还能高效完成。在学生自己独立完成研学后，可以让学生拿着导学案离开座位、整个组的同学都站在展示的黑板前去讨论。组长在最中间，按照先前的分工组织讨论，讨论一个在黑板上让学困生记录一个。这样即确保了展示的是本组的答案，也节省了时间，并保证了讨论的高效，同时对学生的讨论提出了更高的要求，对展示的部分也有了明确的要求。让组内人人有事干，事事有人干，避免假讨论。分组展示时、先讨论本组需要展示的部分，然后再讨论研学其他内容。通过实践，发现这样不仅节省了时间，而且小组讨论针对性也很强，学生不仅展示的是本组的成果，而且会有效展示了，展示主要内容、展示不同、展示方法、展示疑惑。并且也能按时完成任务了。

二、复习课要重学情分析

没有学情调查，就没有真正意义上的课堂教学。学情调查比较复杂，它充满了很多的变数，在实际中尽可能抓住关键点进行，并且分析要全面。

　　复习课型的学情分析直接影响复习的内容和范围，一个是分析"将来式"，一个是分析"过去式"。所以，复习课的学情分析针对性非常强，要统计分析在新课学习过程中究竟遇到了哪些问题，哪些是普遍性的问题，哪些是个性化的问题。哪些是主干问题，哪些是枝节问题；这些问题的产生究竟是什么原因造成的，是基础知识不扎实，还是没听懂根本就没理解，又或是方法上有问题。目的是针对不同的学生提供"自选式"学习方案，就像进超市一样。超市在进货时并没有问顾客喜欢什么商品就进什么商品，而是根据市场需求，按照大众需求进货，按照不同层次顾客的需求进货。在进货之前需进行必要的市场调查，顾客喜欢或需要什么样的产品，找到合适的产品，让顾客在超市中自由选择。"自选式"设计就是为了满足不同层次同学的需求，让优等生保持优秀，让中等生更优秀，成为优等生，让学困生更进一步。

思想品德复习课研究反思

　　1. 不要把思想品德复习课上成新授课

　　关键是要了解清楚新授课与复习课的区别是什么。掌握了要领和本质，也就不会犯这样的错误。在复习"国情教育（一）"时，在研学中，有的是属于新授课中的范畴，比如：

　　［情景一：实力比拼］

　　生活中你所发现的变化有哪些

　　　1. 百姓生活在"衣"上的变化？

　　　2. 百姓生活在"食"上的变化？

　　　3. 百姓生活在"住"上的变化？

　　　4. 百姓生活在"行"上的变化？

5. 百姓生活在"精神生活"上的变化?

这本来是属于新授课中,已经教给同学们的知识,在这里就没有必要重复让学生研学,何况学生已经会了。复习课不是简单重复,而是要根据宏观形势的变化、教学环境的变化、教学主体的变化、反馈信息的变化等,不断地对教学方式、方向、教学内容等等进行调整和优化。同时配以练习,其实质是对学生已有知识和思维方式进行操练。新授课以情感态度价值观目标为主,要充分联系学生生活实际,真正打动学生情感。复习课在激发学生情感基础上,对知识框架、体系的掌握,对知识点的联系、区别的清晰理解,对有关习题的训练与深化。所以,不能把思想品德复习课上成新授课。

2. 只重时事,而轻结合

以重大时事、学生生活尤其是热点问题为载体的综合性试题越来越多,答好此类试题不仅需要了解一些时事,还必须善于将此与教材知识点相结合,或用教材知识分析、解读热点问题,或用热点问题充实、印证教材知识。这说明,时事复习要在了解时事知识的基础上,结合教材知识对一些重大热点问题进行深入分析和综合性的复习。

3. 强化学法指导,提高学生的能力

"能力立意"是新课程标准、中考命题所坚持的原则。因此,教师在复习的过程中,应着重培养、提高学生的学习能力、解题技巧、分析解决问题等能力。要指导学生掌握答题技巧、提高解题能力。思想品德中考试卷以单项选择题、不定项选择题、简答题、辨析题、分析说明题、探究题的题目形式呈现。各类型试题有其自身的特点,有不同的解题方法。在复习中,教师应着重进行训练。如:辨析题的解答分"三步走":第一步——辨别正误;第二步——分析说明;第三步——总结评价。

4. 复习课重在"精"

"多则惑,少则得。"教学也是如此,复习课不能面面俱到,各课各节的内容复习应讲究"精"字,这就要求教师课前必须进一步熟悉了解教材,明确其内涵,抓住教材中的重点、难点。这样,复习时才能简明扼要,切中要害。例如在复习"党的基本路线"这一教学重点时,应紧紧抓住"基本路线的制定依据、出发点、内容、核心内容"、"为什么要坚持党的基本路线不动摇"、"怎样坚持党的基本路线不动摇"这些知识要点进行复习,简要明了,达到突出重点、突破难点的目的,而且这种复习方法往往能够使学生对课文内容知识理解得深,记得牢固。

5. 复习课也要给学生"空间"

思想品德复习课不是对过去所学知识的简单积累,而是一种新旧知识相互作用而引发的认知结构的重组,是以学生的知识经验为基础,实现知识的重组建构。为此,课堂复习不仅是形式的多样,而且还要有一个民主的氛围,一个师生和谐的"教"与"学"的氛围。还应给学生留有思考的时间和空间,多一点体现"生成"探究的互动过程。要鼓励学生参与课堂活动,参与到知识在社会生活中的实践与运用,引导学生把知识放到具体的情境中去思考,大胆地发表自己的见解,让教师的思维和学生的思维在课堂复习中得到碰撞,在碰撞中激发"机智"和"智慧"。

总之,新课改下对思想品德课的复习不能轻视。要构建高效的复习课。这也要求教师要不断学习,不断努力,总结出更多更好的适应学生发展的方法,更好地服务于学生,不断提高教学质量,让思想品德科复习课的教学焕发出活力。

(张 莉)

上好思想品德试卷讲评课

上完课后要问自己三个问题:"本节课中的情感态度与价值观目标、过程与方法目标、知识与能力目标这三维目标达到了没有?本节课中学生是否在轻松快乐中享受愉快的学习?自己在本节课中还存在什么问题?应如何改进?"带着这些问题,政治组开始了具有挑战性的"试卷评析课如何上"的课例研究。

研修过程设计

集体研修的基本流程是:首先由备课组长牵头,对试卷评析课进行整体研究,对课标进行详细的分析,达到对试卷评析课的宏观调控,要求每一个组员做到教学目标人人清、重点难点个个明。然后由主备教师说出自己编写导学案的设计思路及要达到的目标,教师集体评议。再由主讲人根据集体研修的成果,结合班级的实际状况、自己的知识背景、情感体验,精心设计出有针对性的导学案,并在自己任教的班级中授课,同组教师听课。课后评价出同组教师在处理试卷评析课的时候出现的问题、导学案需要修改的地方,及其获得的启发。

组内再次集体研修、再次修改导学案,这样研修三次,达到在实践中反思、创新、升华的目的。

在这种集体研修的过程中,教师的积极性充分地调动起来,既充分发挥团队精神和名师的引领作用,又可以博采众长,达到优势互补,从而实现了优秀教师的资源共享,解决了青年教师专业技能不足的问题,进而提升教师的教学水平,增强教学的时效性。

研修过程及收获

2011版《思想品德课程标准》中的评价方式有:观察、描述性评语、项目评价、谈话、成长记录、考试六种评价方式。关于考试,新课标中明确提出:要加思想品德考试命题的研究,重视考查学生运用知识解决道德实践中实际问题的能力,发挥考试对教学的正确导向作用。

根据课标要求,结合学生的实际情况,通过本组教师的集体研修,总结出思想品德学科试卷评析课的基本特征主要有以下几个方面:

一、重视课前试卷分析

教师在拿到学生的试卷后,先不要盲目地发到学生手中,而要认真分析每一个学生答卷情况,并做以详细的记录。例如以八年级的一次思想品德月考试题为例,总结出学生失分的原因。选择题失分的主要原因有:基础知识掌握不牢固,审题不到位,不能抓住题干的中心意思。非选择题失分的主要原因有:没有认真阅读材料,审题能力较为欠缺;对基础知识的理解、运用不灵活、不准确;书写不够规范,条理混乱等。

二、确定学习目标及其重难点

针对试卷中存在的具体问题,教师在编写导学案的过程中,有目的的确定学习目标。通过对试卷的分析,确定的学习目标如下:

1. 根据自己的试卷中的基础知识的失误,查漏补缺,加强对基础知识的识记与理解。

2. 通过课堂的情景故事，不断提高自己运用所学知识解决实际问题的能力。

3. 发挥自己的聪明才智，结合生活、身边、国家的时事，创造性的编写试题，培养自己的创新能力。

根据试卷中发现的问题，确定学生学习的重难点是：

学习重点：找出自己试卷中存在的问题，并分析原因。

学习难点：整理归纳出各类试题的结题方法和思路。

三、自主改错获取自信

走进教室，看到同学们在认真地翻看自己刚刚发下来的试卷，教师说："看来很多同学都觉得自己并没有考出自己的最好水平，那么老师这里有卖后悔药的，给大家5分钟时间，请大家根据老师的批阅，自己在试卷上用红笔把自己会的改正过来，会改几道就根据分值给自己加上分数，看看你的分数会有什么样的变化？"

这个时候，看到同学们已经全身心地投入到自主学习中去了。教师一边巡视学生，一边说："这个同学不错，已经找回了5分。"走到另一个同学面前，教师看到那个同学书写的认真、规范，便对大家说："看来，认真、细心也是一种能力，相信这个同学下次还会有更大的提高。"其实，在教师巡视的过程中惊奇的发现，教师及时有效的鼓励学生，学生们的积极性会更高，并会对学生的学习产生巨大的动力。

四、合作探究、集思广益

当同学们把自己会的试题自己独立完善后发现，其实许多学生都是很优秀的。这个时候，教师接着引导说："上一个环节大家表现得很不错。接下来，请大家针对自己存在的困惑，把自己有困惑的问题写在导学案上。然后，小组在组长的带领下有秩序的讨论，注意不要影响他人。计时开始！"这个时候，同学们马上投入到激烈的讨论中，教师则参与不同的小组，深入学生，了解学生出现问题的原因，以及小组在讨论时存在的问题，并及时予以指导。

五、展示交流，共享成果

教师接下来说："下面分组展示讨论成果，要求是：每一小组展示一道本组认为研学最成功的问题，其他小组可以补充、质疑、点评，或者大家有什么疑惑的地方还可以大胆质疑。老师期待着大家的精彩发言！"

这个时候，一个个子不高但很机灵的男生说："针对在学习上如何发扬雷锋的钉子精神，我觉得我们应该从学习和生活上两个方面作答：学习上我们要抓紧上课的每一分钟，生活上应勤俭节约。我的发言完毕，其他组有没有不同意见？"接下来一个女生，马上反驳道："我觉得我们回答的时候不应该从生活上来回答。因为这个题目强调的是在学习上。我的发言完毕，看其他组还有没有不同意见？"时间过去了近一分钟，没有学生发言，教师这个时候马上引导说："通过这个问题，我们今后在做题的过程中应该注意什么呢？"接下来一个同学说："老师，我们应该注意审题。"老师进一步引导说："看来，大家也意识到了审题的重要性，是吗？那么请大家把你获得的方法完善在导学案上好吗？"学生齐生应和。

就这样，在大家的合作交流中，学生们独到精辟的观点，让同学们获得的思路和方法会有很多，比老师一节课的讲解更有意义。

六、自编试题，自主创新

在试卷评析的过程中，"如何为学生设置检学部分的导学案"是一直思考的一个问题。在本组的不断探索实践中，发现让学生结合自己的实际、生活的实际、身边的事例、国家的时政等自己创设试题，对学生的创新能力的培养起着至关重要的作用。记得一位著名的教育家所说："我们的教学，不是把水灌满，而是把火点燃。"在检学部分，让学生结合身边实际、结合教材自编试题，就是把学生的思维点燃的过程。

这样设置导学案后,在听课的过程中发现,学生的积极性很高,学生们很喜欢这种自己做出题人后获得自信的感觉。从学生自己创设的试题中,可以看出:其实每一个学生都是独一无二的,只要我们能够把学生思维的火花点燃,学生定会还我们一个惊喜。

七、质量分析,独具匠心

试卷评析课中的课堂小结应如何去实施呢?本组做了大胆的设计尝试:

1. 本次考试我的考试成绩是_____按照我的实力我本来可以得到_____由于我个人的失误造成的失分是_____如果我下次注意的话,我估计我的成绩会达到_____。

2. 在本次考试中,我最得意的地方是_____理由是_____。

3. 我存在的主要问题是_____我将会从今天开始准备_____。

4. 为了自己的梦想,在下次考试中,我为自己制定的目标是_____我的竞争对手是_____激励自己上进的名言是_____。

5. 在今后的学习中,我希望老师提供给我的帮助是_____。

6. 当我实现自己中考的目标时,我想对家长说_____我想对老师说_____。

从以上独具匠心的质量分析中可以看得出来,其实通过短短的几句话,既让学生清楚自身的实际情况,又让学生看到自身的优势,最重要的是让学生明确自己学习的目标,激发学生学习的斗志,同时又给了学生和老师单独交流的平台,学生可以把自己学习中存在的困惑写出来,便于老师在今后的教学中照顾到每一位学生的实际困难和学习水平。

八、学生的课堂学生做主

其实一堂精彩的试卷评析课到这里并没有结束,应让学生的思维在作业本中得到提升。特别针对九年级的学生,学习压力比较大的情况下,为了更好地与学生沟通,采取了在作业本中与学生交流的方式,来不断发现在教学中存在的问题。例如：在试卷评析课中，让学生们在作业中写出本班在前一段时间的学习中存在的问题，人人争做学习的主人，为本班提出自己合理化的建议。以下是九年级八班学生写的建议：

1. 在上课时要认真思考，积极发言，并把握好上课的每一分钟。

2. 组长要以身作则，不要让组员说话。

3. 组长可以带领大家针对基础知识不牢固的实际情况，带领大家进行复习巩固，并养成提前预习的好习惯。

4. 九年级八班的同学要团结合作，让我们这个集体更加优秀，让每一位同学树立为班级争光为荣的意识。

5. 教师应该教给学生学习的方法，让学生自己总结答案。

从以上几点可以看得出来，只有教师真正把学生当课堂的主人的时候，学生的主观能动性才能最大限度地发挥出来，才能真正体现新课标中以学生为本的新课程理念。思想品德学科的试卷评析课，注重了培养学生自主学习、合作探究学习、分析归纳、反思、创新问题的能力，在整个课堂教学的过程中，以朋友交流的方式和同学们一起享受愉快的学习。不知不觉地，教师也在这种新课堂模式的实践中，真正感受到了教师这个职业所带来的快乐和幸福。

研修反思

叶澜教授有一句话："一个教师写一辈子教案，不一定成为名师；如果一个教师写三年反思，有可能成为名师。"每一位教师，在教学的过程中都会有很多教学问题。只有当意识到自己教学中存在的问题，想方设法地在行动中解决问题，并不断回头反思解决问题的效果的时候，教学水平会不断地提高。因此，反思是一个教师从平凡走向卓越的必由之路。

针对思想品德评析课而言，仍有许多问题值得教师思考。

一、作为教师,应让自己的每一节课都有新意

一旦有了组内研修的试卷评析课的研修成果后,有的教师便在课堂上按部就班的采用这种教学模式。长此以往学生对这种固定、一成不变的教学方式会产生厌恶的情绪。那么如何让学生像看优秀的电视节目那样爱上课堂呢?不妨学一下新东方的创办人俞敏洪对教师的要求:俞敏洪在招聘教师时,要求我们的教师必须要有自己独特的教学特长,例如:会唱歌、会讲故事、有幽默的语言等能在学生课堂上产生困意的时候,用来调动学生学习的积极性。因此,每节课都让学生感受到学习的快乐,是教师义不容辞的责任。

落实到思想品德试卷评析课上,举以下两个例子加以说明。

当试卷讲评课安排夏天的中午时,走进教室,看到大家比较累时,和大家一起开展一分钟的拍手游戏。在一分钟激烈的拍手过程中发现:学生,特别是学困生找到了前所未有的自信,一分钟内男生最多的拍手达到一百八十九次。于是,教师趁机引导学生:"看来,大家太了不起了,在短短的一分钟的时间中,竟然会有这么这样的收获。在接下来的时间里,我们看看,谁的课堂效率会最高呢?"在这种微不足道的一分钟里,学生的积极性被充分地调动起来,从而会有充满活力的课堂。正如林格伦所说:"如果学校不能在课堂中给予学生更多的成功体验,学生就会在学校内外部都完全拒绝学习。"

当看到学生刚刚考完试后,情绪有些低落而产生自卑情绪时,走进教室和同学们一起聊一下这次考试的得失,了解学生最真实的心声。接下来和学生一起聆听歌曲《从头再来》或《我相信》,坚信在这个时候学生最需要老师精神上的安慰,积极、向上、激励学生上进的歌曲所带来的课堂效果不亚于教师的任何语言,会让学生的心灵产生极大的共鸣。这种走进学生心灵的课堂才是学生们最喜欢的课堂。

理想的课堂应该是:师生关系是民主的,学生在课堂上的学习是轻

松、快乐、高效的，教师能走进学生的心灵，让学生在学校感受到学习过程中的快乐和幸福。

二、作为一名教师，要把学生良好品德的形成放在首位

所有的课程都蕴含着育人的功能。教育部基础教育一司王定华司长强调："把立德树人作为基础教育的根本任务。"思想品德这门学科，更是重在品德的培养。因此，作为教师，特别是我们思想品德学科的教师，在教学中应牢固树立立德树人的思想，而不仅仅是知识本身。

这一点不仅限于课堂上，也应该延伸入课下。如在自习开始前，和同学们一起聊天，谈谈中央电视台青年励志类节目《开讲啦》里的优秀人物的先进事迹，激励学生树立远大的目标，形成良好的道德品质。

当看到同学们在学习上缺乏主动学习意识时，和同学们一起聊俞敏洪如何坚持考北京大学，如何坚持做免费导游提升自己的英语水平。

当看到大家平时注重自己外在的形象，和同学盲目攀比，而忽视内在品德修养时，和同学们聊聊，2012年诺贝尔奖的获得者莫言小时候因被同学嘲笑长得丑而伤心自卑时，母亲这样对他说："孩子，你长得并不丑，你不缺胳膊少腿，四肢健全，你丑在哪里？只要你存善心、做善事，你的丑也可以变成美。"

赫尔巴特所说："教学最高的、最后的目的，包含在这一概念之中——德行。"苏联伟大的教育家苏霍姆林斯基说："在教学大纲中和教科书中，规定了给予学生的各种知识，但没有给予学生最宝贵的东西，这就是——幸福。理想的教育是：培养真正的人，让每一个自己培养出来的人都能幸福地度过一生，这就是教育应该追求的恒久性、终极性价值。"我对教育家的这句话深信不疑，让每一位学生都能幸福地成长的目标，一定会在我们的实践探索中得到实现。

（张 艳）

语 文

小说阅读教学的探索与实践

以"小说阅读"为专题,九年级全体语文教师共同参与和研讨,探究如何在新课标的引领下,在语文阅读实践过程中培养学生的小说阅读能力,让语文阅读课堂成为学生一次次精神的起点,让语文阅读课堂成为学生一次次灵魂飞跃的站台。

《语文新课程标准》指出:小说阅读教学的重点是能培养学生主动进行探究性学习,在实践中学习和运用语文。培养学生具有独立阅读的能力,在阅读的过程中能突出学生中的主体地位,重视学生个性化的阅读,让学生在充分自主阅读的基础上,悟出文本的精髓,产生独特的感受、体验和理解。能引导学生在阅读文本的过程中逐步形成积极的人生态度和正确的世界观、价值观,实现自己的人生价值。能引导学生在语文阅读实践过程摸索语文学习规律,掌握语文阅读方法,养成良好的学习习惯。

研修目标

1. 指导学生学会在阅读实践过程中获得语文知识,并能把与阅读有关的知识转化为真正有用的实际阅读能力。

2. 培养学生感受、理解、欣赏和评价的能力。

3. 引导学生树立正确的人生观和价值观，更好地服务于社会。

4. 掌握小说阅读方法，提高语文阅读能力。

研修方法

1. 集体研讨法

①以备课组为单位，集体学习新课标，明确目标要求，在新课标的引领下，研讨如何进行小说阅读教学，最终达成共识。

②以备课组为单位，集体研讨七至九年级教材，摸索规律，总结方法，形成首次导学案。

2. 课堂跟踪法

以课堂为主渠道，跟踪具体实施情况，对于课堂中出现的问题及时研讨、反馈，并进一步修订完善首次导学案，形成第二次导学案。

3. 问卷调查法

通过问卷调查，调查在研究的过程中存在的问题，查漏补缺，采取相对应的措施，做好进一步完善导学案的工作，形成第三次导学案。

4. 能力测试法

检验成果，并查漏补缺，更具体地把研修结果落到实处，推动学生语文素养的整体提高。

研修步骤

第一阶段：准备阶段（2013年1月—2013年2月）

制订课题研究方案，准备具体实施工作。认真研读新课标，学习新的教育理念。在新课标的引领下集体研讨七至九年级教材，集众人所长，完成首次导学案。

第二阶段：实施阶段（2013年2月—2013年5月）

紧紧围绕研究的目标和内容，通过授课、观摩、研讨，进一步修订、完善，用切实可行的方法（集体研讨法、课堂跟踪法、问卷调查法能力测试法）将这一课题研究落到实处。

第三阶段：总结阶段（2013年5月—2013年6月）

在具体操作的基础上，查找问题，采取相对应的措施，进一步完善课题研究工作。当研修结果达到理想后，总结成文，并进一步推广。

课型特点

小说是以塑造人物形象为中心，通过完整的故事情节来表现人物形象，以精彩的描写来突出人物形象，赋予具体的环境来反映社会和个人生活。在引导学生小说阅读时应抓住这关键的几点，然后各个击破。

研修过程

一、研读课标，明确方向

新课程标准规定了阅读方面的总体目标是：

1. 具有独立阅读的能力，学会运用多种阅读方法。

2. 能主动进行探究性学习，激发想象力和创造潜能，在实践中学习和运用语文。

3. 有较为丰富的积累和良好的语感，注重情感体验，发展感受和理解的能力。

4. 能初步鉴赏文学作品，丰富自己的精神世界。

5. 培养爱国主义、集体主义、社会主义思想道德和健康的审美情趣，发展个性，培养创新精神和合作精神，逐步形成积极的人生态度和正确的世界观、价值观。

通过解读，课程总目标重视：

1. 阅读方法的培养。"教是为了不教，学是为了会学"，让学生在阅读实践过程中能举一反三，触类旁通，提高语文阅读能力。

2. 阅读过程的展开。让学生在语文实践过程中对阅读材料重复接触、多次尝试和反复练习，获得语文阅读能力。

3. 知识在阅读中的实际应用。学知识就是为了运用，在阅读过程中应该促进学生把与阅读有关的知识转化为真正有用的实际阅读能力。

4. 情感态度和价值观的渗透。引导学生在阅读文本的过程中形成积极的人生态度和正确的世界观、价值观，实现自己的人生价值。

从中可以看出，新课程总目标从"三个维度"来设计。知识与能力、过程与方法、情感态度与价值观。三者相互渗透，融为一体。着眼于语文素养的整体提高。

新课程标准关于小说阅读目标的表述是：

1. 在通读课文的基础上，理清思路，理解、分析主要内容，体味和推敲重要词句在语言环境中的意义和作用。

2. 对课文的内容和表达有自己的心得，能提出自己的看法，并能运用合作的方式，共同探讨、分析、解决疑难问题。

3. 在阅读中了解叙述、描写、议论、抒情等表达方式。

4. 欣赏文学作品，有自己的情感体验，初步领悟作品的内涵，从中获得对自然、社会、人生的有益启示。

5. 对作品中感人的情境和形象，能说出自己的体验；品味作品中富有表现力的语言。

通过解读，不难发现新课程标准重视学生在阅读过程中的主体地位，注重学生个性化的阅读,让学生在充分自主阅读的基础上,悟出文本的精髓,产生独特的感受、体验和理解。

明确目标要求,为小说阅读的教学指明了方向。在小说阅读教学过程中,应重视学生阅读知识的积累;重视语文阅读实践过程中,对学生语文阅读能力的培养,加强阅读方法的指导;重视学生个性化的阅读;重视情感态度与价值观的渗透;注意培养学生自主、合作的精神。

二、研修教材,心中有数

以新课标为导向,研读七至九年级教材小说阅读具体目标:

七年级下册以《爸爸的花儿落了》、《社戏》、《斑羚飞渡》、《最后一课》几课的学习,让学生能整体把握课文内容,并能结合自己的经历和体验,深入体味文中的情感;能揣摩精彩段落和关键词句;对课文的内容和表达有自己的心得,能提出自己的看法。

八年级上册以《芦花荡》、《蜡烛》、《台阶》几课的学习,让学生能整体把握内容,对作品中感人肺腑的形象和情境有自己的体验和评价;能品味作品中各具特色的语言;从中了解叙述、描写等表达方式。

九年级上册以第三单元《故乡》、《孤独之旅》、《心声》、《我的叔叔于勒》的学习,让学生能整体把握内容,对作品中感人肺腑的形象和情境有自己的体验和评价;能品味作品中各具特色的语言;从中了解叙述、描写等表达方式。

以第五单元《智取生辰纲》、《杨修之死》、《范进中举》、《香菱学诗》的学习,让学生能通过人物的言行,结合人物所处的具体环境,把握人物的个性特点;体会各篇课文的语言特色;对课文的主要内容、感人形象谈出自己的看法。

九年级下册以第二单元《孔乙己》、《蒲柳人家》、《变色龙》、《热爱生命》的学习,让学生能在把握情节的前提下,着重欣赏人物形象,把握人物的性格特点;了解刻画人物性格的多种艺术手法;品味作品中富于表现力的语言。

将这些目标进行整合，就会发现教材的编排特点：由零散穿插到单元整合，阅读数量增加，愈加重视；由初步体会到理解分析，体验品味，由易到难，由浅入深，梯度上升；遵循语文教学规律，加强小说阅读方法指导。

三、研修中考，学有依据

以新课标为导向，结合中考说明，分析中考时会着重考查学生小说阅读能力的几个方面：

1. 理清文章思路，整体把握文意，归纳内容要点，概括中心思想。
2. 筛选、提取、整合文中重要信息。
3. 理解重要词语和句子在具体语境中的意义和作用。
4. 分析概括作者在文中的观点、态度。准确评价作者的情感态度。
5. 欣赏文学作品的形象、语言和表达技巧。
6. 结合自身体验，对语言材料提出自己的看法，发现和探究问题。

研修成果

一、整体感知，把握主旨

一篇文章，从字词，到句，再到篇，都是为主旨服务。这就决定了解决所有的问题必须紧扣主旨来理解，如果脱离了文本内容，脱离了文本的价值取向，再华丽的解释都是"空中楼阁"。因而引导学生准确把握主旨是掌握小说阅读最关键的一步。结合小说课型特点，我们在研修时主要从以下几点进行实践。

1. 跳读，理清故事情节，初探人物形象

小说是通过完整的故事情节来表现人物形象，因而在阅读小说时先引导学生理清故事情节，初步了解人物形象。

在理清故事情节时可从以下几个角度入手：

①时间型。如《范进中举》中举前中举时中举后。

②地点型。如《故乡》回故乡在故乡离故乡。

③情感态度变化型。如《我的叔叔于勒》，"盼于勒、赞于勒、遇于勒、躲于勒"。

④情节型。如《孤独之旅》："开端——家道中落，随父放鸭"、"发展——撑船赶鸭，初到苇荡"、"高潮——苇荡遇雨，经受考验""结局——与鸭成长"。

以2010年陕西中考试题《秦腔吼起来》为例，文中有明显的时间推移，是典型的时间型，随时间提示理出情节：

16岁的香伶　　　　　偷偷在院中练秦腔。

爹走后的香伶　　　　以唱包拯考入县剧团

女儿刚生下来之后　　她做了生活中的包拯，送老公入狱

重新上台的香伶　　　又开始演包拯

结合完整的故事情节，初探香伶形象。可以看出她是一个热爱秦腔、充满正义感的人。

2. 赏读，赏析精彩描写，完善人物形象

再以2010年陕西中考试题《秦腔吼起来》为例来分析。

香伶斩钉截铁地回答："再难我也要走，我爹走了一辈子，我要继续走下去，我忘不了爹临走前望着戏箱子不忍的眼神。"

通过语言描写生动形象地表现了香伶是一个热爱秦腔、执着的人。

香伶又何尝不知道，将老公送进监狱，意味着她和女儿要受苦的。可她必须这样做，她要让戏中的她和戏外的她融为一体。她不后悔自己的选择。

通过心理描写生动形象地表现了香伶是一个充满正义感的人。

结合完整的故事情节，通过赏析精彩描写，香伶的形象更具体、丰

满。她是一个热爱秦腔、执着、充满正义感的人。

在小说阅读过程中能引导学生抓住人物的语言、动作、心理、肖像、神态以及细节描写来完善人物形象。

3. 品读，结合具体环境探讨小说主题，注意作者思想感情倾向

具体的环境包括自然环境和社会环境。如《孤独之旅》特定的自然环境"暴风雨"更能衬托出杜小康的坚强。

社会环境包括历史环境和人文环境。如《故乡》，从原文可以找出印证当时社会背景的句子：多子，饥荒，苛税，兵，匪，官，绅，都苦得他像一个木偶人了。从中可以深切地体会黑暗的旧社会是造成闰土痛苦悲惨生活的根源，寄寓了作者改造旧社会，创造新生活的强烈愿望。再如《范进中举》，生活在范进周围的有胡屠户、众乡邻及张乡绅，他们对中举前的范进白眼相加，任意践踏，可对中举后的范进极尽巴结、阿谀奉承。小说通过对这些人嫌贫爱富，趋炎附势的刻画，说明封建科举的流毒已渗透到社会的各个角落，从而寄寓了作者对因热衷功名富贵而造成的极端虚伪、恶劣的社会风气的讽刺，突出了本文主题。

4. 悟读，让学生谈谈自己的情感体验，获得人生有益启示；借鉴好的写法，为我所用，妙笔生花

（1）引导学生在准确把握主旨的基础上，谈谈自己的情感体验，获得的人生有益启示，从而形成正确的人生观和价值观，更好地服务于社会。

如《最后一课》可以激发学生热爱祖国的语言，热爱祖国的情感；《孤独之旅》可以让学生在困难和挫折面前学习杜小康勇敢、坚强的精神；《香菱学诗》可以让学生在自己的日常学习过程中能够以香菱为榜样，虚心好学、刻苦勤勉。

（2）借鉴好的写法，学以致用，妙笔生花，提高自己的写作水平。

结合小说阅读课型特点，可以指导学生在写作过程中，通过完整的

故事情节，精彩的描写（语言、动作、神态、肖像、心理以及细节）突出人物形象，赋予文章具体的环境让作品富有内涵，或者学习课文中其他的艺术特色来为自己的文章润色。如学习《故乡》一文对比的写作手法突出人物形象，学习以景物来烘托人物的心情；学习《香菱学诗》一文从次主人公的角度来描写主人公，侧面烘托；学习《最美的善举》一文运用欲扬先抑的手法来刻画人物形象等。

要力求通过小说阅读课的学习，引导学生在获得知识的基础上，摸索语文学习规律，总结阅读方法；从小说阅读中获得对人生有益的启示，树立正确的人生观和价值观；借鉴好的写法为我所用，妙笔生花。

二、掌握规律，总结方法

引导学生在准确把握小说主旨的基础上，通过合作探究的方式来解答一系列的问题。

1. 分析人物形象。结合完整的故事情节，赏析精彩描写。同时要注意人物的身份、年龄、职业；人与人的关系；特定的条件，总结时要与以上所出现的要点相吻合。

2. 结合全文理解标题含义。可从表面意（与内容挂钩）、内涵（与主旨挂钩）及作者情感来考虑。

3. 分析句段的作用。可从结构、内容及表现力来分析。

4. 分析环境描写的作用。环境描写可分为社会环境和自然环境。可从景物本身特点，渲染了怎样的气氛，对人物的作用（烘托、衬托），对情节的作用（推动、作铺垫、埋伏笔、对比）等方面入手，是社会环境还需要结合社会来分析。

5. 分析塑造人物形象的手法。可从主人公的角度，次人公的角度，景物的角度，作者的角度来分析。

研修问题

一、有效利用语文教科书

提高学生的阅读能力与写作能力,有效利用语文教科书尤为重要。叶圣陶说"教是为了不教"。充分使用语文教科书,除了能让学生获得知识,还能引导学生在语文学习实践过程中摸索规律、总结阅读方法,能通过一文的学习来学会阅读一类文,培养学生的阅读能力,达到触类旁通的效果。入选语文教材的名家作品,无一不是文质兼美。当我们煞费苦心寻找经典范文的时候,岂不知众里寻书千百度,蓦然回首,那书就在我们随手可取处。所以,在下一阶段教学中,尤其是小说阅读课中,要进一步研究教材,利用好教材。

二、培养学生合作探究的能力

"四学一导"课堂模式,通过自主、合作的探究方式把课堂还给学生,让学生在课堂的舞台上尽情展示,开发学生的智力,发散学生的思维,培养学生的创新能力,让学生成为语文学习的主人。

但在真正实际的操作过程中,发现小组合作探究时,同学们讨论的热情很高,争辩也很激烈。但到展示讨论的结果时,有些学生只知道答案,却说不出原因。于是这部分同学只等优等生展示答案。这就又回到了优生展示,学困生被边缘化的课堂。因此,在以后的课堂上,关注学困生仍是一项重要而艰巨的任务。

语文学科不像数理化学科,具有较清晰的科学边界,可以构成相对独立的封闭系统,这就需要我们所有的语文老师通过艰苦的努力,摸索语文学科的规律,抓住语文教育的核心要素,探索本学科的"支柱",建设语文的学科体系。同时,在"四学一导"课堂模式的总体框架下,进一步研究落实课型研究。让"四学一导"课堂模式发挥出最大的效用。

(常巧玲)

让名著导读课穿上新装

《语文课程标准》针对第四学段（7—9年级）的学段目标与内容，指出：学会制订自己的阅读计划，广泛阅读各种类型的读物，课外阅读总量不少于260万字，每学年阅读两三部名著。并明确而具体地指定了课外文学名著必读书目，让学生以名著为友，与大师对话，在人类优秀文化遗产中净化自己的灵魂，升华自己的人格。为了达到课标的要求，配合学校主课题的研究，语文组积极组织研讨"名著导读课"课例研修，研讨出了"四学一导"课堂模式下的"名著导读课"的课堂模式，不仅要靠45分钟课堂的教学来实现推荐名著，探讨读书方法，还需要开辟第二课堂来阅读名著，记写读书笔记，提高学生阅读的多种能力，并充分利用语文学科丰富的人文内涵，有目的地培养学生丰富的情感和优良的品格，逐渐形成积极的人生态度和正确的价值观，提高文化品位和审美情趣。

新课标下的名著推荐教材分析

《语文课程标准》在总目标中为阅读名著指明了方向，其中提出："认识中华文化的丰厚博大，吸收民族文化智慧，关心当代文化生活，尊重多样文化，吸收人类优秀文化的营养，提高文化品位。"总目标中还指出:"初中学生要具有独立阅读的能力,有较丰富的积累和良好的语感,注重情感体验,发展感受和理解能力。能初步理解、鉴赏文学作品,丰富自己的精神世界"。为了达到这个目标,义务教育课程标准实验教科书每册都编写了名著导读。7—9年级六册教材推荐名著:《繁星》、《春水》、《伊索寓言》、《童年》、《昆虫记》、《鲁滨孙漂流记》、《朝花夕拾》、《骆驼祥子》、《钢铁是怎样炼成的》、《西游记》、《海底两万里》、《名人传》、《水浒》、《傅雷家书》、《培根随笔》、《格列佛游记》、《简·爱》。每篇名著导读教材都包括全书简介,阅读建议,精彩片段以及对这些片段的点评和探究思考等这几个方面内容。

通过名著导读,让学生了解作家、作品,激发学生的阅读兴趣;以文本题材特征为基点,以精彩片段为例子,指导学生读书的方法;使学生爱读书、会读书、读整本书,达到课堂教学与课外阅读融会贯通、相辅相成的目的。在探究思考题的引导下,学生边读书边思考。

老师引导学生阅读名著,学生有计划的有方法的阅读名著,最终使学生养成良好的阅读习惯,提高语文素养。

"名著导读"教学的现状分析

1. 教师方面

"名著导读"教材为学生阅读整本名著提供了很好的指导,可在教学中往往不尽如人意,原因有二:一是来自考试的压力。学生考试分数的高低决定老师优劣,为了节省时间老师就代替了学生的阅读,编写很有针对性的名著应考题,学生只要好好背,就能应付考试了。其不知不读书无从谈及学习语文的各种能力的培养,提高语文成绩也是难上加难。二是教师教学的随意性。名著导读课现成教案上是没有的,参考上也没有这样的课例,老师无从参考,上这种课也就一切从简,缺乏具体读书方法的指导和读书习惯的培养。

2. 学生方面

课业负担的繁重让学生喘不过气，做各科的书面作业就足以让他们感到紧张，"阅读"这个长期的作业常常被束之高阁了。有些学习轻松点的学生，也愿意看影视名著作品，有些学生有阅读习惯，往往爱看杂志等快餐读物，总难以静下心来读整本名著。

名著导读课的设计思路与研讨过程

《语文课程标准》教学建议中指出："应加强对阅读方法的指导，让学生逐步学会精读、略读和浏览""要重视培养学生广泛的阅读兴趣，扩大阅读面，增加阅读量，提高阅读品位。提倡少做题，多读书，好读书，读好书，读整本书。关注学生通过多种媒介的阅读，鼓励学生自主选择优秀的阅读材料。加强对课外阅读的指导，开展各种课外阅读活动，创造展示与交流的机会，营造人人爱读书的良好氛围。"

结合课标要求，改变名著导读留于形式的现状迫在眉睫。在我校"四学一导"课堂模式研讨初见成效的大背景下，语文组开展了"四学一导"模式下的名著导读课例研修。既然是导读，顾名思义，要引导学生读名著、感知内容、了解人物、体会情感、品味语言、学习写法。这不是一课时就能完成的学习任务，而是一个有计划、有方法、有过程的读书活动；是一个有交流、有体验、有制作的展示过程。经讨论，初步理出这种名著导读课课例，激起学生读名著的兴趣、指导读名著的方法，帮助学生制定阅读计划。在读书的过程中，举办读书论坛，在阅读之后，制作读书笔记展板。

具体安排：

第一课时：导读名著。阅读简介，走近名著；阅读建议，学习读书方法，分享点评，学会品味、赏析。

4—5周后：读书论坛。同学们一起赏析各自摘抄的精彩片段，交流阅读感受，分享收获。进行思考探究。

8—10周后：读书笔记展板。展示读书笔记。读完整本书，宏观探讨问题。收集，整理自己读书过程中做的笔记，或读书卡片，或心得感受，或手抄报或制作的名人书签等等，全班范围内展示。

齐爱云老师担任主讲，每次讲课王志强副校长、武卫主任和全组成员（朱江华、吴春苗、张娟、马小曼、李丹、王小梅、王小利、李艳、武丹、李圆武等老师）听课，之后，集体评课，各抒己见，提出修改意见。一起再次修改导学案，换一个班再上，再听，再改，这样循环三次，最终形成了"四学一导"课堂模式下的名著导读课例。

名著导读课堂结构

以八年级下册名著导读《名人传》为例，介绍名著导读的课堂结构模式。

一、导学案与课堂教学

《名人传》导读

[教学内容] 导读《名人传》

[学习目标]

1. 初步感知作家、作品，走近名著。

2. 朗读精彩片段，感受艺术魅力。激发读名著的兴趣。

3. 研讨阅读整本书的读书方法。

[学习重点] 掌握读书方法。

[学习难点] 培养读书的兴趣。

走近名著，从题目开始。看总评价，感知到该本名著的灵魂。

【自学】阅读简介、走近名著（5分钟）

同学们采取浏览的方法，利用圈点勾画的形式阅读简介，说说你大体了解这本书了吗？

阅读本身就是一个获取信息的过程，在阅读简介时，就可以走近名著。如：默读吴越添老先生对《名人传》作的简介，一边阅读，一边圈点勾画，了解到作品的作者，写作背景，整本书的内容，理解这些伟人艰苦奋斗的精神，感受到他们以痛苦换来欢乐来安慰人们，给人们以勇气和力量的人格魅力。此时此刻，一定会有一些正能量从文字中传达出来，读这本名著的兴趣随之就产生了。

【研学】结合名著导读教材，研出方法（20分钟）

1. 采纳建议，明确方法

同学们细心阅读教材"阅读建议"部分，看看针对这部名著编者给我们提出了哪些建议？在书上标出来。

7—9年级的每部名著导读教材中都有编者根据教材特征提出的不同的阅读建议，学生自学阅读建议后便明确了该部名著用什么方法来读了。

2. 朗读教材中的精彩片段、分享点评

用自己喜欢的方式放声朗读精彩片段，让语言带领着自己的情感进入角色。研讨"点评"，主要是从哪些方面品味、赏析的？

（方法指导：第一步，结合精彩片段内容看点评，一段一段进行。第二步，把三个点评放在一起对比，找出它们是从哪个方面来评的。最后形成一般的点评方法。）

我悟出来了，可以从_____这几个方面品味赏析语言。

3. 师生相互探讨、总结读书方法

说一说自己平时的读书方法，结合阅读建议，组内探讨一下，将用什么方法来读《名人传》这本书？（在组长的组织下，先让每位同学说说一般的读书方法，再采纳阅读建议，分析精彩片段，再看看探究思考，最后归纳出一种最好的方法。一人总结，一人执笔，在小黑板上书面展示，其他成员在导学案上总结。）

4. 制定阅读计划

走近名人，了解名人，学习名人，用心感受名人的人格魅力，那就赶快计划一下，自己将准备用几周的时间读完《名人传》，制作阅读计划表。（可以利用周内的两节阅读课，课外时间和双休日时间读书。）

【示学】展示自我、共同提高（10分钟）

1题口头展示；2、3题书面展示；4组长检查。

赏析句子的方法以及阅读名著的方法是学生以小组为单位研讨出来的，在全班范围内展示、质疑、补充之后，方法就更加合理，学生也就更加明确了。阅读计划虽是因人而异，相互看看也可以避免一些失误，达到百分之百的可实施性，以便更好地督促同学们的阅读。

展示给同学搭建了交流的平台，在展示之中对名著内容有了一定的了解，在朗读精彩片段中增加了阅读兴趣，在研讨的过程中掌握了方法。同学们拿到名著就不再迷茫，就会用最佳的方法，采用多样的形式，有计划地，保质量的读书学习了。

【检学】及时回顾、高效学习（5分钟）

阅读就要做好读书笔记，方法很多：有写读后感、写收获心得、写随笔、写旁批、办手抄报，制作读书卡片等。今天，我们读了简介与精彩片段，试着做个读书卡片吧。

通过前三个环节，我们圆满完成了这节课的学习任务，看看效果如何，检查一下。试着从这几个方面进行评价：这节课我们学到了什么？表现得怎么样？哪些方面还需要努力？

学生评价也是导读课不可缺少的环节，学生可以从内容和表现这两个方面谈谈收获。从这堂课，学生学到了阅读名著的方法，用这些方法读推荐的名著。同学们和老师一起经过这自学、研学、示学、检学这四个教学环节也就解决了读什么书,怎么读,什么时间读,怎样做读书笔记这些问题了。

名著阅读本身就是一个自我与大师和文本的对话过程,因此,除课上学习,还需要抓好第二课堂时间。与作者、书中人物对话;丰富、充实和深化对世界观的认识;加深对人生的思考,丰富自己的心灵感受;提高综合素质。这个读名著的过程中,也是引导学生精神成长的过程,这些情感的体验,要求学生随时记写下来,与同学一起交流,共同提高。

二、读书论坛活动

活动目标:

1. 交流读书过程中的情感体验。

2. 学会赏析精彩片段。

活动重点:交流阅读感受。

活动内容:同学们一起赏析各自摘抄的精彩片段,交流阅读感受,分享收获。

参加人员:语文老师和全班学生。

地点:教室。

形式:各抒己见,不拘一格。

时间:2小时。

三、读书笔记展示活动

活动目标:交流读完整本书的收获。

活动重点:晒亮点,做演讲。

活动内容:展示读书笔记。收集,整理自己读书过程中做的笔记,或读书卡片,或心得感受,或手抄报或制作的名人书签等等,全班范围内展示。

地点:教室。

参加人员：语文老师和全班学生。

形式：以小组为单位，在自己组的展示台上，充分地展示自己的阅读收获。

时间：2小时。

活动过程：

1. 每个组提前办好展板，课堂上，每个组都选一个解说员，晒出自己组的亮点.

2. 每组也选出一名演讲家，讲讲读了名著的感受。

3. 评选出优秀制作小组、优质读书笔记和最佳演讲家。

4. 学生总结。

研修总结

功夫不负有心人，经过反复的课堂实践、再三研究，总结出"四学一导"课堂模式下教授"名著导读课"的一般方法：

一、看总评价，阅读简介，激发兴趣

名著导读教材中，不管推荐哪部作品，都用一句话高度评价了这部名著。或指出书的主要内容，如《骆驼祥子》：旧北京人力车夫的辛酸故事；《傅雷家书》：苦心孤诣的教子篇。或点出书的魂魄所在，如《钢铁是怎样炼成的》：理想主义的旗帜与人生的教科书……这句评价是我们走近名著的引路人。

自学阅读简介，快速获取信息，可以帮助学生更进一步了解作者、了解名著的主要内容，搞清写作背景，对书中的人物形象有一个初步的认识，直接领略名著的艺术特色等。自学完简介，阅读期待也就随之产生了。

二、采纳阅读建议，找到亲近名著的路径

人教版教材中名著导读的部分编得很是细致，根据推荐的书的体裁不同，内容不同，提出了具体的阅读方法的指导和良好习惯的建议，这个部分要充分利用。距离学生生活久远的作品，建议采用读相关作品来理解人物生活时代背景和环境的方法。如：推荐《名人传》就建议先阅读《约翰克里斯多夫》，推荐《海底两万里》建议先阅读《格兰特船长的女儿》等。写人物的作品则建议抓住人物主要性格，体会人物的精神魅力。《繁星》、《春水》建议多朗读，背诵；《朝花夕拾》建议学生结合自己的亲身经历，体味其中的思想感情；《海底两万里》对照地球仪或者地图，沿着小说中潜艇经历的航程，核对它经过的地点，以增加阅读的兴趣和对凡尔纳科幻小说的认识，看看海洋世界，了解海底鱼类，有利于想象大海里的情景。这些建议都很有针对性，"阅读建议"就像编者交给读者一把打开名著的钥匙一样，让学生找到亲近整本书的路径。

三、以精彩片段为例，学习赏析、品味语言

精彩片段是编者特意挑选出来的精彩内容范例，很容易抓住读者的心，更进一步认识作品，激发阅读整本书的兴趣。《语文课程标准》的"教学建议"指出："要让学生在朗读中通过品味语言，体会作者及其作品中的情感态度，学习用恰当的语气语调朗读，表现自己对作者及其作品的情感态度的理解。"为此，在导读中，我们要充分利用这个环节，让同学们朗读片段内容，在朗读的过程中，感知人物形象，融入人物的生活；在朗读的过程中，激起情感的共鸣；在朗读的过程中，发挥想象，在科学的领域里遨游。如朗读《名人传》中精彩片段一，读出贝多芬听觉衰退后的无奈和着急。片段二又把我们引入遇到皇亲国戚时贝多芬的高傲，自信的情境中。片段三激情满怀的歌颂了这个伟人。个性独特的贝多芬深深吸引了学生，他的人格魅力打动了读者的心，同情与敬佩的情感油然而生，阅读的欲望更加强烈。处理好精彩片段，就如同为我们

走进名著打开了大门，打开了窗户。亮点让读者耳目一新。

名著理解起来或许不像通俗作品那样容易，但它们大多内涵更加丰富，在表述上更加清晰，形式也更为完美。在读书时，要边读边悟，边赏析。教材中点评就是赏析的范例。在导读时，要引导学生在分享点评的同时研讨点评的方法，要学到这种能力。如《名人传》精彩片段都是选的有关贝多芬的内容。分享点评，学习编者是怎样赏析优美语段的。对比三段点评，就会发现，三段点评第一句话都是对精彩片段内容的概括。由此可以总结出：品析语言先要弄清楚片段的基本内容。三段点评又有不同之处：第一段从"耳聋"这件事出发感受到他的痛苦。第二段从分析用词准确的角度来点评出人物性格，第三段赞扬他的人格魅力与音乐魅力。这就要学生悟出：在阅读的过程中，要学会从片段出发，联系上下文，从人物形象、遣词造句、主题思想，情感倾向方面入手，品味、赏析优美的语段。会欣赏了，再次赏析精彩片段，感受语言的美，作品人物的美，激发阅读兴趣。在以后的阅读中，丰富的情感体验也能及时圈点批注了。

四、导读名著更要教给学生读书方法

《语文课程标准》中"实施建设"部分的"教学建议"提出："教师应加强对学生阅读方法的指导、引领和点拨，但不应以教师的分析代替学生的阅读实践，不应以模式化的解读来代替学生的体验和思考。"这个建议，要求了师生一起以教材为本研讨、总结。

1. 让学生回顾一般的读书方法，如读书之前先翻翻前言、后记和目录，对书的背景、作者和大致内容有一个初步的了解；熟悉一下人物表，大致了解人物之间的关系，然后可以略读和精读相结合的方法，也可以学习名人的三遍阅读法（先大体了解内容，再挑感兴趣的去精读，最后再系统地看一遍）。

2. 从"阅读建议"中找到方法。如《童年》建议读相关作品了解人物所处的时代背景与环境的读书方法。《水浒》建议注意生动传神的语言和动作描写来理解人物形象的方法等。

3. 引导学生精读精彩片段，分析写法，从中找到读书方法。如《钢铁是怎样炼成的》精读片段二，找到通过典型事例塑造人物形象的方法。如精读《培根随笔》精彩片段一分析，找到分析诗化的语言理解精辟哲理的方法等。

4. 分析"思考探究"题，从中找到读该部名著用的方法：如读《名人传》要结合名人的经历对照自己谈心得体会的读书方法。通过名人故事分析英雄们不同凡人的信仰与追求的读书方法。

综合以上四个方面，把方法总结起来，在班级中展示，师生一起探讨，最后找到最佳的阅读这本名著的读书方法。方法掌握了，读书效果就会更佳。当然，要注意灵活运用。教材推荐的名著有诗歌、小说、散文、戏剧、科普等不同类型的书，研讨出的阅读方法就不同。像对《爱的教育》、《童年》等小说，可以先让他们理出小说的情节线索，掌握故事的大概，然后引导他们关注其中的人物性格，品析肖像描写、动作描写的语段，学习这种写法。学生最易为其中曲折的故事所吸引，但不能就此止步，要让学生领会作品丰富感情，养成联系生活体验领悟情感的习惯。这样才能在多方面受益，提高文学欣赏能力。再比如《繁星》、《春水》诗歌，要注重诵读，引导学生结合自己的生活体验，展开联想和想象，深入感受诗的意境，进而与诗人产生心灵的共鸣，达到陶冶性情的目的。读《昆虫记》等科普著作，一方面要分清要点，注意从中汲取科普知识，一方面要注意体会其中的科学意识和科学精神。引导学生学习作者把物人格化的写法的好处。特别是对必读书，宜要求学生在读过一遍，明了全书的大意之后，再细细地读一遍，引导他们仔细体会其中的精彩章节，探究书中的疑难问题，领会书中的深意。

读书笔记更可多样化：可以摘抄精彩片段、可以做批注、列提纲、制卡片、画图表、写心得等等。要因人而异，因文而异，阅读中，在理解内容的基础上，提倡多角度、有创意的阅读，利用阅读期待、阅读反思和批判等环节，拓展思维空间，提高阅读质量。让学生在阅读中去体验，去思考。

五、制定读整本书的阅读计划

阅读是一个享受的过程，正如培根所说："在人类的一切消遣活动中，阅读无疑是最高尚的"。一定要养成习惯，良好的读书习惯对于一个人，尤其是青少年的意义是毋庸置疑的。它不仅可以使人获取信息，汲取知识，而且可以给人带来自我发现、自我充实的机会，还可以怡情养性，多一种丰富生活、享受生活的途径。所以，不能不重视，根据自己的阅读速度，制定一个阅读计划表，以克服人惯有的惰性，养成阅读习惯。形式上我们可以采取小组成员在每周的两节阅读课上围在一起读，晚上回宿舍，熄灯前5分钟，和舍友一起读，星期天回到家，可以就近结伴读。各自与书中的人物交谈，又能感知同伴的气息，必要时还可切磋。常言道：二勤加一懒，想懒不得懒。每本名著的写作思路都不同，写法也不同，学生互相切磋，相互借鉴。

六、研修反思

"四学一导"课堂宽松，很容易游离。要时时注意，不放过任何一个细节，才能做到最好。

1. 不能轻视退居台后的"一导"，这对老师提出了更高的要求，不但课前要编写好导学案，课中还要根据学生学习的情况随机备课，否则，就起不到"导"的作用。在阅读的过程中，老师也要不断地提一些阶段性的问题，帮助学生思考。如读《名人传》适时提出贝多芬创作的乐章和他的生活有什么联系，现在我们对生活中苦难的看法有何改变。这样能帮助学生学而思，最终厚积而薄发，否则会认识肤浅。

2. 名著读书活动时间跨度偏长，读书论坛活动和读书笔记展示活动准备时间长，内容多。两个活动都要在读书的过程中就开始准备，否则，落不到实处。读一本名著，少说也得六七周，初中生自我约束力不强，容易产生阅读倦怠，在这个过程中，老师要采取检查笔记的方式督促，采取表扬的方式激励，如果只布置读书，过后不闻不问，会出现只看书，不动笔的现象，落实就成问题了。

3. 名著导读，要求教师与学生必须同步阅读，无论之前读过几遍。否则便不能预设学生在读的过程中会提出哪些问题。解决不了他们提出的问题，也影响他们前后思想的连贯，榜样的力量也就大打折扣。

4. 一定要重视读书论坛，学生交流的内容课前要准备好。老师要检查，学生要修改，要观点明确，感受深刻，语言组织严密，争取脱稿。只有这样，通过两个小时，学生才能获得感受和感受交换，就有两种感受的效果，否则，会出现高耗低效的局面。

5. 展示读书笔记不能听过了之，下了课要学生再对比分析，写出展后启示。以便再读下一本名著时，做到：择其善者而从之，其不善者而改之。展示的材料也提醒学生保存下来。

"读一本好书，就是和一位品德高尚的人谈话。"名著阅读活动在教师的精心组织下，在学生的认真自读下，积极开展，并长期坚持下去，就一定能有效地提高学生的语文能力，提高学生的语文素养。

（齐爱云　张娟）

语文复习课教学探索

复习、复习，重复学习，但不是仅仅停留于对旧知识的再现，而是帮助学生将遗忘的知识加以巩固，零碎的知识加以梳理，自主构建系统的知识体系的过程。通过复习加深理解、灵活运用、提高解决问题的能力。然而实际教学中，许多语文教师总是担心时间不够用，复习不系统，"满堂灌"、"满堂练"、"满堂评"导致语文复习课"枯燥无味"、"高投入低收益"。因此如何改变语文复习教学的现状，提高语文复习的效率已成为"新课改"的重要任务之一。本课题旨在针对语文复习教学中的主要问题，以新课改理念为指导，以"四学一导"课堂模式为载体，以课堂教学实践为平台，以"小说阅读的复习"为切入点，探索解决问题的途径。经过课题组全体成员两个多月来的研究与实践，积累了一定的经验，获得了一定的启示，引发了一些思考。

复习课研修背景与分析

一、新课程改革的背景

《语文新课程标准》的理念积极倡导自主、合作、探究的学习方式，同时注重培养学生的语文实践能力。而"四学一导"课堂模式则实现了自主、合作、探究三种现代学习方式的完美结合，学生在实践中学习，真正成为学习的主人。那么，这一新课改理念又给语文复习课提出了怎样的要求呢？语文复习不再是简单的知识回顾，而是学生自主梳理知识点，自主构建完善的知识体系的过程。只有将复习的自主权交还给学生，才能使知识、能力、情感内化成学生自己的东西，真正提高复习效率、体现新课改的理念。这是本课题提出的理论依据。

二、语文复习课的现状

在大力推行素质教育的今天，现行基础教育一方面在关注学生成长，另一方面又津津乐道于升学率。而毕业班的教育目的更是明确，且都只有一个，那就是：考出高分。作为实现这一目的的主阵地——复习课，除了拉锯式的三轮轰炸（复习课本、考点专项讲练、综合复习）外，就是拉网式的狂轰滥炸（盲目引进复习资料、大量机械训练），如此不仅让老师感到筋疲力尽，而且也让学生产生厌倦情绪；既耗费了时间和精力，又没能提高复习效率。这是本课题提出的现实前提。

三、语文教师的教学困惑

"学生最不爱听的就是复习课"、"回锅饭吃着不香"等说法几乎都被老师们默认。对于老师来讲，复习课知识面广、教学容量大、教学设计难度大，一节课的设计往往需要花费很大的精力、用自己的智慧将零散的知识融会贯通、形成系统；就学生而言，复习课教学内容陈旧，复习过程索然无味，学习动力不足。这样的复习，教师劳心劳力，学生漠然视之，复习效果当然可想而知。这是本课题提出的初衷。

研究目标和内容

一、研究目标

1. 验证"四学一导"课堂模式下的语文复习课教学的可行性。

2. 促使学生语文阅读能力的整体提高。

3. 提高课题组全体教师对九年级语文复习课教学特点、规律的认识，并在实践中提高教科研能力。

二、研究内容

1. 进行初中阶段复习课教学情况调查。

2. 对传统的教学方式进行改革，运用"四学一导"课堂模式，以"小说阅读复习"为载体，进行复习课教学策略的研究。

研究方法和过程

本课题经学校立项后，立即着手制定课题的研究方案。选定九年级学生为课题研究的对象，九年级语文教师为研究的主体，以"小说阅读"作为本次课题研究的载体，通过课堂实践和教研讨论的方式开展课题研究。

一、研究方法

本课题以实践研究为主，辅以调查、经验总结等方法。

1. 询问调查法，了解复习课的教学现状

走访九年级师生，询问他们在教学、学习中针对复习课的一些体会和看法，了解目前复习课教学的现状，发现尚存在的问题，从而对初中语文复习教学进行较为翔实、客观、全面的了解，为本课题的研究寻找切入点。

2. 文献研究法，寻找复习课的理论依据

分类阅读专家专著、权威期刊，查阅有关语文复习教学的文章，为课题研究奠定理论基础；同时，认真、反复研读"四学一导"课堂模式的教学理念，为导学案的设计打下基础。

3. 实践研究法，探索复习课的教学策略

以课堂教学为实践平台，以导学案为依托，以九年级学生为教学对象，以小说阅读复习为蓝本，进行语文复习课教学研究。每次课堂教学后课题组内全体成员碰头交流、反馈问题、调整对策、深入研究。从而在实践中不断探究、反思、整改、提升。

4. 经验总结法，形成复习课的教学方法

在课题研究的过程中，认真做好各类资料的收集、整理和实施情况的记录，便于研究成果的不断改进和总结，以便形成系统的理论性的方法。

二、研究过程

根据学校安排，本课题的研究过程分为：准备、实施与研讨、总结三个阶段，各阶段的情况如下：

1. 准备阶段（两周）

调查了解语文复习课的教学现状，阅读相关理论著作，依此设计出本课题研究的"导学案初稿"，并在课题组内讨论交流，形成定稿。

2. 实施与研讨阶段（三周）

由一位教师作为课堂教学的承担者，运用准备阶段研讨的"导学案初稿"进行课堂教学，课后，课题组成员根据课堂教学实际共同讨论、修订，如此连续三周，在不同的班级，分别用每次修改后的"导学案"进行课堂教学，最终达到理想境界。每次研讨时，每位组员都要带上自己的《课例研修观课表》和修改后的"导学案"，并陈述修改的原因和依据，通过"同堂异构"、"同课异构"的方式，使研讨后的"导学案"真正体现新课改的理念，也使研讨真正服务于教学实际。

3. 总结阶段（两周）

整理材料，总结经验，撰写课题研究的结题报告。

研究成果

一、分析出了九年级语文复习课的现状以及成因

1. 令人担忧的复习现状

（1）铺天盖地的题海大战

不知从何时起，我们有些教师，甚或有些学校一到复习阶段，就到处搜寻套题，随意引进各地的复习资料，一味地模拟训练，使我们的复习完全陷入了"题海泥潭"。然而，很多语文教师自己也明白"复习课≠练习课"、"复习完全抛开课本是不对的"、"什么资料不经审查拿来就用是不可取的"，如此复习，非但达不到复习的目的，反而会使学生的学习兴趣减弱。从而适得其反。

（2）枯燥乏味的课堂内容

许多教师的复习课上成了对文本内容的再度重复，尤其是义言文复习，从作者到重点文言实词、虚词、通假字、特殊文言句式，主要内容等，一味重复，忽视了对文本的再度开发，也不符合孔老先生"温故而知新"的学习理念，更不利于调动学生学习的积极性。这样的教学无疑是失败的。

2. 复习现状的成因

（1）教师理念

多数教师在功利心态的驱使下认为复习课就是提高应试能力，加之一部分教师自身语文素养不高，只想着自己怎样轻松就怎样来。于是，语文复习课就成了背诵、做题、对答案等，这样的复习课学生自然就没有兴趣了，更谈不上什么效率。

（2）学生观念

调查中，许多学生不重视语文学习，更不用说复习了。有很大一部分学生认为:"语文学不学都一样,多上少上几节课没什么影响。""语文复习不像上新课那样有趣,再重复就没什么意思了。"学生以这样的心态去上复习课,肯定难有好的效果。其实,语文复习和其他学科一样,也可以使知识更完整、更系统。

二、探索出了依据语文复习课的基本特点而采取的教学策略

1. 查漏补缺,确保知识的完整性和条理化

语文知识繁冗复杂,知识面广、知识点多,学习过程中难免有遗忘和疏漏的地方,其中也不乏混淆之处。因而,复习课有望让学生查漏补缺,确保知识的完整性和条理化。在依据"四学一导"课堂模式设计导学案时,我们考虑到了这一点。比如:

课前准备:翻看近两年中考试题,熟悉小说阅读中有关人物形象的中考题型。

这一问题的设置,旨在让学生明白小说阅读中有关人物形象的中考题型(①判定主人公;②分析人物形象;③作品是怎样塑造这一人物形象的;④根据要求补写人物的心理或语言),进而明确本节课的重点(分析人物形象)。既全面了解了相关知识点,又有所侧重。然而,在实际教学中,学生自己能区分和归类的只有那么一两种,要么①②,要么①④,要么②③④等,几乎没有学生能够全面概括。更有甚者,不会给众多题目分类,认知是模糊的、凌乱的、没有条理的。可见,复习教学中就应该设置类似的问题,才有利于学生查漏补缺,确保知识的完整性和条理化。

2. 融会贯通,促使知识的系统化和全面性

会学习的人往往能有意无意地将自己所学知识融会贯通,促使知识的系统化全面性。这样,在解决实际问题时就会游刃有余。可见,形成系统而全面的知识也是语文复习的一个重要任务,而完成这一任务是需要融会贯通的。因而,在依据"四学一导"课堂模式设计导学案时,也

同样需要这一点。

例如：

【自学】

回顾以前所学小说，完成下列表格。

题　目	主要人物的性格特征	具体体现
《香菱学诗》	香菱：	
《杨修之死》	杨修：	
《范进中举》	胡屠户：	
《孤独之旅》	杜小康：	

这一问题的设置，旨在让学生以学过的课文为依托，整合同类问题的不同呈现方式。即同样是分析人物，不同课文中的人物分析采用的主要方法有何不同。(《香菱学诗》中的香菱重在通过正面描写与侧面描写相结合来分析；《杨修之死》中的杨修重在通过典型事例来分析；《范进中举》中的胡屠户重在通过前后对比来分析；《孤独之旅》中的杜小康则重在通过环境描写的烘托来分析。)那么，通过以上四篇课文，就得到了四种方法。学生通过平时分节的学习只完成了对一种基本知识、基础方法的理解任务，而复习就解决了全面回顾，查漏补缺，把长期学习的各部分知识有机地"组装"起来的目的。或者说，将学过的各部分知识融会贯通，透彻理解。正如古人所说"温故而知新"，即温习旧的知识，获得新的理解和体会，这个新的理解和体会，主要指形成系统而全面的知识体系。

3. 拓展延伸，促使情感、态度、价值观的提升

教育本身是以"育人"为最终目标的，而"人文性"也是语文课程的性质之一。那么，实际教学中，怎样对学生进行情感、态度、价值观教育呢？研究表明，阅读一篇又一篇文质兼美的文章，能引起学生情感

上的共鸣，促使他们形成正确的价值观，培养他们健全的人格。因而，在设计导学案时，我们精心选择了四篇文章，分别设计在研学和检学部分。

【研学】

一、《父子》

半夜，201宿舍的聚会散了。应邀来的几位女同学，各人颊上带了半醉的酡红，相挽而去。……睁开朦胧的双眼，都惊喜地发现，夜里狼藉不堪的宿舍，现在却整理得井井有条，地光桌洁，门角处，还添了把崭新的扫把呢！

二、《那盆水仙花》

上学期我到横河村小支教。那天正在上课，突然，隔壁教室里传来了李老师愤怒的呵斥声："你又来了，出去！出去！"很多学生也跟着喊。……我听着，心里酸酸的，竟有些想流泪，朦胧间眼前就浮现出了那盆水仙花……

三、《木笛》

南京乐团招考民族乐器演奏员，其中招收一名木笛手。……说完，大师紧紧握住朱丹的手。朱丹的手中，握着木笛。

【检学】

《青花瓷瓶》

雪下得很大，也很急，街道上空空的，没有几个人。……当铺老板慌忙走出来，看见站在少妇身边的男孩，明白了一切。

以上四篇文章的选择，从情感价值观的角度看，各有侧重点。《父子》让学生理解了亲情，懂得了体谅父母；《那盆水仙花》让学生懂得了尊重他人，尤其是弱势群体；《木笛》让学生明白了如何在实际生活中去爱国；《青花瓷瓶》则让学生懂得了同情和帮助需要帮助的人时要给对方留够尊严。总之，每一篇文章都给了学生以心灵的洗礼，让他们的情感、态度、价值观得以提升。

4. 举一反三，促使方法、能力内化

学是为了了应用。如果只局限于课本本身、只停留在理论阶段，学习无疑是死的。所谓活学活用，就是指能够举一反三，让这种方法和能力的掌握通过实际操作来体现。

例如：

【研学】

一、阅读《父子》，思考下列问题：

文中"老爹"和陈双喜各是怎样性格的人？（温馨提示：注意全面分析人物形象。）

二、阅读《那盆水仙花》，思考下列问题：

小说主要刻画了两个人物，一个是老头，一个是杨老师（"我"），你最欣赏哪个人物？请说明理由。（温馨提示：切记要让自己的观点站得住脚。）

三、阅读《木笛》，回答下列问题：

文中的主人公朱丹是个怎样的人？请简要分析。（温馨提示：抓其主要特征并能从文中找到依据。）

四、结合自学结果及以上问题的分析过程，探讨下面这个问题：

分析人物形象的方法有哪些？如何概括并分析人物形象呢？（温馨提示：首先要注意考虑问题的出发点，其次注意考虑结果的语言组织。）

前三个阅读题的设置各有侧重点，第一题侧重于分析出人物性格即可，不用仔细分析，同时注意人物的优缺点；第二题侧重于发现人物的闪光点，且要从文中找到依据；第三题侧重于抓住人物的主要性格特征来说，并能做简要分析。最后一个方法归纳题，旨在让学生自己通过学习过程得出。这样，以新文本为依托，举一反三，既让学生在实践中了解了不同题型的答题要领；又完全符合学生的认知规律，真正发挥了学生的主体地位；还扩大了课堂容量、提高了课堂效率。何乐而不为呢？

5. 合作探究，让学生自主构建知识体系

从课前准备、自学、研学到示学、检学，和以往的教学方式最大的不同是，突出了学生的自主学习。无论是对课本知识的回顾，还是对阅读材料的理解，更甚至是对方法的归纳，都是由学生自己完成的，教师只是适时地点拨和强调。

以前文研学第一题为例："阅读《父子》，思考下列问题：文中'老爹'和陈双喜各是怎样性格的人？"学生在说到"陈双喜"的性格时，有人说他"知错能改"，有学生不同意，为此争论不休，教师便给他们朗读了文章最后一段："第二天，201宿舍，除了陈双喜，其余几位直睡到日当正午才醒。睁开朦胧的双眼，都惊喜地发现，夜里狼藉不堪的宿舍，现在却整理得井井有条，地光桌洁，门角处，还添了把崭新的扫把呢！"然后让他们自己判断，结果学生异口同声地说出了正确答案。

再如研学四："结合自学结果及以上问题的分析过程，探讨下面这个问题：分析人物形象的方法有哪些？如何概括并分析人物形象呢？（温馨提示：首先要注意考虑问题的出发点，其次注意考虑结果的语言组织。）"

学生在自主讨论的基础上能说出一些方法，虽然在名称上有所差异，但多多少少体现出了学生的探究成果。这样，学生就"分析人物形象的方法"这一问题有了自己理论化的认识，而且是建立在阅读文本的分析理解的基础上的。教师只是补充强调：分析人物形象时注意两点——注意人物的不同侧面；注意前后变化比较大的人物。

这样得出的答案，学生一定印象很深。

三、明确了采用"四学一导"课堂模式进行复习课教学时应注意的问题

1. 研究课标及中考说明、深挖教材、掌握学情，精心设计导学案

《课程标准》作为一线教师教育教学工作的总指挥棒，对各个学科各个版块都提出了具体的目标和内容标准。教材则是课标最直观、最形象

化的呈现方式，也是教师与学生及教科书编者之间对话的一个平台。同时，教科书编者也是依据课标编写教材的。而学生是教学的对象，他们会什么，不会什么，教师应该了如指掌。因而，在教学中应该认真研读课标，同时结合教材具体内容以及学生的知识能力水平，以此判断本节教学达到课标中的哪几个目标，完成中考说明中的哪几个考点，从而成功地设计出本节课的导学案。有一点考虑不周，就会使复习有所遗漏或者偏离重点。

2. 课堂教学的各个环节中，教师应适时点拨和强调、恰当评价

采用"四学一导"课堂模式时，一定要注意教师角色的定位，尤其是"示学"环节。针对学生集体出错或无从下手的问题，教师要及时点拨。比如在强调分析人物形象时应注意的两点中的第一点"注意人物的不同侧面"时，可以让学生先试着评价身边的同学，进而引导学生就评价结果进行分析（每个人都有优缺点），自然而然就得出了结论。对学生质疑和争执的结果以及结论应及时强调，以加强学生的认识和理解。此外，对学生个体和小组上课的表现，要及时给予恰当而准确的评价，这样才有利于学生正确掌握知识，提高学生的课堂表现欲望和学习兴趣。

研修中存在的问题

1. 仅以一个版块作为载体，不能全面了解复习课的特点及教学策略

由于临近中考、时间紧迫，本次语文复习课课例研修中，课题组仅以"小说阅读复习课"作为载体，使研究有很大的局限性，不能涉猎更多的实际情况。

2. 在激发学生复习课学习兴趣方面，课例研修没有做出更大的突破

新知识的学习，学生会带着很大的求知欲和兴趣，复习课则不同。无论是导课还是课堂学习，在激发和调动学生的学习兴趣方面仅做了一

点尝试：阅读材料的选择上注重了文章本身带给读者的精神享受和情感熏陶。今后在这方面还要不断地探索，力求让兴趣促使学生爱上复习课。

总之，从当前研究的情况来看，对语文复习课教学的现状有了比较到位的了解，课题组将会以这次研修作为契机，携手并肩，攻坚克难，群策群力，整合资源，不断探索语文复习教学的策略，真正在实践中贯彻新课程标准的基本理念，搞活教学，积极构建高效课堂，达到改变语文复习教学现状的目的。

（王　媛）

数 学

上好数学概念课

自2011年9月我校实施"四学一导"课堂模式以来,经过全体师生的共同努力,已经初步步入正轨,特别是全体教师,不管是思想、认识,还是课堂操作,都有了很大的进步。为了更好地完善"四学一导"的课堂模式,学校做出进一步规划,实施专题课例研修。下面以《二元一次方程组》第一节为例与各位同仁探讨:数学课程中,概念课如何应对。

合理安排

科学地安排课堂内容,是上好一节课的前提。一节科学的课堂,它一定是符合学生的认知规律,能有效地引导学生拾级而上。人教版七年级下册《二元一次方程组》是一节典型的概念课,要实现学生积极主动学习,必须准确了解学生的认知起点,纵观教材编排。学生已经学习了一元一次方程及其解的概念,积累了方程中的元和次,并且对方程的解有了初步认识。本节课首先从篮球联赛中的问题入手,引导学生类比一元一次方程,设出两个未知数,表示问题中的两个等量关系,得到两个方程，然后以这两个方程为例，让学生体验二元一次方程、二元一次方程的解的特征，归纳得出二元一次方程组及其解的概念。

根据教材安排特点，结合学生实际情况，为了体现学生的主体作用，培养学生的自主学习能力，参加本次课例研修的 12 名教师，给出两种方案。第一种，由 5 名教师提出，本节课应该先让学生通读教材，整体感知教材大致内容，初步认识四个基本概念，作为自学内容。研学部分，针对四个概念，设计代表性强的例题，通过学生讨论、分析、辩论、互相补充，加上教师的正确引导，让学生经历思考、积淀，以便准确地掌握概念的本质，这无疑充分体现了新课标下的师生角色定位：学生是学习的主体，教师是学生学习的组织者、引导者、合作者。检学时，要精选检测题，均衡训练量，使各档次学生有目标、有信心。针对不同层次的学生，分别设计好必做题、选做题、附加题。必做题是巩固基础知识，选做题和附加题是对基础知识的拓展和探究，通过检测，使学生能灵活运用知识，并在自己原有的水平上不断提升。第二种意见与第一种的分歧主要在自学与研学的安排上，认为应该把二元一次方程及二元一次方程组概念作为自学内容，后面作为研学内容。原因是数学不同于语文、政治等文科科目，学生可先通读教材，整体感知教材大致内容。数学教材的编排，是一个循序渐进的过程，前后知识之间总是环环相扣，加之七年级学生的数学符号意识还不成熟，一口气通读整节教材，一方面耽误太多时间，另一方面学生会因为理解能力的差异，积累过多的问题，使学生长时间处于一种迷茫状态，打击其自信心。不如化整为零，把教材一分为二，先从稍微简单的概念入手，把二元一次方程和二元一次方程组的概念作为自学内容，先让学生踏进本节课的大门，在搞清前面两个概念的基础之上，然后再做深入、细致的挖掘，把二元一次方程的解、二元一次方程组的解作为研学内容。这样会更符合学生的认知规律。

为了得到更好的答案，我们对这两种课堂形式分别做了实践。单从

"自学"来看，就已经暴露出问题，第一种方案安排10分钟的自学时间，教师在巡视的过程中，发现太多的问题，结果到18分钟时，仍有不少学生没有完成，这种过长的自学状态，使至少三分之一的学生失去耐心，其中个别学生的大脑已经游离于课本之外；有的干脆照抄同学答案，坐享其成；有的卡壳在某个问题，欲行又止；等等。各种问题相继出现，尽管教师做出了及时应对，但很难再调动学生的兴奋点，学习效果不明显。中学数学的概念，往往以一些已有的概念为基础去建立、去形成，遵循数学概念自身发展的规律。前面知识没有搞清的情况下，去叠加后面的知识，会增加学生的心理负担，形成思维障碍，不仅不能提高学生理解教材的能力，反而会挫伤学生的自信心，不如把整块的面包切开来，让他们一小块一小块地消化，先在小河小溪里慢慢体会，然后去大江大河里遨游。因此第二种方案更符合学生的逻辑思维，有利于知识的螺旋上升。

注重引言

新课标十分强调数学与现实生活的联系，在数学要求中增加了"使学生感受数学与现实生活的联系，初步学会运用所学的数学知识和方法解决一些简单的实际问题"。那么，怎么样才能让学生真正体验数学与生活的联系，才能让学生感受生活中处处有数学，从而更好地学习数学？教材的引言及章前图就是切入点，每一章开头都安排了一个简明扼要的引言，配以熟悉的生活图片，它以较浅的生活实例或学生能理解的知识为入口，作为全章内容的导入，从数学角度提示了与本章、本节内容有关的知识背景、数学应用价值以及其中蕴涵的数学基本思想，是本章或本节知识的生长点、核心内容或基本研究方法。遗憾的是引言中的问题并没有引起众多数学教师的注意，造成编著者观点的流失和教学资源的浪费。

以二元一次方程组为例，章前图是篮球比赛的场面，它与引言中的问题呼应。中学生比较熟悉篮球比赛等体育活动，从这样的实例说起，引入二元一次方程组，使学生感到即将学习的内容与身边的事物有密切的联系，增强求知欲。另一方面，类比一元一次方程解决实际问题，初步体现二元一次方程组的优越性，为后面的学习做好铺垫。同时章前图右上方的表格和方程组都表示了问题中的等量关系，用表格和方程组两种不同的形式表达了同样的内容。有的教师在处理这个环节上一带而过，甚至直接绕过，认为实际问题的应用主要体现在后面的学习当中，这恰恰违背了新课程标准理念中模型思想的建立。所谓的数学模型，就是根据特定的研究目的，采用形式化的数学语言，去抽象地、概括地表征所研究对象的主要特征、关系所形成的数学结构。在义务教育阶段，用字母、数字及其他数学符号建立起来的代数式、关系式、方程等都是数学模型。本章从现实生活或者具体情境中抽象出数学问题，发现和提出问题是数学建模的起点；用二元一次方程组表示数学问题中的数量关系，这是建模最重要的一个环节；求出结果并讨论结果的意义，是建模的目的。通过"问题情境——建立模型——解释、应用与拓展"的模式展开本章的学习，是学生经历数学建模的完整过程。

问题设定

导学案中问题的设计，一定要在教师吃透教材的基础之上，根据学生实际，紧扣新课标要求，通过各种数学形式、手段，把主要力量、最佳教学时间放在揭示和概括研究对象本质属性的过程当中，引导学生把握准某类事物的共同特征，同时挖掘出知识背后承载的能力及实现能力的策略和方法，突出重点，难易适中，切实能引导学生自学、讨论、探究，拒绝简单化、习题化。仍以二元一次方程组为例，有教师自学是这样设计的:"每个方程都含有_____个未知数,并且含有未知数的项的次数都是_____,像这样的方程,叫二元一次方程。"这样的问题,顶多让学生把课本上的概念照搬到导学案上,根本就没有经历思考的过程,对概念的认识也只是停留在表面上,学生的意识里只有2和1这两个数字而已。理解这个概念的难点在于"含有未知数的项的次数",设计问题时,要想办法突破这个难点,不妨这样设计:"(1)二元一次方程的概念必须满足哪两个条件:①_____ ②_____。(2)你是如何理解'含有未知数的项的次数'的?以 $xy+6y=3^2$ 为例说明。"这样的设计,给学生留下足够的思维空间,引导学生亲历思维过程,让他们更透彻、更清晰地掌握概念,逐步提高他们分析问题、解决问题的能力。总的来说,所设计的问题一方面要能激发学生的兴趣,"数学好玩"曾经是数学家陈省身先生对数学的赞美,但实际上数学所特有的魅力对好多学生来说常常难以感受,这就需要我们运用自己的智慧,充分展示数学亲和力,拨动学生好奇心,激发学生学习数学的原动力,使学生对数学由厌学到乐学,最终达到会学。让"数学好玩"能碰撞到越来越多的学生。另一方面要想方设法地站在学生的角度,将抽象的问题尽可能的直观化、具体化;将有难度的问题从学生容易掌握的知识引入;将高深的理论知识由感性的、直观的现象引入,在学生认识水平和学习目标之间,搭建一个桥梁,修建尽可能平缓的平台,让学生在不知不觉中拾级而上,掌握了自己认为难的,甚至认为不可能掌握的知识。

彰显个性

学生是活生生的人,他们有自己的思想和见识,从数学学习心理学的角度看,即使处于同一年龄段的不同学生在认知水平、认知风格和发展趋势上也存在差异。学生的智力结构也是多元的,有的习惯于形象思维，有的习惯于抽象思维，有的长于计算，有的强于证明，这本没有优劣之分，只是表现出不同的特征和适应性。另外，每个学生都有自己的生活经历，家庭环境和一定的文化感受，这导致不同的学生在数学学习中有自己的思维方式和解决问题的策略。而数学特有的逻辑性和形式，常常要求"齐步走"和"一刀切"，学生基于各自的生活经验所产生的带有"童真"的生动的思想或富有个性色彩的"异想天开"，在数学的严格性面前总是趋于消亡。因此，教师需要正视学生的差异，尊重学生的个性。毕竟数学教育面对的是一个个不同的鲜活生命，它必然要面对个性与差异。促使学生富有个性的自主发展已成为课程改革的重要目标。事实上也就对数学教育提出了更高要求。对于教师来说，要尊重学生个性，课堂首先要是人性化课堂。人性化课堂是最自然的课堂，最和谐的课堂。最自然的课堂，即坚持学生的立场，立足于学生的知识与经验，遵循学生的身心发展规律。最和谐的课堂，即老师是学生的合作者，是朋友的关系，他们是学生学习活动的参与者、引导者。课堂上学生难免有自己的独特见解，容易被老师忽视，也许会使老师感到意外，而这些意外往往被老师当成"另类"不予理睬。客观地讲，这些意外恰恰是新问题的生长点，其实，课堂教学必须要随时调整，切忌那些僵化教条、按部就班的做法，我们讲究的就是即席创设问题情境，随时处理所遇问题，当场兑现学生疑问，就地铺开探讨话题，将学生的合理意外变成"无法预约的精彩"。

教师主导

"四学一导"课堂模式对教师驾驭课堂能力提出了更高的要求。尽管教师精心编写导学案，但学生的思想，教师是永远无法全部预设的，所以要求教师在确保基本教学进程的前提下，可以针对教情、学情的变化，凭借教学机智调整教学运作步骤。

教学重点的地方要启发学生质疑，组织学生讨论，切忌不痛不痒、轻轻带过。比如学生在回答"$\begin{cases} xy+5=x \\ x-2y=3 \end{cases}$方程组是不是二元一次方程组"时，想了半天终于嘀咕说："不是二元一次方程组，因为上面是 xy，下面是 x。"而上课教师可能因为学生的声音太小，没听清，以为他不会，于是让其他同学做了简单纠正就匆匆而过。因此错失了纠正问题的机会。其实，教师不仅仅注重完成教学任务，更应该在重点处设疑，此时，正是该同学在阅读课本过程中所暴露出来的问题，如果让那位学生再复述一遍，就会发现问题所在。不妨让学生找出满足二元一次方程组概念的条件（1. 这个方程组中有两个未知数；2. 含有每个未知数的项的次数是 1；3. 一共有两个方程）。然后提问"刚才那位同学错在哪？"（不满足上面第二个条件），从而有效地指向问题的本质。在课堂上，认真倾听学生对关键问题的表述，声音小常常是学生不自信的表现，说不清往往是思路不清、概念模糊的表现。教师一方面鼓励学生大胆发言，一方面根据问题设疑，如果关键地方表述错误，正是弄清问题的大好时机；即使正确了，也应要求学生阐述理由，给大家讲解，并让其他学生补充评价。

教学难点要诱导学生讨论。教学难点是指教材中最难以理解、最容易混淆的内容，在教学中一定要诱导学生讨论、争辩、补充，掌握事物的本质。比如探究二元一次方程的解时，有学生填写课本 89 页表格："满足方程 $x+y=10$，且符合问题的实际意义的 x、y 值，有一组值是 $x=-11$，$y=1$。"有学生很快反驳："$-11+1=-10$，不等于 10，他算错了。"这很好，说明这名学生自主学习的习惯已经基本养成，但教师不能满足于这简单地纠正，应该适时引导学生做更深入的思考："仅仅是算错的问题吗？如果换成 $x=11$，$y=-1$ 呢？大家再看一下题目要求，给一分钟考虑时间，然后小组之间讨论一下。"这样的话，大家很容易得到二元一次方程有无数组解，但是在具体问题中，要考虑它的实际意义。这样在讨论中就更透彻地理解了二元一次方程的解。争论的过程是大家聚焦思维、理清思路、辨别是非、攻克难点的过程，不要怕浪费时间。

教后反思

　　思想是教学的标杆。先进的教学理念是学校教学工作的灵魂，现代社会对能力的要求越来越高，教育也必须与时俱进，顺应时代的发展，一部分教师运用传统的教学方式教了几十年，课堂讲，学生听，下课练；或者更先进点的，多媒体演示，图文并茂等这些传统的教学方式，只重视学生的知识，而忽略了学生的能力。因此，我们积极改进思想，创新课堂。"四学一导"课堂本着最朴素，最核心的思想，一切从学生出发，始终坚持保障学生的主体地位，积极与学生既有知识、经验对接，促进学生持续发展。对于数学课而言，学生数学学习的起点在哪儿？怎样让他们经历数学知识的发生、发展和运用的过程，并有一种深刻的体验？如何让他们在数学学习的过程中不断领悟数学学习的意义和价值？这些问题无论采用什么手段、何种方式去解决，它都是教学的起点，也是教学重点。是的，教育技术的进步不断推进教学革命，但技术只是彰显理念的手段，教学革命的关键还在于其是否闪烁着思想的光芒。技术只是登峰的拐杖而已，教学因思想而美丽。

　　强化自身素养，灵活驾驭课堂。因为教师素质永远是课堂成败的关键，教师的博学睿智、自信从容、机智幽默、激情洋溢永远是高效课堂的催化剂。退居"二线"的背后，是一种更忙碌、更繁杂的工作，教师要精心备好学案、备好学生，也备好自己。

（王华刚）

数学复习课教学研究

课题研究背景

两年来,学校实施"四学一导"课堂模式已见成效,大部分老师对新授课已运用自如,但如何用"四学一导"模式上好数学复习课,仍有迷茫、有疑惑。复习课是教学中的重要组成部分,尤其是对毕业班,其内容、形式、操作方法都与新授课有着鲜明的不同之处。平时教学中点状、零散的知识需要系统化;学生所学知识的疑惑点需要澄清;所学知识中重要的思想方法需加以提炼等等,这些任务都要通过复习课很好地完成。在实际教学中对知识的单纯重复,只"温故"而不"知新",忽略基础,盲目拔高,复习课与习题课混而不清等等,都是以前的教学误区。在复习阶段,如果能够转变教学理念,恰当合理地进行教学设计,灵活运用"四学一导"课堂模式上好复习课,可达到"事半功倍"的教学效果。

复习课的意义和功能如下:

1. 根据人的遗忘规律及学生认识事物的特点(从认识表面现象到认识事物的本质,进而认识事物之间的有机联系,这个不是一次完成的)可知复习是必不可少的。

2. 由于教材编写考虑中学生年龄及认识结构特点，不能完全根据知识本身的系统编排，许多知识是在不同阶段甚至在不同的年级分散出现的，所以需要把这些分散的知识通过复习课有机地加以整理、概括，以提高知识的系统性。

在数学教学中，复习教学中还存在以下一些问题：

1. 单纯知识疏通。教师为了做到面面俱到，在课堂上只是把学生过去所学知识再回忆一遍，将复习课变成知识点的重教或快速再现，整节课就是知识的堆积，而无新的突破，造成学生兴致索然。

2. 频繁的题海战术。教师为了引起学生的注意，引导学生全员参与，往往整节课就注重罗列习题、讲题、练题，使课堂变成了题海。

3. 学习空间预留不够。复习课上教师一味地讲解知识点和习题，没有给学生深入思考、合作探究的时间。

4. 忽视发散思维训练。数学专题复习课片面夸大教师的主导作用和主体地位，忽视了学生主体性的发挥，谈不上运用现代教学方法促成学生的发散思维。

因此复习课的课例研修迫在眉睫。

课题研究的目的

根据数学教学的实际，以先进的教育教学思想为基础，以科学的研究方法为指导，运用"四学一导"课堂模式对数学复习课进行全面、深入的研究，目的主要有以下几点：（1）结合《数学课程标准》和数学教材的章节研究，设计富有特色的复习课教学方案，形成具有参考价值的课例；（2）通过"四学一导"课堂模式进行复习课的教学，实施新课程理念、充分发展学生学习能力，尝试使用多元教学方法。（3）通过课题研究，加深教师对教材的认识，提高自己的业务水平，促使自己的专业成长。

课题研究的价值

依据《数学课程标准》、《中考说明》、教材、教辅及历年来各省市中考试题等，按照设计、实施、反馈、行动、反思的步骤，对数学专题复习课课例进行研讨、修改、完善，达到深化教学的目的。

1. 理论价值。促使教师正确、创造性地使用教材；促进教师、学生与教材的共同生成与发展；推动了我校数学课改工作顺利进行。通过学习与实践，进一步树立课改理念，提高教师创造性使用教材的水平与能力。同时，又能让学生自主参与教学活动，探索一条适合学生主动发展并有利于学生创新精神培养的新路子，在课堂教学中切实落实素质教育目标。

2. 应用价值。通过对本课题的研究，教师在进行数学教学中能够拓宽知识领域，整合教学资源，创新性地开发课程设置。结合实际，充分挖掘学校资源，注意课内学习与课外活动、生活实践相结合，并进行案例研究。编写的复习课导学案在全校使用，积极运用"四学一导"课堂模式，改变了以往数学课堂过于注重知识传授的倾向，形成积极主动的学习态度，使学生在获得基础知识与基本技能的同时学会交流合作，培养正确的情感、态度与价值观，切实提高了教学效率。不同的学生在数学方面能获得不同的发展，并且充分发挥了学生学习的主体性。在数学学习过程中，学生养成认真勤奋、独立思考、合作交流、反思质疑等学习习惯；形成坚持真理、修正错误、严谨求实的科学态度。

课题研究的步骤

1. 准备阶段

学习资料，收集文献，实现教育思想与教学观念的更新，分析中学数学复习课课堂教学的现状,分析学生对中学数学复习课的状况及学生主要学习行为,学习状况,初步确定中学数学复习课的基本模式,拟定课堂研究方案。

2. 研究阶段

进行实践的探索,过程的调控,通过专题复习课的尝试、反馈、分析、调整,建立完善中学数学复习课课堂基本环节、操作程序及基本策略。

(1) 2013年1月,第一次编写专题复习课教学课例,上好复习课,通过观课、评课活动,反思存在问题,总结经验,修订专题复习课教学课例。

(2) 2013年3月,第二次修订编写专题复习课教学课例,上好复习课,通过观课、评课活动,反思存在问题,总结经验,修订专题复习课教学课例。

(3) 2013年5月,第三次运用修订的专题复习课教学课例上课、观课、评课、反思、总结,进一步修订复习课课例,初步形成有效复习课教学模式,形成论文。

在学校内进行复习课示范课教学,邀请专家听课指导,听取特级教师及骨干教师的建议,征求各位同仁的意见,在专家的引领指导下整理研究成果。最终反思总结,形成结题报告。

经过专家认可,确定优秀课例,并在全校范围内推广。

课题研究的过程

一、导学案的设计

1. 梳理知识构建网络。复习课的特点一:知识点多、概念多。要对知识进行梳理,帮助学生构建知识网络。学生复习的过程就是对已学知识进行整理、巩固、提高的过程,在这个过程中应以学生的活动,即主动整理知识为主,让学生主动参与教学全过程,充分发挥每位学生的主动性,激活学生的思维,这样才能实现数学复习课的教学目标。所以在自学部分先回顾知识点,构建知识网络,理清知识之间的来龙去脉和关系。

2. 专项训练考点分层。复习课的特点二:具有重复性、概括性、系统性、综合性。复习不是将学过的知识简单地重复,而是学生认知的深化和提高,因此要把旧知识进行整理归纳,将平时相对独立的知识点串成线、连成片、结成网,把复习教学过程组织成学生的再认知的过程,使学生从更高的层次、更新的角度进一步掌握、理解已学过的知识和技能,进而提高学生的数学能力。因此,我们结合此特点设计导学案。在研学时进行专项训练分考点——研讨。如课例《专题复习:概率》的设计中,研学部分以专项训练的方式分四个考点进行:

(1) 事件的分类;

(2) 求简单事件的概率;

(3) 列表法、画树形图法求概率;

(4) 利用频率估计概率。

这四个考点从简单到复杂,由易到难,重点突出考点(3)。把这些知识点像一颗颗珍珠一样用线连接起来,然后使知识结成一串美丽的知识项链,从而使学生能够整体把握本章知识,做到心中有数,层次分明。

3. 击破考点实现转化。复习课特点三,要注意发展学生的数学思考能力,总结归纳的能力。学生数学能力的提高是在指导学生有意识应用数学思想(整体思想、函数和方程思想、分类讨论思想、数形结合思想、转化和化归思想、统计思想等)和方法来解题或解决问题的过程中来实现的。具体到复习中,特别是要注重转化思想的应用,怎样把实际问题转化为数学问题，把较难的问题转化为简单问题或常见问题。因此，在复习课例中每一个考点复习完后都设计了考点击破，仍以《概率》一课为例：

考点一：事件的分类。

【考点击破】辨别事件时区分：①不太可能事件和不可能事件，不太可能事件属于随机事件，不可能事件的概率是0；②可能事件和必然事件，可能事件也属于随机事件，必然事件的概率是1。随机事件的可能性有大小，随机事件的概率是大于0小于1。

考点二：求简单事件的概率。

【考点击破】简单事件或一步试验的概率用P（A）＝m/n或用列举法来解答，列举时注意有序排列，不重复、不遗漏。

考点三：用列表法、画树形图法求概率。

【考点击破】列表法或画树形图法求概率是中考的重点内容，通常情况下，两步试验可用列表法或用画树形图法求概率，三步试验必须用画树形图法求概率。注意分清是否放回，有无顺序性。

考点四：利用频率估计概率。

【考点击破】通过试验获得事件发生的频率，大量重复试验时的频率可作为事件发生概率的估计值。

复习过程中通过考点击破引导学生探索解题方法或总结规律。多思考、多总结可以引起学生的学习兴趣，培养学生发散思维，加强学生对所学知识的体会，促进学生探索能力的提高，学生的解题思路得到了拓展，解题能力也得到了很大提高。

精选例题应注意：

（1）典型性，典型例题在内容或方法上都具有代表性，能反映重点概念和规律的本质及其特征，学生在复习过程中能够明确感受到解题的一般思路与方法。例如考点一：

你能说出几个与必然事件、随机事件、不可能事件相联系的成语或谚语、诗句吗？（至少2条）如：随机事件：守株待兔

必然事件：_____，不可能事件：_____，随机事件：_____。

选择有代表性的题目，而且题目趣味化，像这样开放性的题目充分发挥了学生的积极性和主动性，促进了学生的主动发展，为学生提供了广阔的数学空间，激起学生学习数学的兴趣，提高了学生学习数学的能力，认识到数学的实用性。

（2）针对性：例题的选择要针对课程标准、教材和学生的实际情况，尤其要针对学生学习的薄弱环节，同时在内容和方法上要与学生的基础知识相联系。概率部分中考常以选择题、填空题和解答题的形式来命题。因此，复习课例中的当堂检测也是以这三种形式命题的。例如：

选择题：下列事件中，属于不可能事件的是（　　）

A. 三角形的内角和是360度　　B. 当 x 是实数时，$x^2 \geqslant 0$

C. 北京9月22日下雨　　D. 抛掷一枚硬币，落地后正面朝上

填空题：在一个不透明的布袋中，红色、黑色、白色的玻璃球共有40个，除颜色外其他完全相同。小明通过多次摸球试验后发现其中摸到红色球、黑色球的频率稳定在15%和45%，则口袋中白色球的个数可能是____。

解答题：一只不透明的袋子中，装有2个白球和1个红球。这些球除颜色外都相同。小明认为，搅匀后从中任意摸出一个球，不是白球就是红球。

①摸出白球和红球是等可能的，你同意吗？为什么？

②搅匀后从中一把摸出两个球，请通过列表法求两个球都是白球的概率。

③搅匀后从中任意摸出一个球，要使摸出红球的概率为2/3，应如何添加红球？

（3）启发性：在注重培养定势思维的同时，也要注重变式思维的作用，为培养创造性思维奠定基础。

二、教学实施过程

1. 课前准备：每节复习课开始时，要学生必须明确中考考点，中考怎么考，考到什么程度，开门见山地让学生明确本节课的复习目标、重点、难点，中考热点、中考题型等等。让学生做到心中有数，有重点的复习，有针对性的复习。如《专题复习：概率》进行时首先让学生明确《课程标准》中概率的内容标准：1. 能通过列表法、画树形图等方法列出简单事件所有可能的结果，以及指定事件发生的所有可能结果，了解事件的概率。2. 感受随机现象的特点，认识随机现象。3. 知道通过大量的重复试验，可以用频率来估计概率。命题形式以选择题、填空题和解答题的形式来命题。

2. 自学：由于九年级知识点较多，相对低年级来说综合性较强，教师往往为了面面俱到，在课堂上只是把学生过去所学知识再回忆一遍，将复习课变成了旧知识的重教或快速重现，整节课就是知识的堆积而无新的突破，造成学生兴致索然。因此，为了避免复习课变成了知识回忆课，在尝试对自学部分进行知识点回顾时，可采取以下方法：①以填空形式知识点再现；②学生展示评价提前复习整理的知识网；③习题形式展示交流等。《专题复习：概率》一课自学以第一种方式再现。复习时，学生按自学提示的内容、方式、时间、要求有序进行。如：

知识点回顾（要求：每位同学独立完成，然后组长带领组内交流确定正确答案。5分钟）

1. 事件的分类

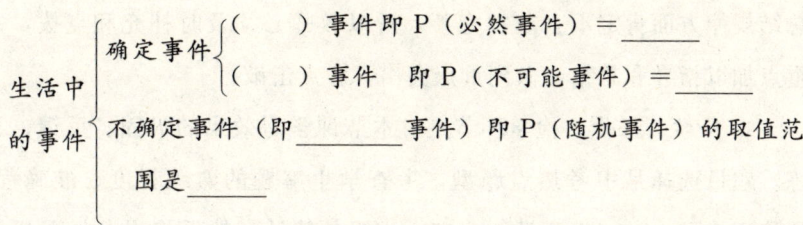

2. 在用列举法求概率时，什么时候用"列表法"，什么时候用"画树形图法"？

3. 一般地，在大量重复试验中，如果事件 A 发生的频率 m/n 会稳定在某个常数 P 附近，那么这个常数 P 就叫作_____，记作 P（A）=p.

这一过程使学生对知识点整体把握，同时在组长的带领下也做到查漏补缺，最后教师对巡视过程发现的问题重点精讲，适时引导。

3. 研学、示学：在复习阶段由于学生认知差异增大，教师往往整节课就注重罗列习题、讲题、练题，使课堂变成了"题海"，使复习课变成了习题课。"题海"战术只会造成学生做题凭感觉，无法提高学生的问题分析能力，更无法激发学生的学习内驱力。"四学一导"课堂模式为了避免出现这类问题，我们在设计导学案时，分考点、分难易，学生行为分层，学生进行研学时人人有任务，人人有事做。例如，研学部分的专项训练中考点一、考点二要求：先独立完成，再组内交流。由学困生口头展示，临界生依据概率的公式意义来解释答案，其他组质疑。考点三列表法、画树形图法求概率要求：第1、2题每小组临界生板演，学优生讲评。讲评完后，每位学生书写好过程，相互检查。考点四：利用频率估计概率要求：每位学生独立完成，临界生展示并说理由。

考点一、二是基础知识，让学困生参与展示，提高学习积极性。临界生解释缘由，巩固其对知识的理解。学优生点评发挥其许多方面的能力。每位学生得到了不同程度的提高，每位学生得到各方面的发展。但是，毋庸置疑的是学生相互质疑、点评的过程中，学生的语言组织方面、总结规律方面肯定不会非常完善，所以教师必须及时补充和点拨，并对重点加以指导和总结，做到重点突出，考点击破。

4. 检学、评价：检学环节是对本节课学习效果的巩固、反馈、再训练。题目选择是中考热点题型，考查学生解题的熟练程度，准确程度。评价方式可一对一相互批阅，交由小组长统计，然后将得分情况再汇报给老师。最后小结所复习的内容，让学生谈收获，相互补充共同完善。并评选出本节课优秀小组，展示明星、点评明星等。

课题研究的收获

通过一个多月的研究，我们认识到：运用"四学一导"课堂模式上复习课，效果较好，课堂上学生的思维活跃，积极发言、质疑、展示，大胆点评，增强了学生的创新意识。教师收获颇多，感悟颇深。具体如下：

1. "四学一导"课堂模式为学生搭建自主学习的平台，复习课教会学生建立相关知识网络，提高学生综合运用知识和数学思想分析并解决实际问题的能力。

2. 帮助学生厘清各个知识间联系，教会学生比较、总结归纳的学习方法，查漏补缺澄清误区。

3. 形成复习课课堂教学的基本模式，让教师积累复习教学的经验。如专题复习课可以创设怎样的教学情景，怎样渗透数学思想，如何客观的分析教材，帮助学生形成优良的知识结构等等。

4. 使教师的教育观念逐步更新，教学水平有一定的提高，教学效果亦有明显的提高。

课题研究的反思

虽然收获很多，但仍有很多问题需要解决。例如：老师不能充分估计课堂上发生的变化，而给驾驭课堂带来了一定的困难。具体体现在：1. 学生的思维相比以前活跃了，但还是处于相对比较被动的学习中，如何提高其自主收集、整理、归纳知识的意识和能力仍需研究；2. 复习课对于学困生来说促进发展的作用尚不突出；3. 仍需进一步完善数学复习课的课堂模式，形成数学教学的特色；4. 如何推广课例研究成果，如何通过课题组培训和学习，使课例研究让更多的人受益，需要进一步完善。这就要求教师不断提高学习的自觉性。教师可根据本单元所处的教材地位将本章知识系统整理，并进行适时的点拨，使学生的学习活动由单一封闭走向多元开放。

总之，上好复习课，需要教师预设情境，大胆放手，敢于创新，灵活运用教学方法，为学生提供一个广阔的空间，相信学生的潜力是无限的，学生将带给你一个个意想不到的惊喜，复习课将取得理想的效果。

（胡婉会　张秀茹）

英语

英语阅读课策略研究

八年级教师运用"四学一导"高效课堂模式，通过连续三次的课堂实践、研讨、反思、改进，试图找出影响有效的因素及寻找促进"四学一导"有效课堂的策略。

"侧重培养阅读能力，为进一步学习和运用英语切实打好基础"这是初中英语课程标准的一项具体要求。英语阅读教学是一个较为复杂的过程，其中每一个环节都有可能关系到阅读教学的整体质量。既要重视对学生阅读策略能力的培养，又要重视对学生阅读习惯和技巧的培养，这样才能更好地提高学生的阅读能力和英语运用能力。现行初中英语教材中，阅读课文在各单元都有分布，从八年级下册起每单元都有一篇拓展阅读，这些阅读文章涵盖历史事件、旅游、课余生活等话题，具有篇幅长，句式复杂，词汇障碍多，教学难度大的特点。阅读课在平时的英语教学中尤为重要，怎样上好阅读课成为英语教师关注的焦点之一。

学期开学第一个月，利用每周日下午教研活动时间认真探讨如何运用"四学一导"课堂模式有效进行英语阅读课教学，并由奚爱丽老师执教人教版八年级下册 Unit1 reading 部分的文章进行实验。通过"一课三讲"的教学实践、分析和反思，预期达到如下目标：（1）观察影响课堂教学有效的因素。（2）寻找促进有效课堂的策略。（3）提高课堂教学的有效性。

研修过程

采用"四学一导"课堂模式进行阅读课教学研修，经历了三个阶段，每个阶段都针对发现的问题，研究解决的策略，其目的是通过多次深入细致的研究，掌握阅读课的基本方法。在讨论后实践，在实践中改进，在改进中完善，在完善中总结。

一、第一次研修

发现问题：在"自学—研学—示学—检学"这几个环节中，自学环节的设计无法检测学生自学情况；课堂气氛不够活跃；学生展示形式单一；课文教学重点偏向了阅读策略教学。

解决策略：1. 培养学生课前预习的良好习惯，以提高课堂效率，在导学案的自学部分可以检测学生的预习情况。2. 加强对学生的课前指导，提高师生互动的质量。3. 在研学部分加强问题的设计，设计一些贴近学生实际，使学生有话想说的开放性问题，来拓展学生的思维，增强师生互动的机会。4. 突出重点，合理安排教学时间，重新设计和落实研学部分的教学。

二、第二次改进

针对第一次课堂出现的问题和同行教师提出的解决策略，执教老师对这节课的有关内容进行了适当改进：自学部分的设计有所调整；增设一些开放性问题和讨论题；注重阅读策略的指导，以利于学生对文章的理解。在研学部分也做了改进，设计的问题比较贴近学生实际，让学生有话可说。

发现问题：学生与教师配合不是很到位，示学环节表现不积极主动。

学生对课文的整体理解不够透彻，讨论部分依旧没有很好体现，学生的讨论浅尝辄止，学生没有完全投入。

解决策略：1. 教师的语言示范力求多样化，用多种输入形式激发学生的动脑欲望。2. 学生的活动时间力求到位，用多种互动形式来活跃学生的思维。3. 挖掘文本，让学生在讨论过程中加深对文章的理解，丰富课内外知识。4. 建议教师就在自己所带的班级上课，效果会更好些。

三、第三次改进

发现问题：自学时间过长，学生展示的内容与教师设计的问题有偏差等。研学环节的第一步"先听磁带"不如改为"firstreading"（先读）更能体现阅读课的侧重点，有益于培养学生的阅读理解能力。

存在优点：问题的设计较好，课堂气氛较活跃，课堂上学生的思维明显活跃；学生对文章的整体感知有很大提高，课堂讨论的效果良好。

研修成果

一、课型特点

阅读教学是在教师指导下的学生自主阅读的实践活动。学生在阅读活动中具有自主性、独立性，教师则起引导、点拨的作用，而不是用自己的分析、讲解代替学生的阅读实践。阅读课型具有哪些特点？通过实践探究，总结如下：

1. 明确要求，重点阅读

当学生明确训练目标后，思维才能活跃起来，阅读的积极性才能调动起来，从而主动地阅读。提出阅读要求的作用还在于促使学生联系语言目标上刚学到的知识，主动地用来学习新课文，锻炼阅读能力。因此，教师提出的要求必须明确，围绕重点，还要注意量和度。在一般情况下，可以课后题为依据，因为这些题目是紧扣重点训练项目和课文的重难点设计的。

2. 自主阅读，解决问题

在学生明确要求的基础上，要放手让他们自己读、自己练，因为运用已有的知识解决问题，必须靠学生自己，别人是代替不了的。教师要给学生充分的时间，让他们根据教师的要求自己读书、思考或者查阅字典，或者圈、点、画、批，或者结对讨论等。

3. 整体把握，通盘考虑

整体把握有两层含义。其一，是将一单元中的内容和教学过程所涉及的有关环节做整体安排和设计，使各部分、各环节构成一个合理、优化的整体，在不同的阶段有所侧重。从阅读教学而言，教师应当清楚在一个单元中，哪些听、说、写的内容与阅读有关，教师应当有意进行铺垫，或利用之进行扩展。其二，是指在阅读教学中采用语篇教学法。语篇教学法是指从语篇分析入手，把语篇作为一个整体来考虑，要求学习者从其层次结构及内容上入手，最大量地获取和掌握文章所传递的信息，逐步培养恰当使用语言的能力。所以这种方法可以达到把语篇分析、打语言基础及提高交流能力三者有机结合起来的目的。

4. 兼顾听、说、读、写

英语课程标准明确规定：初中英语阅读教学的目的，是"侧重培养阅读能力"。这里的"侧重"除了指从总的教学目标和安排出发，提出教学重点之外，还有另一个含义：指在不同的教学阶段可以有不同的教学侧重点，着重培养某一两项言语技能称之为"阶段侧重"。听说读写四种技能是相互影响、相互促进的。因此在教学中，我们能在不同的时间、不同的场合有所侧重，而不能只重视阅读就不顾及其他技能的发展。

二、阅读课导学案编写

1. 自学：这一环节相当于读前阶段，教师可以从 4 个方面为学生的阅读做准备：（1）介绍主题背景知识；（2）呈现阅读理解的关键词、句；

(3) 引导学生利用标题、关键词、图片等预测文章内容；(4) 让学生快速浏览并证实自己的预测。

2. 研学：这一环节相当于读中的理解阶段，教师可以通过以下任务设计帮助学生理解阅读材料：(1) 通过提问帮助学生搜寻信息；(2) 利用信息转换手段帮助学生梳理信息，分享个人对课文的不同理解；(3) 对课文内容进行新的组合和解释，帮助学生不仅理解课文字面意义，还理解其内涵。

3. 示学：引导学生养成认真倾听的习惯。一方面，既要会倾听教师的点评，又要会倾听同学的课堂发言；另一方面，既要听得进，听清楚，听完整，又要听得懂，听出实质，听出问题。

4. 检学：这一环节相当于读后的运用反思阶段，在导学案的编写过程中，教师可给学生提供运用所学内容表达个人想法和反思的机会。在总结课文意义和阅读技巧上可以运用多种形式，如：利用关键词句归纳课文内容；总结或解释学生用过的阅读技巧与策略；谈论与课文主题相关的日常话题；等等。

三、课堂教学的实施

"四学一导"高效课堂模式，是以学生的活动为主线，让学生真正成为课堂的主人，教师退居幕后。通过多次的教研组研讨，三次的课堂实践，总结出运用"四学一导"模式进行阅读教学的一般方法：

1. 自学环节（Before you read）

(1) 趣味呈现，激发阅读兴趣。

(2) 巧设活动，排除阅读障碍。教师要培养学生通过上下文猜测生词词义的习惯，而极少数实在猜测不出来的生词，教师还可适当介绍文化背景知识，引导学生通过网络或书本等途径查找更多的相关文化背景知识，这样也有利于培养学生学习的主动性。

(3) 布置任务，让学生明确阅读目标。

2. 研学环节（While you read）

（1）教师应有意识地培养学生的默读技巧。如：在阅读过程中，教师要引导学生学会用手指去敲击桌面来代替声读，使他们的注意力集中在文字符号上，从而纠正他们大声朗读或小声朗读等做法。

（2）扫读理解。要求学生快速阅读课文，从整体上把握课文脉络，理解课文大意，找出关键词和中心句，使学生对文章内容、结构和作者写作意图有一个整体印象。

（3）略读质疑。通过阅读标题、第一段或中心句，形成对全文的内容的预测，引导学生围绕问题 who，where，what，when，how 等阅读，而且带着自己猜测的可能答案去理解阅读内容，把文字阅读变为印证活动。

（4）细读赏析。教师引导学生细读短文，理解短文，并设计一些练习让学生完成，以检测学生的理解程度。接着教师还可通过听力与阅读结合的方法让学生去欣赏短文，还可通过模仿朗读、自我朗读、小组朗读等形式，达到巩固语言的目的。

3. 示学环节

在这一环节，可通过阅读与口语相结合的方法。例如：复述练习，口头展示，从有教师提示到无教师提示，然后两人一组互相复述，可增强学生的语感及语言组织能力。

4. 检学环节（After you read）

可采用阅读与写作相结合的方法。如：在检学这一部分可设计改写练习，既巩固了文章内容，又训练了写作和理解能力；此外，教师还可引导学生思维从课堂引申到生活中去，有效地挖掘他们的语言潜力，发展学生实际综合运用语言的能力，如：在学完有关"问路"的对话小短文后，教师可用课件显示大荔县地图，让学生在理解阅读材料的基础上，成功地自编自导自演"问路"的生活片段，从而也拓展了教学内容。最后教师还可对学生完成任务的情况做出评价,也可以让学生相互评价,但评价需要具有激励性。

问题与反思

随着研修活动的深入开展,我们也在实践中不断地反思与总结,努力寻求适合学生的学习之路。通过实践我们也产生了一些思考:"阅读课"在英语教学过程中既是教学重点也是教学难点,阅读一篇文章不是单纯为解决某个语言或回答几个问题而进行的,更重要的是通过阅读课,教会学生阅读技巧,培养学生的阅读能力,从而达到提高语言运用与交际能力的目的。因此在初中英语阅读教学中应注意以下几点:

一、学习兴趣的培养

阅读课上仍然要坚持以学生为主,教师只是指导学生,引导学生,因此教师的指令要明确。要提高学生在阅读课上的兴趣,例如可以改编英文歌曲,通过歌曲呈现本节阅读课的主旨或重难点内容,从而有利于提高学生的学习兴趣,更有利于提高学生的学习效率。

二、阅读方法的指导

"授人以鱼,不如授之以渔。"现代教育更重视培养学生的自我发展能力,这就要求教师不仅要教学生"学会",而且还要教学生"会学"。要用各种方法教会学生"怎样学",使学生具备学习和运用英语的能力。在阅读过程中根据不同的阅读目的和要求,采取不同的阅读方式和策略,遵循由浅入深,由表及里,由具体到概括的原则要求阅读。例如可以运用思维导图,帮助学生理解课文,理清思路,从而能从整体上把握整篇文章,而不是停留于单个字词或句子上。

三、有效提问的要求

英语阅读教学中的课堂展示环节，普遍存在优等生回答多，中等生和学困生回答少；直接给答案多，分析过程少。因此我们要设计问题激发学生兴趣，引导学生进行积极的思考。因此，提问设计要有梯度。对于教学中的一些重难点，尽量设计一些铺垫性的问题，依据学生认知水平，想方设法化难为易，化繁为简，由近及远，一环扣一环，逐步解决大问题。提问设计应有"度"，提问有一定难度，才能激发学生求知欲，调动学生注意力，刺激学生思维，让学生体会到智力角逐的乐趣。

四、阅读教学的原则

通过三次课的实践、观察和反思，总结出"四学一导"高效课堂模式进行英语阅读课教学中应坚持以下几个原则：

1. 有效的课堂要以学生为主体。尽可能多的设计学生的活动，让学生在课堂尽情地展示。

2. 教师对学生的语言、态度以及提问和活动都是影响课堂有效性的因素。教师的语速要根据学生英语水平的高低和学生对英语教材的熟悉程度来确定。教师不应该遇错必纠，过多地纠正学生的错误，这往往会使学生失去信心，不敢开口；教师亲切和蔼的态度，鼓励的语言，对学生的思维也有促进作用，师生和谐、愉快的课堂，是课堂有效的保障。

3. 关注阅读策略和学生对文章的整体感知，可以让学生在自学环节先通读课文，整体感知文章大意。

4. 有效的课堂要注重问题的设计，在研学部分中的问题设计要贴近学生实际，使学生能够说；问题要使学生有兴趣，使学生愿意说；问题要有层次性，使不同层面的学生抢着说；问题要有情趣性，使学生喜欢说；让更多的学生在课堂上有展示的机会。这样才能真正激发学生的兴趣，开阔他们的思路，启发他们的思维，在愉快的气氛中掌握知识。

总之，提高初中学生的英语阅读学习，研究英语阅读课完美的授课模式并非一件容易的事情，而是一个循序渐进、不断改进的过程。其间要经历许多磨难。在合理设计的基础上，利用灵活多样的教学手段，让学生在学习的过程中不断体验进步与成功，从而建立自信，是提高学生阅读能力很有效的方法。

（马倩丽　张少丽）

英语复习课方法研究

研修背景

研究近几年英语中考试卷不难发现,试题对语法知识的考查越来越简单,然而对于语篇和语境,以及语言的实际运用却逐渐增多。试卷内容越来越贴近学生生活,越来越注重检测学生对语言意义的领悟和推测,对语言综合运用能力提出了更高的要求。2011版《英语课程标准》也明确指出:"英语学业考试需要以适当形式考查学生对具体语言知识的掌握情况,而不是孤立地考查知识点,更不是考查对知识的机械记忆。英语学业考试应着重考查学生听说读写等四种英语语言技能的综合实践能力以及灵活运用语言知识的能力。"但在九年级中考复习中我们总有"投入多、收获少"的感觉。教师和学生都在辛苦的努力,往往却发现做了很多题,考了很多试,到头来许多学生还是不能从容应对灵活新颖的中考试题,没有达到自己理想的目标。

反思我们的中考英语复习课,虽然也进行了三轮的复习,从课本到话题,从词汇到语法,从专项训练到解题技巧都进行了比较扎实的复习。而这些复习往往是把内容按照不同的要求和规则进行了人为地割裂。许多教师的课堂其实都成了总结归纳知识点和讲解试卷。这样的复习课教师觉着无聊,学生更是没有积极性,尤其对于基础好的学生来说简直是浪费时间。所以如何设计扎实高效的复习课是本课题研究的中心任务。

九年级英语备课组经过多次的研究讨论之后,决定在中考的复习课中,运用"四学一导"高效课堂模式探索一条适合学情的英语中考复习模式,构建扎实高效的英语复习课堂,为提高英语中考复习效率奠定坚实的基础。

研修过程

本课题研究主要经历了准备开题、研究实施和总结结题三个步骤。从时间上可分为三个阶段。

1. 第一阶段(2013年3月—2013年4月)

在研修校长秦艳刚的带领下,围绕这一课题,开展一系列研究活动。

(1) 学习相关理论,研读课标。共同研读了《英语课程标准》、《中小学外语教学》、《初中英语教学方法》、《中学英语教师》等资料和颇有影响的报纸杂志。

(2) 备课组长牵头,集体编写导学案。导学案的编写是否合理直接决定一节课的教学效果,因此,在着力研究编写导学案并经教研会上多次讨论修改后,由赵荔萍老师来进行第一次执教,其他成员观摩,参与课堂体验,并指出问题,然后再讨论修改导学案,进行第二次研修。

(3) 每人每周上一次研修课。在教研组内评定等次。评价一节英语课是否达到标准,主要看以下五点:

一看学生学习热情的高低。是否解决了"要我学"与"我要学"的问题。

二看教师引导作用发挥得如何。能否有效地启发、引导学生进行自主学习。

三看学生参与自主学习人数的多少。

四看导学案的激活程度如何，设计是否有利于激活学生的创造性思维。

五看学生在课堂上发表意见的多少。教师是否精心设计了让学生自由发表意见的时间和情景。

2. 第二阶段（2013年4月—2013年5月）

在通过第一阶段的集体研讨之后，我们对导学案进行了第二次的修订，对检学部分的题目进行了分层设置，这样保证各种水平的学生都有大幅度的提高。展示时应注意让大多数学生都能够有展示的机会，关注每一个学生的发展，调动每一个学生的积极性。然后由执教老师进行第二次执教，并邀请相关专家进行课堂教学观摩，指出存在问题，进一步修改完善导学案。同时，在这个阶段还对中考复习材料进行了分类整理和整合研究。

3. 第三阶段（2013年5月—2013年6月）

针对第二阶段所存在的问题，在教研会上研讨之后，教研组对导学案进行了第三次的修订，进行第三次执教，学生学习热情非常高，讨论非常热烈，展示争先恐后，并能提出质疑，讲解透彻到位，口语表达能力也有了明显提高。

研修成果

一、英语复习课的基本方法

在我们的研修过程中，经过不断地研究讨论，实践反思，改进完善，总结出了运用"四学一导"高效课堂模式上好英语复习课的基本方法：

1. 自学部分应体现基础性和渐进性原则

（1）摸清学生状况

教育心理学家奥苏伯尔说过："假如让我把全部教育心理学仅仅归结为一条原理的话，那么我将一言以蔽之曰：影响学习的唯一重要因素就是学习者已经知道了什么。要探明这一点并据此进行教学。"在英语教学过程中，必须了解学生的学习动机、积极性和科学性状况、知识和能力状况，切实掌握每个学生的智力水平、原有认知结构以及对新知识的接受能力状况，做到心中有数；否则，教学将是盲目的教学，是脱离实际的教学，是注定要失败的。

（2）激发求知欲望

采用恰当的方式激起学生渴求知识的欲望，调动其积极性，将学生带入复习课，自学指导的设计要从教学实际出发，将三维目标细化为具体问题，体现基础性和渐进性，体现本节课的重难点，要有梯度，语言简洁明了。紧扣教材，降低起点，把重点放在基础知识掌握和基本能力的培养上，减缓坡度，降低难度，以低中档学生为主，同时兼顾尖子生培养。

2. 研学部分应体现主体性和启发性原则

（1）拓宽思维，互动交流，共享资源。《新目标英语》每单元都提供几个供讨论的开放性话题，这些话题跟单元主题密切相关，且有助于提高学生的实际生活能力。教师要充分挖掘关联信息，布置科学合理的任务，让学生展开讨论。例如，在复习写作专题时，要求在阅读 Xiao Dong 的来信后写一封回信，给他一些如何交友的建议。在充分理解了题意和例子之后，我要求学生先作个人思考，再两人交流，然后扩展到四人交流，最后由报告员汇报组内的讨论结果。结果每组都能提出一到两个与众不同的建议，大大丰富了写作的素材。之后要求学生参照大家讨论得出的笔记和写作模板写回信。大部分学生没有显示出往常的畏难情绪，写出了很多好文章。

（2）了解学生，合理安排，满足需求。只有充分了解学生的英语水平和实际需求，才能进行合理分组。如按质分组：由于组间同质、组内异质的原则，小组内各成员间形成性别、性格、学习成绩和学习能力方面的差异。这为小组成员互相帮助提供了可能，为各小组间的公平竞争打下了基础。如果按座位就近组合，也需要根据学生的特点安排合适的职责：如小组长、监督员、记录员，或报告员。凡事都有从易到难的过程，为了使教师和学生逐渐获得一些新的经验，我们提倡逐步地、分阶段地控制组额大小、活动时间，从简单的句型操练到信息的交流再到交际，总之，不能期待一口吃成个胖子。例如，在复习直接引语和间接引语时，先展开对子活动（如彼此告知对方周末做了什么）。然后由2人组合成4人（告知另一组成员同伴做的事），再由一成员把组内情况向全班作汇报，找出哪些同学具有相似的兴趣。再比如"思考—对子—分享"法：先是个人思考话题，再与同伴交流，然后在较大的4人或6人小组内分享。这种有效的组际交流的构建，有利于学生的深入思考和充分交流意见，避免了浮躁的形式主义和未成熟的结果。

3. 展示环节应体现激励性和主动性原则

（1）培养学生的主动性，创造学生成功的机会。学习以成功为动力，成功能给人以肯定、信心，是对学习活动的正强化。尤其对经常遭受学习挫折、丧失学习信心的学生更重要。我们必须因材施教，努力创造苏霍姆林斯基期待的"让每一个学生都抬起头走路"的教学效果，努力使每个学生都有展示自己的机会，使每个学生都能体验到成功的喜悦，进而肯定自己，树立自信心。其方式可以是口头展示、角色扮演、情景剧表演、黑板展示等。

（2）重点突出，释疑解惑，点拨提升展示环节要做到突出重点，消除疑点。即：前引后联，力争举一反三，触类旁通。教师对重点内容进行点拨，点拨学生共同存在的困惑点、重难点、易错点。教师主要进行以下讲解：补充讲解、更正讲解、拓展延伸讲解。教师要真正做到学生讲之前不讲、学生没有进行探究学习的不讲、学生会的坚决不讲。

4. 检学环节应体现层次性和创新性原则

当堂检测，可以使学生从不会到会，从不熟练到熟练。所以，精心设计多种形式的检测题，既能增添学生的学习兴趣，又能帮助其巩固所学的知识。

（1）针对不同层次的学生，设置不同层次的问题，保证不同层次学生的兴趣，促进各个层次学生的思维能力的发展。这样既能使优生吃好、中等生吃饱、差生吃了，又能调动全体学生学习的兴趣，形成良好的氛围。

（2）检学题目设计形式要新颖，类型要多样，要设置出既能激发学生学习兴趣又能巩固知识的习题。除了常用的习题以外，还可以设置阅读、背诵、动手操作等题目。通过动手、动口、动脑等来促进各种感官积极参与学习，对促进知识的内化有着特殊的功能，同时又能促进学生各种素质的协调发展。

二、注意问题

1. 复习要有计划性

复习前必须制定一个切实可行的计划。计划应包括复习的内容、复习的进度、复习的方法及训练强度等几个方面。要突出重点、难点，要合理支配时间，并且注意在复习层次上体现科学的序列。难度要不断提高，内容要丰富，形式要多变。在制定计划前要认真研究教学大纲，明确语言、语法、词汇在各教学阶段的具体要求，了解学生在学习中难以理解、容易混淆的语言现象以及听、说、读、写等技能方面的弱点。在此基础上制定出一个切合实际行之有效的复习计划。

2. 复习要有系统性

复习时要把知识系统归类,按系统训练能力,使学生系统地掌握所学的东西,形成系统的知识结构和知识框架。要做到这一点就必须把教学大纲的要求向学生讲明,让他们对所学的材料有总体的了解。例如,在复习英语时态时,首先要告诉学生初中英语的八种时态,这八种时态是一般现在时、一般过去时、现在进行时、过去进行时、现在完成时、过去完成时、一般将来时、过去将来时。而复习的重点应放在一般现在时、一般过去时、现在进行时、现在完成时和一般将来时上,其他三种时态只要求学生做一般了解就行了。这五种时态是初中英语中的重点,也是难点,应对它们进行系统的强化训练,这样才能达到目的。

3. 复习要有针对性

复习效果的好坏与复习的针对性关系极大。教师对教材中哪些需要加强操练,哪些只要略加指点,哪些可以组织学生自学,都应做到心中有数。而对学生复习时的心态也要了如指掌。这样复习才能做到有的放矢。复习时,教师对学生要高标准、严要求,使学生时刻感到自己的不足,以激发动力,使自己不断努力。另外,教师要对不同的学生提出不同的要求。对基础好一点的学生让他们多做一些较难的题目;对基础差一点的让他们多做一些简单的题目,以达到循序渐进、逐步提高的目的。

4. 复习要有综合性

综合性主要体现在两个方面,即内容的综合性与形式的综合性。复习时有机地把语言、词汇、句型、语法和阅读理解结合起来,达到内容上的综合性。在形式上,听、说、读、写并举,多种感官协同,通过多种渠道、多种方式来调动学生复习的积极性、主动性,以取得较好的复习效果。同时,还应让学生根据各阶段的内容做一些具体练习,以增强考试的适应能力。

复习是教学的重要环节。只要老师注意复习的计划性、系统性、针对性、综合性，就一定能收到较好的复习效果。

研修反思

总结英语复习课的课堂表现，有以下特点：自编导学案涉及面广，课时容量大，教学效率高，课堂气氛活跃，小组成员积极参与组内合作交流，小组间竞争意识强。从学生一开始讨论的跃跃欲试到抢着找错改错来看，改变了以往学生被动学习的局面，真正体现了课堂教学以学生为主体的教学理念，老师适时地点拨，且点拨到位，真正把课堂还给了学生，是实用的复习课教学模式。由于学生随时会提出新的问题，老师可能课前难以预料，相对来说对老师的知识面的要求更高了，该课型模式对老师来说是个新的挑战。同时老师还要调控好课堂，该讨论时要让学生动起来，学生板演时，要让其他学生迅速安静下来，在老师的引导下互动，这对老师的管理水平和管理能力又是一个新的挑战，教师只有做到动静结合，收放自如才能真正驾驭课堂。

同时，我们在研修的过程中，也发现了存在的一些问题需要改进。

1. 面向全体不够。教师注重发挥学生的主体作用，而主体作用发挥得好的学生恰恰是接受能力较快、学习成绩较好的学生，他们往往能提出一些比较新的见解和主张，教师就会跟着这些"主体作用"发挥得好的学生"走"，而中等生和相对比较差的学生则丧失了"发挥"的机会。

2. 学法指导不力。教师只注重学生主体作用的发挥，却忽视了学习方法的指导。部分学生的学习实际上仍然处于被动状态，依赖性强，离开了教师，还是不会学习，这在某种程度上也制约了学生主体作用的发挥。

3. 评价机制不全。不能充分调动每一个学生的积极性和主体性。

（户文敏）

物理

物理实验探究课研究

研修过程

开展课例研修之前,参与教师认真研究讨论了一些学习材料,如物理课程标准、中考说明、教材及教师教学用书,以及其他相关材料等,以起热身作用。接着根据研修主题确定课题——《测量物体的质量》。围绕主题和课题,以笔者为主讲人,做了三次课,小组内进行了四次研讨。

召开课前会议,确定课题之后,决定第一版导学案由我设计。设计思路是:在自学环节,学生自主复习托盘天平的使用方法,大概用时5分钟左右;研学环节分为两个部分,一部分是设计、进行实验,小组内合作完成,用时10分钟左右,另一部分是交流与讨论,学生根据实验情况,先独立完成3个题目,再小组内交流,统一意见后确定发言同学,用时5分钟左右;示学环节主要围绕研学的3个问题展开,学生发表自己的意见,其他同学质疑、追问,通过大家的研讨,处理实验中的遗留问题,在此过程中,教师也可以适时地的质疑、追问,使学生明白其中的道理,整个环节用时13分钟左右;最后是检学环节,学生通过完成几个相应题目,达到查漏补缺、巩固新知的目的,用时5分钟左右;最后2分钟,学生对自己本节课的表现做出小结,一般从知识和能力两个方面进行,以达到反思提升的目的。上课时,各观课教师合理分工,有观察各环节用时长短的;有记录教学流程的;有专门记录学生表现的;有专门记录教师表现的等等。对于教学的方方面面做了详细的记录,以便课后交流。

第一轮课后,教研组进行了激烈的讨论,通过研讨确定了导学案修改的三个方面:

1. 研学环节:"交流与讨论"设置的3个问题中,第1个问题包括的2个实验内容应该分开,以方便学生回答,同时与第3个问题重复了,因此删除了第3个问题。如下表:

第一版导学案	第二版导学案
[交流与讨论] 　　学法指导:请独立思考以下三个问题,将个人的意见填写在学案上,然后小组内交流,A2、B1、B2做好发言准备,A1补充。 　　1. 请根据黑板展示情况,比较各组的实验方案和实验数据,并评价各实验方案的优点和不足。 　　2. 用天平测量固体和液体质量的方法有什么区别? 　　3. 你认为,在被测物体的质量较小时,怎样才能使测量结果更精确?	[交流与讨论] 　　学法指导:请独立思考以下三个问题,将个人的意见填写在学案上,然后小组内交流,A2、B1、B2做好发言准备,A1补充。 　　1. 观察各组实验(一)的方案和数据,为什么不能直接测量1枚大头针的质量?请用自己的语言解释为什么要用测多算少法? 　　2. 根据黑板展示情况,比较本组和某一组实验(二)的方案和数据有什么不同,并评价各实验方案的优点和不足。 　　3. 用天平测量固体和液体质量的方法有什么区别?

2. 示学环节：因为两个实验同时进行，同时展示，学生在黑板上展示的内容过于混乱，影响交流效果。研讨后，增加了课前准备环节，要求学生在上课前将记录数据的表格画在黑板上，实验时直接填写数据，既方便记录节约时间，又清楚明白易于交流。

3. 检学环节：设计的题目与本节课的重点内容不对应，不能有效的检测学生本节课的学习情况，经研讨后做了如下修改：

第一版导学案	第二版导学案
检学： 1. 在使用天平测物体质量时，下列操作中不规范的是（　　） 　A. 用镊子夹取砝码，以免砝码生锈 　B. 在测量中，调节横梁上的螺母，使指针指在分度盘的中央，然后读出质量数 　C. 待测物体放在天平的左盘，砝码放在天平的右盘 　D. 不用天平测量质量过大、超过天平测量范围的物体 2. 一架托盘天平的砝码盒中配有砝码：100g（1个）、50g（1个）、20g（1个）、10g（1个）、5g（1个），标尺的最大刻度值为5g，天平的铭牌如甲图。如果用此天平称一物体质量为38.5g，则右盘中砝码有_____，游码示数为_____。 3. 某同学使用天平称量，调节托盘天平横梁平衡时，出现如乙图所示情况，他应_____；如果在称量过程中出现图中情况，他应_____。 J25型托盘天平 称量：200g 感量：0.1g 武汉实验仪器厂 　　甲　　　　　　乙	检学： 　　给你一个滴管、一个烧杯、一架天平（带砝码）、一些水，你如何利用这些器材测出一滴水的质量？请写出实验步骤。

结合大家的意见,在对第一版导学案做了修改的基础上,进行了第二轮课,同样是观课教师做了详细的记录,课后进行了激烈的讨论。如此三轮之后,教研组对实验探究课的整体特点及用"四学一导"课堂模式上好此类课应注意的问题,进行了深入的总结和研讨。

研修收获

一、物理实验探究课的基本特点

在《义务教育物理课程标准（2011版）》中,将科学探究纳入到课程内容之中,对于科学探究中各个环节的培养能力做出了详细的要求。通过研读课标与教材,发现实验探究课具有以下特点:

1. 重要性

在《标准（2011版）》的附录部分,新增了20个学生必做实验。结合《标准》要求,修订后的苏科版教材,在原来的基础上,新增了"学生实验"栏目,将《标准》要求的必做实验明确标出,以强化实验教学的重要性。例如：在八年级设置的学生实验有：①练习使用温度计；②观察水的沸腾；③探究平面镜成像的特点；④探究光的反射规律；⑤探究凸透镜成像的规律；⑥研究气泡的运动规律；⑦用天平测物体的质量；⑧测量物质的密度；⑨探究影响浮力大小的因素等,这9个实验都是根据《标准》的要求设计的。

2. 探究性

通过对比可以发现,修订后的新教材,加强了实验的探究性。以"用天平测量物体的质量"为例,在测量一枚大头针的质量中,旧教材明确给出了所测大头针的数量：1枚、20枚、40枚,这样禁锢了学生的思维,使他们在实验前失去了思考"如何才能测出一枚大头针的质量"的机会；新教材中,对于回形针的数量没有明确的要求,由学生自己思考

"应该测几枚？应该如何测？"经过思考，很多组的同学都没有直接测1枚回形针的质量，因为他们根据生活经验和自己的分析，可以轻松地知道：1枚回形针的质量是不能直接测量出来的。

3. 实践性

物理是一门实践性和应用性很强的学科，物理知识渗透在生活的各个方面，因此贴近生活、贴近社会成为新教材物理实验改革的重要指导思想。为了使学生感到物理就在我们身边，身边无处不物理，新教材中的物理实验更加体现生活化。例如，在"体验大气压的存在"这一活动中所选用的器材都是我们身边常见的，如玻璃杯、水、硬纸片、矿泉水瓶、塑料吸盘、挂钩等。

4. 趣味性

物理实验内容的呈现形式更加灵活、丰富多彩，也是新教材变化的一大特点，尤其是注重了实验的趣味性，极大地激发了学生的学习兴趣。如在"探究平面镜成像特点"的实验中，教材一开始便为学生出示了一张图片——"浇不灭的烛焰"，让学生思考：这是怎么回事呢？通过观察图片，思考问题，一下子激起了学生学习的兴趣。同时，在课后还设置了相关题目——揭开"储币魔箱"的秘密，学生通过自己研究制作，不但复习巩固了平面镜成像的特点，而且提高了学习的兴趣。

5. 开放性

所谓开放性是指以教学内容为依据，但不局限于教材，从知识、能力等多方面向外延伸或扩展，创设一些开放性问题情境，拓宽学生的视野和知识面，使学生掌握更多的知识和方法，进而提高学生的综合能力和素质。新教材就是本着这一原则，把不少物理实验设计成了开放性实验，教学效果大大提高。以"测量物质的密度"为例，旧教材中以测固体（金属螺母）的密度为例，通过记录数据的表格，为学生简要列出了实验的步骤，大致思路已经给定；新教材从实验器材的选择到实验步骤的设计及记录数据表格的设计采用了完全开放的方法,由学生自主设计完成。上课时,学生通过思考、讨论、改进、再交流等一系列过程,不仅完成了学习任务,而且在学习的过程中体验到探究的乐趣。

二、实验探究课的教学原则

1. 提出问题生活化

提出问题是探究活动的开始,没有问题就没有探究的可能。要从学科领域、日常生活、自然现象或教师设置问题情景中发现、提出学生们感兴趣的并与物理实验相关的问题。实验探索是围绕所探究的问题展开的,正是由于有了具体问题,探究过程才有明确的方向。一个好的问题应该与学生课堂学习的知识相联系,并能引导他们进行实验、收集证据和利用数据对实验现象做出解释,进而得出结论。在实际探究过程中,学生往往还会不断地发现新问题,这是探究的新起点,是培养学生提出问题能力的重要一环。教师对此应加以鼓励,并给予帮助,以强化学生的积极性,使不断提出问题变成学生的一种自觉的行为。

2. 猜想假设合理化

猜想与假设是探究过程中不可缺少,但往往又容易被学生忽视的一个环节。猜想与假设是指根据已有的实验经验和物理原理,对问题的解决方式和实验结果进行推理和预测。学生围绕产生问题可能的原因,利用已有的知识和经验进行猜想,提出假设,进行推理和预测。其重要性在于,首先能明确探究方向,避免探究的盲目性;其次能激发学生的学习兴趣,猜想与假设一旦得到实验的证实,学生的兴趣就会大大得到提高;再次猜想与假设能为以后的环节提供一个框架,为探究的继续进行奠定基础。

3. 设计实验多样化

设计实验与制定计划是实验探究顺利进行的前提保障。制定计划旨在了解实验所需器材和设备,清楚实验思路和方法,明确探究者收集证据的途径和方式，确定收集信息的范围和要求，知道怎样分析处理得出探究结论，以及如何对探究过程和结论进行反思、评估，解决"怎么做"的问题。设计实验是整个过程中关键的环节，而实验方案的制定是实验设计的核心部分。实验方案决定了实验的"框架"和"工艺"，因此实验方案的设计最能体现人的想象力等创造性思维能力。设计实验方案主要应做好以下几方面内容：一是了解实验对象和实验目的并对此进行分析，明确对象所隐藏的问题，形成初步设计设想，明确实验指导思想，考虑用什么方法、手段实现实验目的。二是正确运用实验原理。实验原理是整个探索过程中所依据的物理道理，分析原理时需要一定的"理想化"，需要略去一些次要因素或作一定的简化和抽象，但要把握好其程度。实验要在科学理论指导下进行，不能离开科学，盲目行事。三是巧妙利用实验技术，其中包括实验器材的巧妙利用和技术手段的灵活运用，这需要平时的积累。

4. 进行实验有序化

实验环节到了实际操作阶段，具体做法是，首先学生要根据实验方案准备实验器材、设备、材料等，对已有器材要熟悉使用方法并进行校准，根据要求和需要，学生可以自行研制实验器材。仪器准备好后进行安装和调试，只有调试好的器材才能进行实验操作。要注意并非所有器材的操作方法都是一成不变的，关键看其所起的作用。利用各种观察手段和测量方法，认真观察，如实记录实验数据。实验中收集到的证据和信息是进行分析的依据，因为科学是以实验证据为基础来解释客观世界的，所以除实验外还需用不同方法收集信息和数据，尽量保证收集的证据与实验事实相同，否则，可能会对探究结果产生影响，甚至会得出与科学结论相反的结论。

5. 分析论证求实化

取得实验数据和相关信息后，通过分析和论证能够使学生在描述、解释探究结果以及推理等方面的能力得到充分的训练和提高。实验中收集到的数据或证据本身不能说明和解释实验现象，学生需要在教师的指导下对其进行分析处理，通过分析和归纳，找出其中隐含和潜在的有用信息，得出规律性结论。论证是用理论知识对实验证据、现象和结论进行解释，对其产生的原因做出说明，得出最终结果。

6. 评估环节客观化

在实验过程中，探究者要对探究问题表述是否科学，提出猜想与假设是否被事实与证据所证实，设计方案是否有效，收集的证据是否真实，给出的结论是否正确等问题进行反思与评价，这就是评估过程。评估贯穿于探究活动的全过程。评估不仅能够优化探究方案，使探究活动少走弯路，提高实验的效率，而且还能提高学生的探究能力。教师必须强调实验结束后对实验结果进行评估的重要性，使学生养成对于所做工作进行评估的好习惯，也有利于严谨的、科学的研究方法、态度的形成。

7. 交流合作深入化

探究教学的最后是同学间表达探究过程和结论、交流经验和体会的阶段。学生应该向其他同学表述自己的研究成果，包括研究过程、方法和结果，与别的同学分享。要求学生尊重别人的探究成果，允许别人对自己的探究过程和成果提出不同的意见，并能认真思考别人的意见，改进自己的探究方案。学生之间的交流与合作，有利于学生对自己的行为进行反思，发现别人的优点，清楚自己的不足之处。要注意，交流与合作是伴随整个探究过程的。学生通过交流合作使书面表达和口头表达能力都得到了很好的锻炼，并形成良好的团队精神，有利于学生在现代社会生活和科学工作中较好地和他人或团体间交流合作。

三、实验探究课的课堂模式

1. 自学环节基础性

（1）学案编写

不论何种课型，在此环节的学法指导中，都要求学生通读教材，全面了解本节知识。其次，根据不同实验探究课的要求，自学环节的设计一般有以下 3 个方面：

①设计与本实验相关的知识复习。如在"用天平测量物体的质量"实验中，自学环节的设计为：复习托盘天平的使用方法（小组内口头交流）；

②设计与本实验相关的基础性知识。如在"探究影响滑动摩擦力大小的因素"实验中，自学环节的设计为：通过体验教材图 8－26 可知，什么是滑动摩擦力？

③设计实验探究过程中的个别环节。如"探究压力的作用效果"实验中，将［提出问题］、［体验］、［猜想与假设］三部分设计在自学中：

活动 10.2　探究压力作用的效果

【自学】

［提出问题］观察教材图 10－2，思考：小明在沼泽地中陷得比较深的原因可能是什么？

［体验］学生活动一：体验教材图 10－3（a），可以发现：

两手对气球两边压力的大小_____（填"相等"或"不相等"），但气球_____边形变明显，原因是：_____；用力越大，形变越明显，原因是：_____。

学生活动二：体验教材图 10－3（b），可以发现：

两手指对笔尖、笔尾压力的大小_____（填"相等"或"不相等"），但_____手指受压的感觉明显，原因是：_____；用力越大时，感觉越明显，原因是：_____。

[猜想与假设] 压力的作用的效果可能与哪些因素有关？有什么关系？

猜想 1：_____

猜想 2：_____

但要注意，自学环节的设计要在保证学生能够独立完成的前提下进行，时间控制在 5—10 分钟。

(2) 课堂学习

自学是课堂的开场戏，以学生自主学习为主，通过小组交流，检查自学情况，处理自学中存在的问题，一般不在班内交流，教师也不做过多的引导，突出学生主体地位。

2. 研学环节针对性

(1) 学案编写

此环节的编写一般分为两个板块进行，学生最多组内讨论两次，班内交流展示两次。而根据《课程标准》要求，实验探究涉及提出问题、猜想与假设、设计实验与制订计划、进行实验与收集证据、分析与论证、评估、交流与合作等要素。要在一节课的时间内，实现所有要素的培养是不现实的，因此《课程标准》提出，探究过程可涉及所有的要素，也可只涉及部分要素。科学探究的要素应灵活渗透在教材和教学课程内的各个方面。因此，在编写导学案时，就要把本节课想要涉及的重点培养要素设计在研学环节中。例如，在"测量物体的质量"的实验中，设计了[设计、进行实验]、[交流与讨论]两个板块，内容如下：

[设计、进行实验]

一、测量一枚大头针的质量

学法指导：以小组为单位，根据教材要求完成实验一，各组 C1 将实验数据展示在黑板上。

二、测量烧杯中水的质量

学法指导：以小组为单位，根据教材要求完成实验二，各组C2将实验数据展示在黑板上。

[交流与讨论]

学法指导：请独立思考以下四个问题，将个人的意见填写在学案上，然后小组内交流，A2、B1、B2做好发言准备，A1补充。

1. 观察各组实验一的方案和数据，为什么不能直接测量1枚大头针的质量？请用自己的语言解释。

2. 根据黑板展示情况，比较本组和某一组实验二的方案和数据有什么不同，并评价各实验方案的优点和不足。

3. 用天平测量固体和液体质量的方法有什么区别？

(2) 课堂学习

研学是课堂的重场戏，以小组合作探究的方式进行。此环节一般先由学生阅读教材和学案此部分内容，完成相应题目，做好实验前的准备工作，如设计实验，进行合理分工等。然后小组合作进行实验，同时做好数据记录，分析归纳实验结论。在学生实验的过程中，教师积极参与到各小组之中，关注学生动手操作过程，发现学生实验中的问题，做到心中有数，根据实际情况可及时指出，也可在示学环节学生交流时通过质疑追问提出来，引起学生思考。如在"用天平测物体的质量"一节中，安排组长进行合理分工之后开始进行实验，在此期间，我发现有一个组在测量铅笔芯的质量时借助了芯盒，测出了铅笔芯盒与铅笔芯的总质量，因此，在示学环节的交流时，让那个组的一名同学叙述他们的实验过程，通过班内交流让他们发现问题，同时也避免了其他同学犯类似错误。

3. 示学环节普遍性

(1) 学案编写

此环节属于学生展示交流的环节，要求学生人人上台展示，暴露教学中存在的普遍问题。它是围绕研学中的问题开展的,因此此部分一般只安排学生的展示情况,包括口头展示、黑板展示两种。对于简单问题,口头叙述学生能够明白的问题采用口头展示,而对于重难点知识,学生易错或不易讲清的内容安排黑板展示,对于实验中的数据记录及某些实验的现象或分析得出的结论也可以黑板展示。

(2) 课堂学习

示学是课堂的高潮戏,小组代表展示组内讨论结果,其他同学质疑、追问。根据安排,一般先指定学生回答问题,其他同学根据此同学回答的情况,可以补充其答案,也可以对他的答案提出疑问,以便进一步交流。如果学生没有疑问,教师也可以根据学生研学中出现的情况提出相应的问题,学生通过分析研讨,理解所学内容。在"用天平测物体的质量"一节中,展示的便是研学中[交流与讨论]部分的3个问题。通过对这3个问题的讨论,掌握测量微小物体和液体质量的方法。

4. 检学环节巩固性

(1) 学案编写

一般设计与本节知识相关的题目,检测学生对所学知识的掌握情况,帮助学生巩固所学知识。

(2) 课堂学习

检学是课堂的压轴戏,集巩固、拓展于一体。对于此环节的问题,教师可以要求学生在课堂上展示,也可以将导学案收起来课后批阅,总之,教师根据实际教学情况,结合教学时间,作灵活处理,达到了解学生的学习情况即可。如在"用天平测物体的质量"实验中,第一轮课因时间紧凑,检学是在课后处理的,而第二轮课检学题目更改后,是由学生在课堂上展示的。

研修反思

通过对实验探究课的研修发现,"四学一导"课堂模式使教育教学回归了自然、崇尚了人性,学习计划具有明显的个性,更加有利于学生学习潜能的激发,使学生的生活、学习充满了乐趣。

首先,学生的学习意识得到强化。

在探究性活动中,学生有了更多自主学习的空间,自己提出问题,自己猜想假设,自己设计方案,并从自主学习的过程中增强了学习的积极性和主动性。学生在整个实验过程中经历与科学家相似的探究过程,既达到了开拓思维、交流合作的目的,又使学生的知识和能力在实验中得到加强、训练,充分体现了科学探究的乐趣,领悟了科学的思想和精神。

其次,学生的知识结构得到优化。

"过程即是知识",过程是理解的基础,过程中渗透着科学研究的方法。"四学一导"课堂模式的目的是使学生在还没有抓住物理规律本质时,就会主动查阅资料,自己设计方案,增强迁移效果,优化了学生的知识结构。

第三,教师的思想观念发生变化。

在"四学一导"课堂模式的实践过程中,教师们对其在教学中的作用逐渐有了更为深刻的认识,对教育过程本身也有了全新的感受。使学生学会学习是走向社会和终身发展的基础,因此,教师是学生意义建构的帮助者和促进者,教师要将教育过程看作是把凝固文化激活的过程。在实践过程中,许多教师意识到经验型的教学已经不能适应新课程的要求。教师们还应成为自己教学行为的研究者,努力提高实验的教学能力,提高实验的分析评价能力,以及提高开发物理实验教学资源的能力。

(党 纳)

物理复习课教学方法探索

复习课，是教学的重要组成部分。它是依据记忆规律，通过特定的课堂教学活动对学生已经建构的知识进行巩固、深化、扩展的课型。

物理复习课的基本特点

1. 重复性。复习是学生对已学过知识的重复和再现，但它不是机械、简单的重复。

2. 综合性。复习课关注知识的前后联系，注重综合运用各部分知识解决生产生活中的实际问题。

3. 概括性。复习课注重对学生已学过知识的概括与总结，关注解决问题的思路与方法，注重解题规律的总结与解题策略的提升。

4. 系统性。复习课注重知识体系的构建与形成，关注体系内知识、技能、方法的完善、联系与贯通。

5. 大容量。复习课时间紧，任务大。复习课往往涉及较多的知识技能、思想方法、典型例题等，这些内容在教材中的跨度较大，从而使课堂内容增多。

6. 快节奏。由于待复习的内容较多，教师就必须抓住并有效利用每节课有限的时间，指导学生复习更多的内容。同时，教师需紧紧围绕复习课的教学目标、结合具体问题精讲重点、难点、疑点、总结方法与规律等。故复习课追求"低投入，高产出，快节奏，高效率"。

物理复习课的存在问题

1. 把教材视为"圣经"，照本宣科。复习时当然要以教材为主，抓住知识点，可不少教师照本宣科，把教材的内容又讲了一遍，结果把复习课上成单纯的知识回忆课，将复习变成了旧知识的重教。

2. 只注意罗列知识，不注重知识间的内在联系。复习课教学的基本原则应是"温故知新、提高能力"。"温故"是复习课的首要任务，但温故绝不是将所学内容重讲一遍，"温故"的目的是为了"知新"，即将旧知识进行归纳、概括，纳入新的知识框架，构建新的知识网络，将分散的知识系统化。

3. 抛开教科书，随心所欲陷入题海。大量的解题，所选例题指向不明，要达到的目标不清。有的复习课老师不顾学情，抛开课本，肆意拔高，大讲特讲，学生如雾里看花，无所适从；而有的老师以练代讲，让学生在题海中摸爬滚打，将复习课变成了单调乏味的知识训练课。

物理复习课的研修结论

每一位学生都有多项不同的智能，且不同的智能强弱各有不同，因此每个孩子都有发展的潜力和空间。有人说过，教育的艺术不在于传授知识，而在于激励、唤醒和鼓舞。所以学习不是由教师把知识简单地传递给学生，学生也不是简单被动地接受信息，而是主动地建构知识，根据自己的经验背景，对外部信息进行主动的选择、加工和处理，从而内化为自己的东西。这种建构是无法由他人替代的。而"四学一导"课堂模式正是提倡让学生做课堂的主人，培养学生自主获取知识的能力，这对学生以后的发展起着至关重要的作用。那如何让学生自主、高效地进行复习呢？通过课堂实践，对物理复习课总结了以下几点：

1. 目标要明。一是复习的内容要明确。二是目标的层次要明确。对复习的知识给出知道、理解、掌握、应用、会、比较熟练、熟练等不同层次的要求。三是复习要求要明确。对重点、难点、关键、疑点及易混淆处让学生高度重视，学有重点，思有目标。

2. 择例要精。择例时要做到"三性"。一是准确性：符合大纲和教材标高，谨防过深或过偏而加重学生过重的课业负担；二是典范性：体现重要知识点，具有"范例"作用；三是综合性：体现各类知识的横向联系，培养学生综合解题能力。

3. 方法要巧。教师指导复习时要做到两点：第一是定调。给出复习"导引单"（即导学案中的"学习目标、重、难点"），学生依"纲"复习，掌握基本的知识和技能。第二是给法。对复习方法给予具体指导。善于抓住重点组织复习（但方法需让学生通过做题、讨论自己总结出来，教师可适当补充）。

4. 训练要活。首先在训练的内容上要活。要选择内容新颖、规律隐藏、思路灵活的习题训练，创造新的思维意境。其次，在训练层次上要活。采取巩固训练、模仿训练、变式训练和综合训练等灵活方式。再次在训练形式上要活。加强"一题多变"的训练。

5. 矫正要快。对反馈中出现的错误信息，教师要及时加以矫正和补救，及时解除学生困惑，一般对个别问题采取分散指导、个别矫正的方式进行；对普遍性的问题采取集中会诊、集体订正的方式进行。

物理复习课的课堂模式

通过两年的课堂实践，"四学一导"模式确实锻炼了学生，他们不再是干巴巴等待喂哺的雏鸟，而是变成了敢说、敢做、敢争、敢论的课堂小主人，听不懂就问，不同意就辩，甚至为一个问题争得面红耳赤。而且通过讨论、展示和点评，学生的分析能力增强了，合作交流能力也有了很大的提高。不过，要想用"四学一导"模式上好物理复习课，我们还需要在各个环节多下功夫。下面针对"研学"和"示学"环节谈谈认识。

复习课的特点是容量大，具有重复性，那么在短短的四十分钟内复习完一章或一个专题的内容，就显得难度较大，所以研学环节的考点归纳就显得尤为重要。以《欧姆定律及其应用》的复习为例，此处汇集了电路连接、电流、电压、电阻和滑动变阻器的相关知识，还有欧姆定律的基本实验及公式，容量很大。所以我在自学环节设计了几个简单的习题，让学生在做题的同时把此处的知识顺便复习了（如果学生不懂电流、电压及电阻的基础知识，就无法做这些题）。到了研学环节，则提前把此处的知识归纳为公式应用、动态电路、实验探究和计算四种题型，学生就能有针对性地复习，也不会有"多、难、乱"的感觉了。但值得注意的是，学生的讨论不能仅限于题的对错，更要注重对方法的总结。所以我在研学环节给学生的学法指导是"独立完成习题，组内互相解疑并讨论每类题的解题方法"，这样学生以后碰到同类型的题，甚至稍有变动的题，就可以依照此方法去分析解决了。

示学环节，学生需要把小组讨论的结果口头或书面展示出来。书面展示相对顺利，组内成员只要真正进行了讨论，基本都能展示出来。而口头展示稍微有点分歧的问题时，学生常常就金口难开了。要么不说，要么就来来回回都是那几个同学在争辩讨论，其余同学都处于观战状态，展示面太小。如何解决这个问题呢？首先，要注意教师在活动中的引导作用。要做到善于发现学生创造性思维的火花，及时地给予培育，不能因学生问题太简单而嘲笑，也不能因问题太浅显而不给予支持。同样，对那些以学生的知识和能力还不能完全解决的问题要给以适当的疏导，使学生不因问题过难或过复杂而失去探究活动中的乐趣。其次，要时刻注意学生才是活动的主体，从展示、质疑、辩论到结论的形成都应主要由学生来完成。教师只起着引导者、促进者、参与者和评价者的的作用。但在整个活动的进行过程中又必须时时刻刻注意和关心学生的情况，及时把那些有点想法的学生拉进交流圈来，在最需要的时候给予帮助，信心动摇的时候给予支持、促进。成为他们中平等的一员，共同研讨，让他们树立信心，克服困难把学习进行到底。再次，教师的鼓励在课堂上也起着非常重要的作用。活动能否持续开展下去，保持学生的兴趣是成败的关键。学生的兴趣一是来源于活动的本身，二是来源于外界的评价。对任何一个活动，只要能开展起来，总能从中找到成功的有用的地方，抓住这些优点给予表扬和鼓励是重要的手段。对那些有创意的思维，教师要给以适当的奖励，使那些先知先觉者向更高的层次跃进；也给后进者树立了榜样，促进他们的比学赶超。

除此，上好物理复习课，做好两个切入点很重要。一是选取适当的物理情景，以"激疑导问"为切入点，培养课堂兴趣。二是联系生活和社会，以"学以致用"为切入点，在解决实际问题的过程中培养学生的探究能力。

总而言之，在复习课教学中，不同学生之间学习状况有着巨大的差异。怎样让复习成为每位学生的需要？怎样让不同学生在复习中得到不同的发展？只有面向学生，认真研究课堂，才能将物理复习课上得更深入更高效。

（雷晓敏）

化学

化学新授课方法研究

随着课改的深入，新课程标准的提出，提高全体学生的科学素养，突出学生在课堂中的主体地位已毋庸置疑。为了使每一个学生以愉悦的心情融入课堂，以积极主动的心态体验科学探究，以多种方式的有效结合来提高综合素养，我们全体化学课题组成员经过不断地上、听、评、研，初步摸索出了使用"四学一导"课堂模式上好新授课的方法。

研修步骤

研修步骤包括课前会议、一次导学案新授课、一次导学案研讨与修改、二次导学案新授课、二次导学案研讨与修改、三次导学案新授课、三次导学案讨论与修改、结题研讨。具体如下：

1. 在每个周日下午召开教研组会，在会议上就新授课在教学过程中应解决的问题及处理办法做讨论，相互补充。每位组员在开会之前必须认真研读新课标和中考说明，备同一节新授课的导学案，并对导学案在实施过程出现的问题、改进方法、原因依据表格填写完整，这样才能做到开会时心中有数,发言时抓住重点。详细明确地叙述自己的观点,对于有分歧的地方,再做讨论。

2. 每周全组听一节新授课的公开课。根据周日讨论的结果修改导学案,并在课堂中加以实施。一人讲解,其他组员对授课中教学过程、教师行为、学生行为、整体评价中发现的新问题加以记录,并简述自己对这类问题的处理办法和措施。在上完课后立即进行评课,对存在的优缺点进行讨论,各抒己见,商讨最佳解决办法,以便在下次授课时发扬优点,改正缺点。以此类推,进行三次,从而解决在新授课中暴露的大部分问题,并在今后的教学中实施和改进。

研修分析

新授课是以传授新知识、学习新方法为主要教学任务的课程。其目的是使学生学习新知识、掌握新方法。它是课堂教学中最常见的一种课型。一堂成功的新授课,应具备如下特点:

1. 新

何为新?一指学生所学知识新:是前面没有接触过的;二指学生学习方法新:没有固定的依据,各人会对同一知识采用不同的学习方法和思路,在学过之后再对方法和知识加以归纳,形成一类学习思路;三指教学模式新:教师要将课堂还给学生,使学生成为课堂的主人。

2. 活

何为活?一指教师教学方法要灵活,不能按部就班,任何课堂都用一种模式;二指学生学习方式要活,心、手、口都要动起来,也就是说要勤于思考、善于发言。

3. 实

何为实?一指教学过程要充实,设计问题要紧扣教材;二指教学目标要落实，当堂检学，检验教学效果。

研修成果

一、教师行为

1. 更新理念 突出学生

为了使学生能真的动起来，教师的教育教学观念一定要更新。一定要放手，一定要改变过去"教师讲，学生听；教师演，学生看"的老观点。在设计导学案时，应将教学中的重点及难点问题设计在研学中，多动脑，巧妙设计，引导设计，让学生在讨论中学习，在合作交流中学习，在不断反思中学习。并且要尽可能给学生多一点思考时间，多一点活动余地，多一点表现自己的机会，多一点体验成功的愉悦，使学生成为学习的主人。在示学时多鼓励，让学生勇于发表自己的意见，并对自己的意见进行辩解，让学生"动"起来，让课堂"活"起来，让学生逐步从"学会"到"会学"，最后达到"好学"的境界。这也是我们最终的目的。所以我们在研学和示学设计问题导入时要引发学习兴趣；研究讨论时保持学习兴趣；巩固练习时能提高学习兴趣。

2. 研读课标 把握方向

"四学一导"课堂模式实施的重要平台是导学案，因此在设计导学案之前，每个教师都应熟读新课标，认真研读中考说明，掌握在新课标中该课题的要求，以及在中考中该课题的考点有哪些，这样在设计导学案时才能够把握方向，精心设计。

3. 熟读教材 心中有数

为了教学过程充实而有效地开展，首先要求教师要合理地确定教学内容的广度和深度，明确教学的重点、难点和关键点，制定出合适的教学目标。其次是要合理地安排教学的顺序。第三是要把教学与学生的生活实际联系起来,讲清知识的"来龙去脉"。让学生学习中有亲切感、真实感,体现出知识的魅力,从而激发学生学习的热情。第四是关注教学中是否做到三个"延伸":一是由传授知识向传导方法的"延伸";二是由传授知识向渗透情感的"延伸";三是由传授知识向发展智能的"延伸"。切实落实三位一体的教学目标。最后要评价过程是否有效,关键一个因素是看教学目标是否实现,它可以通过课堂观察,学生的练习,检测的效果来评定。

4. 巧设问题　大胆创新

教学中的问题设计,要尽可能与学生的现实生活相联系,将它设置在学生的最近发展区上。教学方法要灵活,把教材用活,把学生教活。为了把学生教活,应积极鼓励学生敢于提出问题,鼓励学生用自己的方法学习。当学生在自学、研学时,老师要巡视,在巡视中发现问题,当学生展示时,引导学生解决存在问题,学生能解决的问题,不要急于讲解,而应让学生在争论中理解、提升,当出现歧义、讨论后也无法解决时,老师再适时做以引导、提示,这样学生对知识的理解就更深刻,掌握也更熟练。并且在教学过程中,除了重视学生的思维训练,我们也要关注学生参与的不同层面,即学生是在行为参与,或是情感参与,还是高层次的认知参与。我们在教学活动中要让学生自始至终参与到知识的生成过程中来,坚持学生主体意识,让学生生动活泼、主动地发展。最后,教学过程要充实,教学目标要落实。

5. 预测问题　分解难度

"四学一导"课堂模式虽然主导思想是发挥学生的积极主动性,但并不意味着教师就轻松了,相反教师课前的工作量更大了。教师应在新课标和中考说明的指导下,认真研读教材,对课堂中有可能出现的问题进行预测,对学生难以理解的内容进行分解。这样教师在课堂上才会游刃有余地驾驭课堂,才能让学生的积极主动性充分发挥,体现教师的引导作用。

6. 了解学生　合理分组

结合学生实际学习情况及发言积极情况，将学生合理分组，每一组都既有思维能力强的，又有基础差的，从而使学生在讨论时有良好的氛围，有带动性。而不能将优等生分在一起，学困生分在一起，否则就会造成在实验探究、合作学习时，有的小组成员间不具备合作的心理倾向及基础，无法进行有效的互动交流。有些小组的合作学习则成了学优生发挥自己潜能、表现自己才能的舞台，相对而言学困生则往往被忽视，无形中失去了思考、发言、表现的机会。因此，好的小组组合是利用"四学一导"课堂模式上好新授课的前提和保障。

7. 注重引导　挖掘潜能

学生是学习的主体，在民主、开放的教育环境中，学生所焕发的潜能和展现的差异，令人吃惊。在不同的班级，不同的课题中有可能出现不同的问题，这就要求在较短的课堂时间内给予学生较为充裕的活动时间，包括动手操作与相互交流、相互启发、探索创新的时间。而且教师要多次进行课堂内备课，及时发现问题，并寻求引导学生的最佳办法，而不是无所事事。这样学生就不会把教师单纯地看成严厉的监督者，而会在出现异常现象时与老师进行交流、讨论。学生能在和谐的气氛中，共同探索、相互学习，逐步培养出探索精神和创新意识。这样的课堂，也转变了教师的角色，充分发挥了教师的引导作用，教师不再是一味地讲解，而学生也不再是学习的机器而是学习的主人。学生付出成功的有兴趣的脑力劳动，同时收到发展能力的结果。因此我们要以课题研究为契机，探索科学的学习指导模式，全面提高教学水平和教学效率，进一步推动教育教学改革。

8. 认真反思　及时改进

虽然课堂是关键，但课后的反思也是不可缺少的。只有针对上课存在的问题认真反思，及时寻求更好的方式和方法去改进，师生才会共同进步。只有通过课堂，才会暴露不足，只有通过反思，才有可能在下次的课堂上弥补当前的不足。如在《酸碱中和反应》的教学中，在第一节课中，教师发现有些小组用的烧杯过大，导致既浪费药品又浪费时间，还观察不出现象。学生看着别的小组做出现象，得出结论时既羡慕又无奈。于是教师在第二节课时更换了烧杯，效果果然不同。这正得益于课上的仔细观察和课下的及时反思。

二、学生行为

1. 自学——熟读教材　完成自学

"新授课"由于知识内容是"新"的，因此在学习之前应留时间让学生熟读课本，初步了解课本内容，独立完成导学案自学部分。通过阅读，学生能自己掌握知识时，才会有获得新知识的喜悦。并且要留足时间，这样学生才能认真研读教材，吃透教材，做导学案时才会得心应手。因此，建议在上课前就将导学案发下，使学生能利用自习或课余时间就认真研读教材，完整自学部分。

2. 研学——重视实验　乐于实践

化学是一门以实验为基础的学科，我国《基础教育课程改革纲要（试行）》明确指出："改变课程实施中强调接受学习、死记硬背、机械训练的现象，倡导学生主动参与，乐于探究，勤于动手，培养学生收集和处理信息的能力，获取新知识的能力、分析和解决问题的能力以及交流与合作的能力。"因此，在设计研学时，不能一味地设计讨论题，而要注重学生动手操作实验的能力和进行科学探究的精神，对于课本要求做的实验，在条件允许的情况下一定要设计学生实验，在条件不允许的情况下也要利用替代品来做演示实验。使学生在研学过程中有浓厚的探究欲，培养学生乐于实践、善于合作、勇于创新的品质。在研学之前，教师应明确指出研学的目的及研学后展示的要求，使学生目标明确，带着问题去探究、实验。在研学时能够互相合作、互相学习，这样有利于形成积极的课堂氛围，有利于各类信息的沟通，有利于学生间的互帮互学、相互启发，有利于学生思维的发展。并且在学生研学时，教师必须来回巡视，发现问题时及时记录，必要时进行指导、提示。当学生展示时，如果没有注意到实验中存在问题时，教师可以质疑、引导，让学生将问题理解得更透彻。

3. 示学——积极展示　鼓励为主

在展示学习时主要发挥学生的语言组织能力和逻辑思维能力，这也与学生的自信心有关，因此，对于不同层次的学生都要设计给予展示的机会，增强学生的学习兴趣和求知欲。可以通过鼓励、奖励、表扬的形式使学生积极主动地参与进来，而不是忽视这一环节。特别是对于学困生的展示，当展示正确时，一定要及时表扬和鼓励，使他们提高自信心；当展示错误时，也要及时引导、提示，多给机会，不要歧视。这样，才能有效地发挥展示的功能，而不会使示学成为只有优等生展示的舞台。只有学生想展示自己时，才能积极地参与到小组的讨论中去，也才能在上课前认真阅读教材，做好自学案。让学习成为学生生活中的一部分，而不是成为他的负担，上课时学生就不会无所事事，逃避讨论探究。

4. 检学——学以致用　形成技能

学是为了用，"四学一导"课堂模式的最终目的，是为了实现新课程目标，在知识与技能方面，使学生形成一些最基本的化学概念，初步认识物质的微观构成，了解化学的基本特征，了解化学、技术、社会、环境的相互关系，并能分析有关的简单问题；初步形成基本的化学实验技能，初步学会设计实验方案，并能完成一些简单的化学实验。在过程与方法方面，使学生认识科学探究的意义和基本过程，能进行简单的探究活动，增进对科学探究的体验。使学生能用变化和联系的观点分析常见化学现象，说明并解释一些简单的化学问题，能主动与他人交流和讨论，清楚地表达自己的观点，逐步形成良好的学习习惯和学习方法。在情感方面，能初步建立科学的物质观，感受并赞赏化学对改善人类生活和促进社会发展的积极作用，关注与化学有关的社会热点问题，初步养成勤于思考、敢于质疑、严谨求实、乐于实践、善于合作、勇于创新等品质，增强热爱祖国的情感，树立为中华民族复兴和社会进步学习化学的志向。因此，除了在自学、研学、示学外，检学也是非常重要的。在检学案的设计中，不是简单的习题拼凑，而应与本课题的目标相结合，与生活实际相结合，与学生的学习层次相结合，将检学题分层次、分类型进行设计，既有对知识与能力的考察，又有对过程与方法的测试，还有对情感态度价值观的培养。如在进行新授课《酸和碱的中和反应》的检学设计时，在课内完成的检学中设计了中和反应的判断和应用，而在课外则设计了中和反应与生活实际的联系、中和反应的实质，以及中考中在中和反应这一节考到的题型及知识点，使学生通过检学，全面检测对本课题的掌握情况。也方便教师对不同层次的学生做评价以及有针对性地查漏补缺。

研修反思

1. 时间不充足

由于是新知识，学生在研学时花费的时间较多，建议学生在做完自学部分后利用课余时间浏览研学案，做到研学前心中有数。

2. 管理不全面

由于是小组讨论学习，难免教师会顾此失彼，建议充分发挥小组长的管理才能，使导学案及学习过程能够人人有事做，事事有人管。

3. 引导不精练

由于刚开始,教师需要转变思想,总是不放心学生。建议放手,让学生自由发挥,充分调动学生的积极主动性,只有当学生解决不了时,再适时引导。

(姚雅玲)

附 录

附录一

《平面镜》导学案

设计者:党纳

【学习目标】

1. 知识与能力

①掌握平面镜成像的特点;

②了解实验探究的基本步骤;

③知道实像与虚像的区别。

2. 过程与方法

通过实验,探究平面镜成像时像与物的关系。

3. 情感态度与价值观

通过实验探究,培养学生合作学习及动手操作的能力。

【重点难点】

重点:掌握平面镜成像的特点。

难点:学生通过合作探究,得出平面镜成像的特点。

【学习方法】

根据学案要求,利用自学、讨论与交流、合作探究等方法完成实验过程。

【教具准备】

平面镜、玻璃板、方格纸、平面镜成像组合器材。

【自学】

［观察与思考］

观察教材图3-33，提出问题并做出合理猜想。

［提出问题］

今天，老师为大家带来了一面镜子，请大家观察平面镜中自己的像并思考：平面镜成像时，像与物有什么关系呢？

［猜想与假设］

1. 像的位置在平面镜的_____（上/前/后）。

2. 像和物大小_____（相等/不相等）。

3. 像到平面镜的距离与物到平面镜的距离_____（相等/不相等）。

【研学】

［设计实验］

结合教材图3-34，思考：

1. 怎样比较像与物的大小？

2. 怎样比较像与物到平面镜的距离？

3. 如何判断平面镜成像的虚实？

△学法指导：先用1分钟时间阅读教材此部分内容2遍，再分别读以下实验要求，然后按要求自主探究，完成实验。各组C层将记录的数据写在黑板上，B层分析数据得出结论，A层纠错。

[实验与记录]

实验一：像与物的大小关系（第一、四、七组完成）

参考教材图 3－34 组装器材，使物体 B 与 A 的像重合，比较两者的大小，做好记录。

实验次数	A 的像与物体 B 的大小关系
1	
2	
3	

结论一：像和物的大小_____。

实验二：像与物到平面镜的距离关系（第二、五、八组完成）

参考教材图 3－34 组装器材，使物体 B 与 A 的像重合，用铅笔画出平面镜以及棋子 A 和棋子 B 的位置，并画出两棋子到镜面的距离，用刻度尺分别测量，做好数据记录。

实验次数	物到平面镜的距离（格）	像到平面镜的距离（格）
1		
2		
3		

结论二：像和物到平面镜的距离_____。

实验三：平面镜成像的虚实（第三、六、九组完成）

参考教材图 3－34 组装器材，将一张白卡片放在物体 A 像的位置，不经过玻璃板，直接观察纸片上是否有 A 的像，做好记录。

实验次数	白卡片上有没有物体 A 的像
1	
2	
3	

结论三：平面镜所成的像是_____像。

△学法指导：各组 B 层分析数据得出结论，A 层纠错。

[交流与小结]

1. 通过上述探究，我们可以得到：

（1）平面镜所成的像是_____；

（2）像和物的大小_____；

（3）像和物到平面镜的距离_____；

（4）像和物相对于镜面_____。

2. 在实验的过程中，应该注意哪些问题，请提出来与大家共享。

【示学】

1. 在实验过程中，各组 C 层将记录的数据写在黑板上，B 层分析数据得出结论，A 层纠错。

2. 在各组分析的过程中，其他同学注意倾听，提出疑问，共同探究。

【检学】

在"研究平面镜成像特点"时，某同学利用一块玻璃代替平面镜，将其竖直架在一把直尺的上面，再取两支等长的蜡烛 A 和 B，分别竖放在玻璃板前后的直尺上，点燃玻璃板前的蜡烛 A，移动玻璃板后的蜡烛 B，当蜡烛 B 移到蜡烛 A 在玻璃板里的像的位置时，蜡烛 B 好像也被点燃了。

思考：

(1) 实验中，用玻璃板代替平面镜的目的是_____。

(2) 由直尺分别读出玻璃板到物（蜡烛 A）以及玻璃板到像（蜡烛 B）的距离 U 和 V，得到的结果是 V_____U。（填 ">"、"="或 "<"）

(3) 移走蜡烛 B，并在其所在位置放一光屏，这时观察者直接观察光屏，看不到蜡烛 A 的像，由此可知平面镜所成的像是_____。

(4) 将蜡烛 A 逐渐远离玻璃板时，它的像大小_____。

小结：请从知识和课堂表现两个方面对本节课做总结。

课题组点评：

党纳是我们第一批实验班物理教师，是学校实行新课堂模式后推出的一个省级教学能手，本学期因为业务能力强，热心教学研究被提拔为教务副主任。

一般情况，我们要求自学部分要引导学生互读教材，但党纳认为本节教材如果让学生一开始就通读教材，将使第一部分失去神秘感，不利于培养学生假设、猜想的能力，也会影响学习兴趣。看来万事都不能一刀切，高度整齐必将缺少生机，这一点本节设计就是证明。研学部分，她依据课堂实际做了详细的引导，结论得出也是学生通过实验总结的。教学题目设计也很有思维含量。最后小结，既要求了小结知识，也要求了小结课堂表现，做到了二者兼顾。

附录二

《Unit6 I'm more outgoing than my sister. SectionB 3a》课堂实录

授课人：马倩丽

师：这节课我们学习 unit 6 sectionB 3a，首先让我们按照自学案中提示的方法来完成自学部分内容。

【自学环节】

（学生认真自学，老师巡视，自学 3 分钟，一对一对照自学结果）

师：对照完成之后，让小组长检查，如果你的答案准确无误，请开始背诵。

（小组长检查组员的自学情况，并指出问题，学生纠错，纠错后认真地大声背诵，老师巡视，2 分钟后学生开始给组长背诵）

师：Stop here! 我们每个小组都背诵得特别认真，那么，哪个小组愿意给大家展示一下你们组的背诵情况呢？愿意展示的请站起来！

（学生纷纷站起）

师：非常好！这个小组的同学最先站起来，那么，请他们组先来展示。

（奋进组展示，组长提问，组员整齐得回答）（鼓掌）

师：在刚才这一组的展示中，有一个单词的发音不准确，哪位同学听出来了，帮他们纠正一下。

生1："对立的"这个单词他们组读错了，应该这样读［ˈɔpəzit］，大家有没有不同意见？

众生：没有。

师：请你给大家领读一下。

生1领读：［ˈɔpəzit］．

众生（齐跟读）：［ˈɔpəzit］．

师：Very good! 还有哪一组同学愿意展示呢？

（翱翔组与勇智组争先恐后地站起来展示）

（翱翔组与勇智组同时展示）（鼓掌）

师：请大家以小组为单位听写单词。Write them on a piece of paper.

（学生以小组为单位认真听写）

师：听写完之后，小组长批阅。

（小组长批阅，组员纠正自己的错误）

师：全对的同学请举手！

（95%的同学举起手来）

【研学环节】

师：下面进入研学部分，请同学们按照研学案中提示的方法来完成第一、二题。

（学生独立地认真地完成，教师巡视，发现问题，及时纠正）

师：独立完成之后，两人一组对学，对学无法解决的问题，在组内讨论解决。

（学生以小组为单位展开激烈讨论，教师深入组内，了解情况）

师：请大家口头展示研学部分的第一题，说出描写人的性格特征的单词。

生2：我们组讨论出第一篇短文中有3个描写人性格特征的单词：

quieter、smarter、athletic. 第二篇中描写人性格特征的单词有 4 个：taller、outgoing、athletic、quoter. 第三篇中 1 个 outgoing. 大家有没有不同意见？

生 3：我来补充一下。最后一篇短文中应该有两个描写人性格特征的单词，一个是 outgoing，另外一个是 funny，还有一个问题，"athletic"这个单词你读错了。大家有没有不同意见？

众生（齐）：没有。

师：请同学们展示研学部分的第二题，通读 3a 短文，回答下列问题。

生 4：Who likes to have friends who are like him? 谁喜欢拥有和他一样的朋友？James Green. 大家有没有不同意见？

众生：没有。

生 4：Who is more athletic, Luan Li or James? 谁更强健，袁丽还是詹姆斯？Luan Li. 大家有没有不同意见？

众生：没有。

生 4：Who likes to have friends who are different from him? 谁喜欢拥有和他不同的朋友？Huang Lei. 大家有没有不同意见？

众生：没有。

生 4：Does Larry always beat Huang Lei in tennis? Larry 总是在网球赛中打败黄磊吗？Yes, he does. 大家有没有不同意见？

众生：没有。

生 4：Does Mary think differences are important in a friendship? No, she doesn't. 大家有没有不同意见？

生 5：我觉得他有个单词读错了，"不同的"应该是 [ˈdɪfərənsɪz]。（鼓掌）

师：这个单词比较难读，谁给大家领读一下这个单词。

生5领读单词："不同的"[ˈdɪfərənsɪz].

众生跟读：[ˈdɪfərənsɪz].

师：下面我们来通过"多元智能知识点击"这一部分来了解本节课的知识点。

（学生先独立完成，然后结对讨论，把对学无法解决的问题在组内讨论，讨论完成后每组的B1和B2学生在小黑板上展示本组的讨论结果，其余学生继续讨论）

（学生积极讨论，认真展示……教师巡视，深入小组，了解情况，适时引导、点拨）

师：下面请生6同学开始点评。

生6：我来点评第一题。I don't understand what you said. understand的意思是"理解，明白"，这句话的意思是，我不明白你所说的。大家有没有不同意见？

众生：没有。

师：哪位同学能给大家讲得更详细一些？

生7：我来补充一下第一道题的点评。We asked some people what they think and this is what they said. 我们询问了一些人对这一问题的想法，这是他们的说法。这是一个复合句。what they think 在句中作宾语，是一个宾语从句；what they said 在句子作表语，是一个表语从句。what引导的宾语从句有时并不表示疑问，而表示"所……的"。Understand意思是"理解，明白"，所以 I don't understand what you said. 意思是"我不明白你所说的"。大家有没有不同意见？

众生：没有。（鼓掌）

生7：我继续来讲解第二题。I like to have friends who are like me. 我喜欢拥有像我一样的朋友。who are like me 是一个宾语从句，在句中作 friends 的定语，引导词 who 在从句中作主语，也可换成 that. 句中有两个 like，第一个为动词，意为"喜欢"；第二个为介词，意为"像，跟……一样"。I like to have friends who are different from me. 句中的 be different from 意思为"与……不同……"，所以此句的意思是：我喜欢拥有和我不同的朋友。（鼓掌）

师：请同学们在讲解时尽量详细一些。

生8：我们组展示的是三、四题，我先来讲解第三题。It's not necessary to be the same. 根本没必要很相像。本句的基本结构是：It's not＋adj.＋to do sth 表示"做某事是不…的"，其中 it 是形式主语，而真正的主语是后面的不定式。"吃垃圾食品是不健康的"这句话根据以上结构可以译为：It's not healthy to eat junk food. 大家有没有不同意见？

众生：没有。

生8：我继续来讲解第四题。I'm quieter than most of the kids in my class and my best friend Yuan Li is quiet, too. 我比班上大多数的同学文静，我最好的朋友袁丽也很文静。most of 大多数加单数名词，接单数谓语动词，most of 加复数名词，接复数谓语动词。In my school most of the teachers ＿＿are＿＿ women. "teachers"是单数名词，接单数谓语动词，因此应填 are. Most of the apple ＿＿is＿＿ red. "apple"是单数名词，接单数谓语动词，因此应填 is. 大家有没有不同意见？

生9：我们组有不同意见。In my school most of the teachers are women teachers. 这句中，teachers 是复数名词，因此谓语动词用 are. 大家有没有不同意见？

众生：没有。

师：请大家在讲解时，尽量不要出现口误。在刚才的第三小题中，吃垃圾食品是不健康的，这句话还有另外一种说法，哪位同学知道？

生10："吃垃圾食品是不健康的"，这句话还有一种说法是：It's unhealthy to eat junk food. 因为 unhealthy 的意思是"不健康的"。大家有没有不同意见?

众生:没有。

师:请每组 C1、C2 同学检查并纠正本组同学在小黑板上展示的答案。其余同学检查自己的答案并纠错,然后开始背诵知识点,背过的同学给小组长背诵。

(学生认真检查并纠错,然后大声背诵,5 分钟后停止)

【检学环节】

师:请同学们完成检学部分内容。

师:请同学们先独立完成题目,把不懂的问题在组内讨论,组内无法解决的问题由组长提出,向其他小组寻求帮助。

(学生独立认真地完成,3 分钟后开始进入讨论)

师:Stop here! 哪一组在讨论的过程中有问题,请组长提出。

生 11:我们组在讨论时第一题不太理解,请其他组给予帮助。

生 12:我来解答这个问题,Can you find out the <u>differences</u> between the twins? 此句翻译为:你能找出双胞胎中的不同之处吗?此处的不同应该用名词 difference. 找出不同之处,应该用它的复数形式 differences. 大家有没有不同意见?

众生:没有。

生 13:我们组在讨论的过程中对第二小题不太理解,请其他组帮我们讲解。

生 14:Tom speaks Chinese better than Jimmy. 句意是:Tom 比 Jimmy 的汉语讲得好。应该选的词是 well,又因为 than 是比较级的标志,than 前面的形容词或副词应该用比较级,因此用 well 的比较级 better. 大家有没有不同意见?

众生:没有。

生 15:我们组在讨论时,对第三小题不太明白,请求其他组给予帮助。

生16：我来讲解第三小题。I think science is more important than Japanese.

这句话的意思是"我认为科学比日语更重要"，根据句意应选important，又因为than是比较级的标志，所以用important的比较级more important。大家有没有不同意见？

众生：没有。

师：请问哪个小组还有问题？

众生：没有。

师：没有问题的话，请纠正自己的错误。

（学生纠错）

师：纠正完了吗？

众生：完了。

师：请班长对节课大家的表现作总结。

班长：这节课大家都非常认真，相信大家也学到了许多知识，这节课的优秀小组为博雅组和勇智组，请大家以热烈的掌声祝贺这两个小组。（掌声）同时，请翱翔组在今后的展示中，字迹再工整一些。

师：请同学们在课后完成"Homework"中给出的作业。Class is over!

生：Goodbye teacher!

师：Goodbye students!

课题组点评：

马倩丽是我们第一批实验的班主任和英语教师，性格温柔、气质优雅，深受学生爱戴，热心教学改革，能娴熟驾驭新课堂模式。

整节课基本全是学生的活动，自学、对照、背诵、检查、展示、评价，学生几乎全员参与，积极地听、说、读、写，忙得不亦乐乎！教师只是在组织指导学习活动，引导追问，点评纠正、轻松、坦然、自如。

师生、生生关系和谐、亲切、自然、得体，开诚布公、诚恳指点、欣然接受，课堂生态民主、文明、融洽。

对于这节课来说，教师彻底退到学生学习的背后，也许是恰当的，但要防止过于淡化教师的作用，教师应该是学习的首席，学生自主学习永远不可能完全代替教师的作用。

附录三

"四学一导"课堂模式下学生学习情况调查报告

调查的背景及目的

陕西省大荔县实验初中从 2011 年 9 月开始实行"四学一导"课堂模式。从一开始在基础年级试行、摸索经验,到 2012 年 9 月起推广至全校实施;从单一的"四学一导"课堂模式研究到在"四学一导"课堂模式下各学科的课型研究。两年来全体实验人坚持不懈、攻坚克难取得了一项又一项丰硕的成果。教师的观念发生很大转变,学生也摒弃了以往传统教学中被动学习的状况。他们以小组为学习单位将自主学习、探究学习、合作学习三种现代学习方式完美结合,全面落实三维课堂目标。截至 2013 年 7 月已形成"四学一导"课堂模式研究结题报告。通过省级验收顺利结题。本次调查的目的主要了解学生在新课堂模式实施以来的学习情况,以便更好地改进和完善推进工作。

调查的内容

（一）"四学一导"课堂模式下学生学习情况。

（二）调查方式：问卷调查。

（三）调查范围：我校七、八年级全体学生（1167人）。

（四）调查结果统计：

1. 你对"四学一导"课堂模式了解吗？

选择"很熟悉"有658人，占56.3%；选择"知道"有494人，占42%；选择"不清楚"有15人，占1.7%。

2. 你认为新的课堂模式和传统模式哪一个学习效果好？

选择"传统模式"有170人，占14.6%；选择"新的模式"有692人，占59.2%；选择两者都行有305人，占26.2%。

3. 你的预习任务一般都是怎样完成的？

选择"按老师的预习提纲，独自调查资料，认真思考后完成"有525人，占45%；选择"与同学一起合作学习"有521人，占44.6%；选择"一般不预习"有121人，占10.4%。

4. 在合作交流与展示环节你愿意主动参与并踊跃展示吗？

选择"这是一次机会我愿意参与合作并踊跃展示"有749人，占64.2%；选择"我服从组长的安排"有262人，占22.4%；选择"我比较内向、不喜欢发言"有156人，占13.4%。

5. 当你在合作交流环节与展示环节出现与其他同学的答案不一样你会：

选择"认真思考进行比较，斟酌后争取得出最确切的答案"有1060人，占90.8%；选择"坚持己见，不听别人的劝说"有46人，占3.9%；选择"听别人的，按别的同学说的改过来"有61人，占5.3%。

6. 你认为"四学一导"课堂模式后你的成绩有提高吗?

选择"进步很大"有329人,占28.2%;选择"和原来一样"有585人,占50.1%;选择"有进步"有153人,占13.1%;选择"有退步"有100人,占8.6%。

7. 你认为小组合作讨论的效果如何?

选择"对问题掌握很清楚"有853人,占73.1%;选择"纯属浪费时间"有89人,占7.6%;选择"每次都是那几个人讨论没有全员参与"有225人,占19.3%。

8. 你对老师现在的授课方式认可吗?

选择"还可以"有971人,占83.2%;选择"好难受,习惯不了"有96人,占8.2%;选择"无所谓对我来说都是一样的"有100人,占8.6%。

9. 你喜欢哪种类型的老师?(可多选)

选择"民主型"有85人,占7.3%;选择"严格型"有63人,占5.5%;选择"宽松型(朋友型)"有355人,占30.8%;选择"知识渊博型"有77人,占6.7%;选择"幽默型"有927人,占95.1%。

10. 你班自从实施"四学一导"课堂模式后课堂教学有什么变化?

选择"变得很精彩很喜欢"有864人,占74%;选择"没有变化还是老样子"有91人,占7.8%;选择"有变化但我不喜欢"有212人,占18.2%。

11. 你认为新课堂模式下教师是否真正放手让学生自主学习?

选择"彻底放手"有416人,占35.7%;选择"部分放手"有706人,占60.5%;选择"不放手教师仍独霸课堂"有45人,占3.8%。

12. 当学生在展示中出现错误时教师会怎么处理?

选择"自己说出来"有115人,占9.9%;选择"鼓励学生发现问题"有1028人,占88.9%;选择"不闻不问视而不见"有24人,占2.2%。

13. 你认为每个小组几个人比较合适？

选择"2—4人"有115人，占9.9%；选择"4—6"人有705人，占60.4%；选择"6—8"人有309人，占26.5%；选择"8人以上"有38人，占3.2%。

14. 当小组进入合作学习阶段你希望老师做什么？

选择"组间巡视了解学情"有976人，占83.6%；选择"维持好纪律"有135人，占11.6%；选择"只待在讨论最热烈的组"有11人，占0.9%。选择"其他"有45人，占3.9%。

15. 你认为小组合作学习：

选择"非常必要"有996人，占85.3%；选择"可有可无"有155人，占13.3%；选择"没有必要"有16人，占1.4%。

16. 当小组合作学习时你的参与情况是：

选择"积极参与"有935人，占80.1%；选择"偶尔参与"有220人，占18.9%；选择"从不参与"有12人，占1%。

17. 当小组学习出现解决不了的问题时你希望：

选择"老师直接讲解"有225人，占19.3%；选择"请教其他小组同学"有929人，占79.6%；选择"放弃"有13人，占1.1%。

18. 你喜欢小组之间的竞争吗？

选择"很喜欢"有876人，占75.1%；选择"不喜欢"有193人，占16.5%；选择"无所谓"有98人，占8.4%。

19. 在小组合作学习中你觉得不满意的是：

选择"合作只是形式"有387人，占33.2%；选择"无论什么课都采用"有265人，占22.7%；选择"汇报形式单一"有515人，占44.1%。

20. 你们班课堂上黑板利用率怎样？

选择"很高"有833人，占71.2%；选择"不高"有279人，占

24%；选择"几乎不用"有 55 人，占 4.8%。

21. 你认为合作学习使你哪方面的能力得到提高？

选择"口头表达能力"有 486 人，占 41.6%；选择"查找资料能力"有 154 人，占 13.2%；选择"团队合作能力"有 499 人，占 42.8%；选择"写作能力"有 28 人，占 2.4%。

22. 在展示中谁展示的机会多？

选择"A 层同学"有 274 人，占 23.5%；选择"B 层同学"有 470 人，占 40.3%；选择"C 层同学"有 423 人，占 36.2%。

23. 小组合作学习中教师对学生有分工吗？

选择"有分工"有 713 人，占 61.2%；选择"偶尔有"341 人，占 28.9%；选择"从来没有"有 113 人，占 9.9%。

24. 你认为教师对学生的评价

选择"很有必要"有 983 人，占 84.2%；选择"可有可无"有 147 人，占 12.6%；选择"没有必要"有 37 人，占 3.2%。

调查情况分析及对策

1. 经过两年坚持不懈的推广使用，大部分学生对"四学一导"课堂模式很熟悉（56.3%）并且认为新课堂模式学习效果好（59.2%）。而选择知道"四学一导"有 494 人占 42%这说明新的课堂模式已被广大学生接受，但还需在今后的学习过程中坚持使用让学生真正了解"四学一导"课堂模式的内涵，尽快熟悉该模式，才能真正提高课堂效率。

2. 学生对"小组合作学习"这种学习方式比较认同（认为小组合作学习"非常必要"占 85.3%，比去年的 80.2%。有所提高），在小组合作学习中能找到乐趣，并取得较好的学习效果，对学生的"口头表达能力"（41.6%）和"团队合作能力"（42.8%）都有较大提高，有 73.1%

的学生认为小组合作讨论问题可以"对问题掌握的很清楚"。

3. 在小组合作学习中，大部分教师能对学生进行明确分工（61.2%），但仍有约9.9%的教师在小组合作中学习没有对学生明确分工，导致这些学生在学习中指向不明，没有目的性，教师应该明确小组建设的原则，除了"组间同质，组内异质"外，还有"人人有事做，事事有人做，人人能做事，事事能做好"。这就要求教师在小组合作学习中，要对学生进行明确分工，有效的组织，才能真正培养学生合作学习的能力。

4. 有一部分教师在合作学习的过程中能完全放手（35.7%），让学生自主学习，但仍有相当一部分教师（60.5%）不能完全放手，甚至有的教师（3.8%）独霸课堂。这都与"四学一导"课堂模式相悖，不能培养学生自主学习的能力，这一部分教师要尽快转变观念把课堂还给学生，激发学生自主学习的潜能。

5. 新的课堂模式中，小组学习既有合作又有竞争，对待这对矛盾的辩证看法，学生的答案更趋于理性，很喜欢小组之间竞争的学生占到了75.1%，高于去年的62.1%。这说明大部分学生已经习惯了这种竞争，并认为它很重要。只有正确认识到这一点，小组学习的各个环节才能落到实处。课堂的原生态和鲜活性才能真正体现出来，课堂才能成为学生的主阵地。

6. 各小组进入合作学习阶段时，教师最应该做的工作就是组间巡视，了解学情（83.6%）。针对出现的问题及时帮助引导。需要注意的是，教师一定要了解到每个小组的学习情况，并要有针对性的帮助辅导，而不应只待在讨论的最激烈的组，这样才能体现教育的公平性和教师的主导地位。

7. 在小组合作学习中，学生觉得不满意的情况是：合作只是形式（33.2%），比去年（37%）有所下降；汇报形式单一（44.1%）比去年

(22.5%)翻了一番。这就要求我们教师在课堂中认真落实好合作学习这个环节,不能走过场,真正放手让学生自主、合作、探究学习。要在成果汇报展示时尽量多元化,不同的课程内容灵活选用展示方式,同时要兼顾不同层次的学生,让每个学生都要展示出闪光的一面,激发学生的学习兴趣。

8. 通过调查我们发现,在进行合作性学习时,小组人数以 6 人为宜。人少不利于很好地开展讨论和交流,不易碰撞出智慧的火花,而人多难以保证有充足的时间人人参与,会使有些学生产生依赖心理,懒于思考,人多不利于交流和展示,影响合作学习的有效实施。

9. 当学生在展示中出现错误时,教师会鼓励学生发现并纠正问题(88.9%),这种做法符合"四学一导"课堂模式的要求。也激发了学生学习的兴趣,培养了学生自主学习的能力,也是课堂最容易出彩的地方。但有一部分教师(9.9%)在遇到类似问题时,因担心学生不会,影响教学进度,会自己讲出来或干脆直接跳过该问题,这都是不可取的,不但使课堂失去活力和色彩,而且扼杀了学生自主学习的能力和展示自我的机会。

10. 在新的课堂模式中,教师要对学生适时地进行评价,这是很有必要的(84.2%),但同时提倡学生评价教师。教师要充分利用评价推进课堂,让学生评价学生、学生评价小组、小组评价小组、小组评价个人常态化,构建立体多元交叉的评价网络。这样做,可以树立学生的信心,激发他们的学习兴趣,提高课堂效率。

调查结果及建议

通过调查可以看出,通过"四学一导"课堂模式,学生的自主意识、团队意识、竞争意识、合作意识较去年都有了进一步的提高。在自主、合作、探究学习中，学生的主体地位得到了充分的体现，学生的思维模式和学习方式发生了巨大的转变，已达到了质变的阶段。在今后的教学中应该注意以下几点：

1. 广大师生应清醒地认识到"四学一导"课堂模式的顺利结题，不是结束，而是一个新的开始，在以后的学习中我们要坚持使用"四学一导"课堂模式，不管遇到多大的阻力，都要坚持走下去，要树立"路虽远，走则必至；事虽难，做则必成"的信念，把"四学一导"课堂模式真正做成享誉全国的教育品牌。

2. 教师要注意小组的建设和学生的培养。尽管大部分教师已经这样做了，但小组的建设和培训，还需要进一步的精细化和规范化。如在小组的成员分工、小组的人数、讨论发言的次数、发言的记录、优秀组员的评选等方面要制度化、常态化、规范化，促使每个学生都能投身其中，获得学习的乐趣和动力，教师要从团结意识、参与习惯、倾听习惯、质疑对抗习惯、组织纪律性等五方面对学生进行培养。进而为学习的持续和深入打下坚实的思想和行动基础。

3. 教师应给予每个学生充分展示自己的机会，特别是对学困生要从思想和方法上多鼓励、多引导。要建立多元化的评价机制，对学生的学习态度、学习习惯、参与程度以及创新意识、实践能力进行全面评价。特别要关注那些平时性格内向，少言寡语的学生，要面向全体学生，这样才能公正、全面地评价，提高学生参与合作学习的积极性和主动性。

4. 教师要进一步解放思想，真正把课堂还给学生。现代教育理论认为，一堂课应该把 2/3 的时间交给学生，而教师的讲解时间累计不要超过整节课的 1/3。另外，从实践情况来看，全国课改名校无一例外的对课堂时间的分配进行了颠覆性的调整。河北省衡水中学的教师累计讲课时间不超过 1/3；山东省杜郎口中学的课堂时间安排为"10＋35"，即学生自主学习、训练的时间累计不少于 35 分钟，教师讲课累计不超过 10

分钟，教师讲课时间还不到1/5；江苏省洋思中学的教师每节课一般只讲4—8分钟，也不超过1/5时间。这些名校之所以这么做，是因为他们明白这样的道理：学习主要是学生的事，教师不能包办代替。学生综合素质的提高，是一个知识不断积累与内化的过程，内化要靠学生自己，老师绝对不能代替，就像吃饭、消化、吸收，别人不能代替一样。一个人的发展与成材，不是靠教师逼出来、教出来的，而主要是靠自己学出来的。然而，根据我们的问卷调查，只有近半学生觉得"思考问题和练习巩固的时间充足"。如果学生整节课自学、思考、讨论、训练的时间不足，教学效果可想而知。因此，我们广大教师需要大胆解放思想，真正把课堂还给学生，当好学生学习的组织者、引导者和合作者。

5. 进一步发挥主体作用，培养学生终身学习的能力。"教学生学会学习"是当今一个具有时代特征的教育口号，已成为教育心理学、学习学和教学论共同关注的热点课题。在这方面，我国古代就有"授人以鱼不如授之以渔"的教义。教育家叶圣陶也强调："教是为了达到不需要教。"课堂教学是由教师的教和学生的学所组成的双边活动。教师的教只有通过学生积极、主动地学习，才能发挥作用。因此，在教学过程中处于主导地位的教师其根本职责在于"引路"，而不是代替学生或背着学生"走路"。教师教学时，不仅仅要注意改革教法，还必须注意指导学法，注意培养学生自学能力，最终使学生既"学会知识"又"学会学习"。然而，从调查情况看，不少学生还没有掌握足够的学习技能，没有养成良好的学习习惯。对此，我们教师要充分利用自身主导的作用，坚持精心指导，教会学生学习方法，培养学生良好的学习习惯。相信，学生良好的学习习惯和学习能力一旦形成，定会使他们终身受益。

(武卫)

"四学一导"课堂模式下学生人格成长调查报告

调查设计

1. 本次调查对象：大荔县实验初中学生。该初中学生主要来自大荔县各个不同的乡镇，共有学生1730人（其中七年级学生635人，八年级学生532人，九年级学生563人）。我们对全校七年级、八年级的所有学生共1167人进行了调查。

2. 调查内容以及思路设计：从学习表现、文明行为、道德品质、运动健康、综合实践五个方面设计调查问卷问题。

3. 调查形式：调查采用问卷调查和访谈相结合，对学生本人调查问卷，与教师访谈了解。调查时我们特别强调"回答只作为调查之用，无对错之分，所以不要有什么顾虑"，调查过程中始终注意尊重保护研究对象，保守秘密。

调查结果及分析

1. 学习表现

调查问题及选项百分比：

题目	选项百分比			
	A	B	C	D
新课改实施两年来你能为自己坚持制定学习计划并按计划学习吗？A. 能，且有计划地执行。B. 能定下目标，但不能按计划执行。C. 不能。D. 不好说。	55.44%	34.88%	1.52%	8.16%
自从我校实施课改以来，你对学习的态度如何？A. 热情更高。B. 有变化，但不明显。C. 几乎没有变化。D. 更害怕学习。	48.61%	44.98%	3.28%	3.13%
学校实行新课改以来，你每天在学校感到：A. 非常愉快。B. 不太愉快。C. 不愉快。D. 沮丧。	65.54%	28.56%	3.70%	2.20%
新的课堂采用自主学习的方式，它使你的注意力：A. 注意力集中时间更长。B. 注意力分散了。C. 注意力不能集中。D. 没有变化。	75.98%	8.51%	6.07%	9.44%
在新的课堂中实行小组学习的高效学习模式，小组的交流、合作成为学习的主要方式，小组评价成为重要的评价手段，你认为小组学习对你的影响最大的是：A. 增强了自己的集体荣誉感。B. 学会了团结同学。C. 提高了学习的效率。D. 没有影响。	24.35%	26.95%	42.88%	5.82%

（续表）

题目	选项百分比			
	A	B	C	D
课堂上讨论、展示、点评、质疑、辩论等多种互动学习方式，对你影响最大的是：A. 学会了倾听、交流。B. 增强了与人交流的信心与能力。C. 形成自己勇于质疑的勇气和习惯。D. 没有多大影响。	28.22%	31.84%	34.37%	5.57%
实行新的课堂后，你认为你和同学间的关系相处得如何？A. 与班上更多的同学都相处更融洽。B. 有自己固定的活动圈子。C. 感觉很难融入同学当中，常常是自己单独行动。D. 与同学关系时好时坏。	69.17%	15.33%	2.95%	12.55%
在新课堂上，你的注意力和以前的课堂相比有了什么变化？A. 更加投入，非常集中。B. 更加投入，但变化不太明显。C. 和以前相同，没有变化。D. 注意力还不如以前。	44.57%	43.47%	7.58%	4.38%
你在进入新课堂后能否更主动地参加班级的各种活动？A. 能，并且非常积极。B. 能，但态度不够积极。C. 能，但大多是被迫。D. 不能，对参加活动没兴趣。	61.50%	30.83%	4.38%	3.29%
当你平时在学习中遇到困难或烦恼时，你会：A. 在心里憋着。B. 向同学诉说。C. 告诉老师。D. 向父母诉说。	10.47%	63.69%	14.66%	11.18%

教育目的是指教育所要培养的人的质量和规格的总要求，即把受教育者培养成什么样的人的问题。按照《教育法》的规定，我国现阶段的教育目的是"培养学生的创新精神和实践能力，造就'有理想，有道德，有文化，有纪律'的德、智、体、美等方面全面发展的社会主义事业的建设者和接班人"。

因此，我们在教学中应紧紧围绕这一目标，不断更新教育观念，在教学中关注学生身心发展，激励学生学习热情。在教学过程中培养学生的情感态度，让学生在掌握知识、形成技能的过程中体会学习的快乐，从而形成稳定的、积极的情感态度，为今后的学习创造良好的心理情感基础。关注学生的情感、态度成为我们课堂模式改革十分关心并努力探讨的课题。我校自从实行"四学一导"课堂模式教学以来，学生对待学习、对待课堂的态度和情感发生了明显变化。

我们本次调查的问题："新课改实施两年来你能坚持为自己制定学习计划并按计划学习吗？"55.44%的学生认为自己"能，且有计划地执行"；34.88%的学生认为"能定下目标，但不能按计划执行"；而只有1.52%的学生不能为自己制定计划；还有8.16%的学生学习目标不明确，根本不知道怎样回答。

问题"自从我校实施课改以来，你对学习的态度如何？"量48.61%的学生热情更高了；44.98%的学生有变化，但不够明显；3.28%的学生几乎没有变化；3.13%的学生更害怕学习。

在问题"学校实行新课改以来，你每天在学校感到"中，65.54%的学生感到非常愉快；28.56%的学生感到愉快；3.70%的学生感到不愉快；2.20%的学生感到沮丧。也就是说通过新的课堂模式的实施，超过93%的学生学习、生活的情绪都在变好。心情好转的根本原因在于：我们在课堂的设计上采用目标总领、问题导引的方法，充分调动学生的求知欲；在课堂的实施中，采用自学、研学、展示、点评、质疑、辩论、评价等一系列手段，调动学生积极参与的情绪。把探索的时间和空间完全给学生，让他们在探索、发现知识和掌握知识的内在规律的过程中，不断获得成功喜悦，积累愉快的体验，不断增进学习的兴趣。

情绪的改变带来学习态度的改变。在问题"新的课堂采用自主学习的方式，它使你的注意力？"中，75.98%的学生"上课注意力更集中了"；8.51%的学生"上课注意力分散了"；6.07%的学生"上课注意力不能集中"；9.44%的学生"上课注意力没有变化"。从这一问题中可以看出学生上课的注意力明显得到了加强。

态度的改变使得学生学习和参加活动等方面的积极性也明显发生了变化。问题"在新的课堂中实行小组学习的高效学习模式，小组的交流、合作成为学习的主要方式，小组评价成为重要的评价手段，你认为小组学习对你的影响最大的是"中，24.35%的学生增强了自己的集体荣誉感；26.95%的学生学会了团结同学；42.88%的学生认为提高了自己的学习效率；只有5.82%的学生认为对自己没有影响。从这一问题中可以看出：在全体学生中有94.18%的学生都从新课堂模式中获益。

在问题"课堂上讨论、展示、点评、质疑、辩论多种鲜活的互动学习方式，对你影响最大的是"中，28.22%的学生学会了倾听、交流；31.84%的学生增强了与人交流的信心与能力；34.37%的学生形成了自己勇于质疑的勇气和习惯；5.57%的学生认为对自己没有影响。从这一问题可以看出：94.43%的学生在学校实行新课堂模式后，自己的不同方面的能力都有所提高。再像问题"实行新的课堂后，你认为你和同学间的关系相处得如何？"中，69.17%的学生与同学相处的更加融洽；15.33%的学生有自己的固定活动圈子；12.55%的学生与同学的关系是时好时坏；而只有2.95%的学生觉得很难融入同学中，常常是自己单独行动。

在问题"当你平时在学习中遇到困难或烦恼时，你会"中，63.69%

的学生会向同学诉说；14.66%的学生会告诉老师；11.18%的学生会向父母诉说；而只有10.47%的学生会憋在心里。在问题"你在进入新课堂后能否更主动地参加班级的各种活动？"中，61.50%的学生能，并且非常积极；30.83%的学生能，但态度不够积极；4.38%的学生能，但出于被迫；3.29%的学生不能，对参加活动没兴趣。从这些问题中可以看出：学生中90%以上的在校学习期间身心都得到了健康发展，他们学会了与他人的交流与沟通，学习和参与活动的积极性明显提高。

通过我们的调查发现：依然有1.52%的学生不能为自己制订计划；3.13%的学生更害怕学习；从学生课改以来3.70%的学生感到不愉快；6.07%的学生上课注意力不能集中；有5.82%的学生认为新课堂对自己没有影响。2.95%的学生觉得很难融入同学中；3.29%的学生不能参加集体活动，对参加活动没兴趣。这些都说明我们课堂改革没有真正的渗入每个学生的心田，没有惠及全体学生，特别是心理健康教育需要我们的关注和引导。

综合来说，"四学一导"课堂模式的实施有效地提高了我校学生的学习兴趣，愉悦了学生在校学习、生活的心情，促进了学生学习、生活的主动性和积极性。

2. 文明行为

调查问题及选项百分比：

题目	选项百分比			
	A	B	C	D
你在与人交流中的文明礼貌用语的使用情况：A. 坚持说文明话，用礼貌语。B. 心情好时，注意使用。C. 基本不使用，认为是繁文缛节。D. 很少使用，还经常口出脏言。	60.83%	27.55%	6.07%	5.55%

(续表)

题目	选项百分比			
	A	B	C	D
如果因为做错一点小事而被老师和家长批评，你会怎么做？A. 承认错误，下次不再犯。B. 有点气愤，但只在心里想。C. 无所谓，听完就算。D. 当面顶撞，对着干。	75.40%	19.55%	2.86%	2.19%
你能否做到诚实守信，言行一致，从不说谎，不骗人，不弄虚作假？A. 一定能。B. 偶尔说谎。C. 经常说谎。D. 根本做不到。	48.86%	35.47%	13.23%	2.44%
对同学之间的打架、斗殴等暴力行为，你的看法：A. 是违纪行为，不可为，发现后及时告知老师。B. 同学之间的打架经常有，没什么大不了。C. 被别人欺负了，我肯定会还手。D. 发现后及时上前凑热闹。	82.39%	7.58%	7.33%	2.70%
当你做错事情，你会主动认错吗？A. 会，要做个有责任心的人。B. 看情况，如果没有人发现就当作不知道。C. 坚决不认错，多没面子。	85.93%	10.53%	3.54%	/
你有在墙壁、课桌、布告栏等处乱涂乱画吗？A. 没有。B. 偶尔有过。C. 经常有。	70.18%	26.79%	3.03%	/

(续表)

题目	选项百分比			
	A	B	C	D
要与朋友外出,你会与家人说明聚会的时间和地点吗？A. 会,怕家人担心。B. 有机会就说。C. 不想告诉家人。	78.77%	13.40%	7.83%	
如果与家里人意见不合,你会怎样做？A. 耐心向家人表达自己的看法,表示愿意接受对方的意见。B. 大吵大闹,不肯接受家人的意见。C. 不理不睬或离家出走表示抗议。	90.14%	5.48%	4.38%	
如果身边没有人看到,你会在学校随地丢垃圾吗？A. 不会,学校的环境卫生要靠我们每个人的自觉。B. 随便,反正学校又不是我家。C. 如果旁边有垃圾桶就不会乱丢。	72.37%	2.36%	25.27%	

中学生的主要任务是学习，这无可厚非，但学习科学文化知识并不是他们的唯一任务，良好道德的养成、审美活动、人际交往等也是他们的人生必修课。一个成功的人，光有文化知识不行，还必须具有优秀的道德品质，因为这是为人处世的基本原则，也是文明处事的基本准则。所以，我们的课堂改革也关注着学生文明行为教育，培养学生正确、良好的人际交往观念及处事能力，使其终身受益。

两年来，我们在"四学一导"课堂模式的改革和实践的道路上步履蹒跚却坚持不懈。我们把课堂还给学生，让学生做学习的主人。学习的过程，处处体现交流与合作。生生对学、小组研学、代表点评、勇敢质疑、激情辩论等教学小环节，无处不在培养学生交流交际、团队协作精神，并在交流协作中处处体现出语言文明、行为文明。苏联著名作家高尔基曾经说过："行为日久成习惯，习惯日久成性格，性格日久定乾坤。"社会现实也告诉我们，良好的行为习惯，可使人终身受益；沾染上不良习惯会埋下隐患。中学这个阶段，正是学生行为习惯、道德情操、思想品格形成的重要时期，因此抓住教育的良机，进行文明行为的训练与养成是至关重要的。

我们调查的问题"你在与人交流中的文明礼貌用语的使用情况"中，60.83%的学生坚持说文明话、用礼貌语；27.55%的学生在心情好时注意使；6.07%的学生基本不用；5.55%的学生还会口出脏话。

问题"如果因为做错一点小事而被老师和家长批评，你会怎么做？"中，75.40%的学生会承认错误，下次不会再犯；19.55%的学生会有点气愤，但只是心里想想；2.86%的学生感到无所谓，听完就算了；而只有2.19%的学生会当面顶撞，会对着干。在问题"你能否做到诚实守信，言行一致，从不说谎，不骗人，不弄虚作假？"中，48.86%的学生一定能做到；35.47%的学生偶尔能做到；2.44%的学生根本做不到。

问题"对同学之间的打架、斗殴等暴力行为，你的看法是"中，82.39%的学生认为是违纪行为，不可为，发现后告诉老师；7.58%的学生认为打架现象经常有，没什么大不了；7.33%的学生认为被被人欺负了，肯定会还手；2.70%的学生发现后会上前凑热闹。问题"当你做错事情，你会主动认错吗？"中，85.93%的学生会主动认错，做一个有责任心的人；10.53%的学生会视情况而定，如果没人发现，就当作不知道；3.54%的学生会坚决不承认，怕丢面子。

在问题"你有在墙壁、课桌、布告栏等处乱涂乱画吗？"中，70.18%的学生没有做过；26.79%的学生偶尔做过；3.03%的学生经常做过。在问题"要与朋友外出，你会与家人说明聚会的时间和地点吗？"中，78.77%的学生会向家人说，怕家人担心；13.40%的学生认为有机会就说；而只有7.83%的学生不想让家人知道。在问题"如果与家里人意见不合，你会怎样做？"中，90.14%的学生都认为要耐心表述自己的看法，表示愿意接受家长的意见；5.48%的学生会大吵大闹，不接受家长的意见；4.38%的学生会不理不睬或离家出走表示抗议。

在问题"如果身边没有人看到，你会在学校随地丢垃圾吗？"中，72.37%的学生认为不会，因为学校的卫生要靠每一位学生来维护；2.36%的学生认为随便，反正学校不是他家；25.27%的学生认为旁边有垃圾桶就不会乱丢。

从前面的调查情况可以看出：我校学生的文明行为风气已基本形成，但还需要继续加以巩固。良好的行为习惯的形成并非一朝一夕之功，它需要学生长期努力，需要我们老师不断地督促引导，对学生进行行为规范，必须持之以恒，使行为文明真正变成学生的内在需要，促使他们自觉养成各方面的良好行为习惯。

我们的课堂改革指向是正确的，学生在学习中养成良好的文明行为会促进他们健康成长。"思想决定行为，行为决定习惯，习惯决定性格，性格决定命运，命运决定人生！"习惯的力量是一种顽强而巨大的力量。习惯一旦形成之后，没有十倍百倍力量，很难加以改变。许多人的习惯，终身也无法改变。"播下一个行动，收获一种习惯；播下一种习惯，收获一种性格。播下一种性格，收获一种命运。一个良好的习惯会影响一个人一生的命运。"因此，一个好习惯的养成，不是靠偶尔的敲敲打打形成的，必须经过长期的强化训练逐步形成。这就需要我们的家长，教师等多方面的力量联合起来，共同督促，发现问题及时解决，不让不良习惯有滋生的土地。

3. 道德品质

调查问题及选项百分比：

题目	选项百分比			
	A	B	C	D
你是否愿意帮助班上有困难的同学或者向社会献爱心？A. 非常乐意。B. 老师安排时可以考虑。C. 根据当时的心情而定。D. 不愿意。	72.11%	14.57%	10.61%	2.71%
如果学校需要你参加义务劳动，你的态度是：A. 不讲条件，随时奉献。B. 老师要求就参加。C. 不参与。	75.74%	21.23%	3.03%	
老师当众批评你，而你认为是被冤枉的，你会选择：A. 不服气，必须当场辨别清楚，哪怕争吵。B. 表现出怨气，但事后再和老师讲明情况。C. 给老师个面子，事后再和老师讲明情况。D. 批评都批评了，算了，让老师自责吧。	10.87%	28.98%	50.55%	9.60%

苏联教育家苏霍姆林斯基说："有 300 名学生就会有 300 种不同的兴趣和爱好。"教育的最大价值就在于让人认识到自己的天性，并且充分发挥出他的天性和潜能。人的学习是个人潜能的充分发展，是人格的发展。教育教学过程中应重视学生的认知、情感、兴趣、动机、潜能等内心世界，尊重每个学生的独立人格，保护学生的自尊心。我们的课堂打破老师带领的"齐步走"，每个学生在学案的指导、引领下完成学习目标，更关注学习的个体性，更有利于因材施学。我们坚守人本原则，设计人本

教学，构筑人本课堂，设计一切环节让学生体验成功的机会，为学生搭建展示才华的平台，让学生充分体验成功的喜悦，从而使学生的道德品质得到提升。

在问题"你是否愿意帮助班上有困难的同学或者向社会献爱心？"中，72.11%的学生非常乐意；14.57%的学生在老师安排时可以考虑；10.61%的学生视当时的心情而定；而只有2.71%的学生不乐意。在问题"如果学校需要你参加义务劳动，你的态度是"中，75.74%的学生不加价钱，随时奉献；21.23%的学生在老师要求时就参加；而只有3.03%的学生不愿意参加。

在问题"老师当众批评你，而你认为是被冤枉的，你会选择"中，10.87%的学生不服气，必须当场辨别清楚，哪怕是争吵；28.98%的学生表现出怨气，但事后再和老师讲明情况；50.55%的学生都会给老师个面子，事后在和老师讲明情况；9.60%的学生认为批评都批评了，算了，让老师自责吧。这说明：有90.4%的学生都是个性鲜明的，都有自己辨别是非的观念和特点，并且在实行新课堂改革后，个性不同程度得到发展。

众所周知，道德品质即品德，它是个人依据一定的道德行为准则，在行动中所表现出来的某种稳固的特征。学生的品德有一个完整的结构，它是由道德认知（知）、道德情感（情）、道德意志（意）、道德行为（行）四个部分构成的，它们既有着相对的独立性，彼此之间又相互联系，密不可分。

中学生的道德认识表现在道德思维的发展和道德观念的建立上。由于思维能力的发展，中学生具备了较丰富的道德知识，掌握了部分的道德标准，能够客观地、全面地对自身和他人的道德行为进行判断和评价。中学时期是道德观念、道德信念得以强化并用来知道自己行为的时期。在集体生活中，在知识学习中，中学生道德认识更易建立和发展。从以上调查情况来看,我校仍然有10%的学生道德观念模糊、道德意识淡薄,还急需我们进一步加强教育,增强他们的道德认知能力,帮助他们提升道德素养和道德水平,从而使他们在学校得到更好的进步和发展。

4. 运动健康

调查问题及选项百分比:

题目	选项百分比			
	A	B	C	D
学校组织"首届趣味运动会"活动,你的态度是:A. 积极参加,尽我所能。B. 集体活动,略表心意。C. 毫无兴趣,敷衍了事。	87.11%	8.51%	4.38%	
你是如何看待在学校的"远足"活动中你的表现:A. 惊讶自己的毅力和勇气,相信自己能够创造奇迹。B. 不可思议,下一次再也不参加了。C. 没有坚持下来,太难,自己做不到。D. 没有多大感受。	88.46%	4.04%	2.61%	4.89%
你认为学习成绩不够理想的原因是 A. 自己努力不够。B. 学习环境不够好。C. 老师讲课不好。D. 自己的学习方法不对。	53.41%	5.48%	2.19%	38.92%

对学生进行有效的心理健康教育是素质教育的组成部分,也是体育与健康课程改革中的重要课题。中共中央国务院早在1999年《关于深化教育改革全面推进素质教育的决定》中就指出:"针对新形势下青少年成长的特点,加强学生心理健康教育,培养学生坚忍不拔的意志、艰苦奋

斗的精神，增强青少年适应社会生活的能力。"为此，我校在课堂改革中，除对学生进行文化知识传授外，还注重对学生进行心理健康教育，让学生的素质得到全面发展和提升。

在问卷问题"学校组织'首届趣味运动会'活动，你的态度是"中，87.11%的学生能够积极参加，并尽自己所能；8.51%的学生针对集体活动，只是略表心意；4.38%的学生则是毫无兴趣，敷衍了事。在问题"你是如何看待在学校的'远足'，活动中你的表现"中，88.46%的学生惊讶自己的毅力和勇气，相信自己能够创造奇迹；4.04%的学生觉得不可思议，下一次再也不参加了；2.61%的学生没有坚持下来，觉得太难，自己做不到；4.89%的学生没有多大感受。

在问题"你认为学习成绩不够理想的原因是"中，53.41%的学生认为自己努力不够；5.48%的学生觉得学习环境不够好；2.19%的学生认为老师讲课不好；38.92%的学生认为自己的学习方法不对。

从以上调查情况可以看出：我校实行"四学一导"课堂改革后，学生的心理健康教育得到了较好的发展，他们能理性地对待和处理学习和生活的每一件事，使自己在学习、生活、心理、运动等方面全面进步。同时，也看到仍有5%左右的学生，心理仍比较脆弱，不够健康。这表明我们的教育还没有涉及每一个学生，还有教育"死角"，这就要求我们的教师在平时的教育教学中要关注每一个学生的发展，尤其是平时很少关注的学生，他们的成长正急需我们老师的帮助，只有我们时刻关注他们，激励他们，他们才会体会到温暖，才会在学校这个大家庭里健康成长。

5. 综合评价

题目	选项百分比			
	A	B	C	D
在实践过程中，你喜欢哪种以形式完成任务？A. 小组合作完成。B. 独自完成。C. 全班共同完成。D. 和好朋友共同完成。	54.84%	11.54%	11.20%	22.42%
在课堂讨论中，别的同学发言时，你该怎样做？A. 不愿意听，没兴趣。B. 想听就听，常开小差。C. 认真听。	3.37%	10.28%	86.35%	
在讨论中，同学的意见和你的意见不一样时，你怎样做？A. 不同意同学的意见，但不想与他争论。B. 大胆发表自己的不同意见，不论对与否。C. 对同学的意见多想一想，并与自己的意见比较一下再发言。	6.15%	31.17%	62.68%	
你认为你是一个有个性的孩子吗？课堂对你的个性成长有什么样的影响：A. 是，感觉自己更是自己了，个性得到充分发挥。B. 是，感觉自己个性有一些发展。C. 不是，不知道自己的个性是啥。D. 不是，个性慢慢地泯灭。	43.05%	42.71%	8.68%	5.56%
你对家庭的整体感受是：A. 温暖、彼此关爱。B. 寂寞、缺少沟通。C. 压抑、缺乏民主。D. 仇视、常遭批评甚或打骂。	80.29%	13.14%	2.02%	4.55%

学生综合素质评价，对教师而言是为了提高教育者的素质，调整教育行为，改进教育过程；对学生而言，是为了充分挖掘学习潜力，为学生接受终生教育、实现终生学习打下基础。为贯彻落实《中小学全面实施素质教育的评价方案》，进一步推动我校全面实施素质教育，提高学校科学管理水平，发挥学校办学的积极性和创造性，我校在实施"四学一导"课堂模式后，坚持做好对学生的综合素质评价工作，极大地促进了学生学习的积极性。

在调查问题"在实践过程中，你喜欢哪种以形式完成任务？"中，54.84%的学生喜欢小组合作完成；11.54%的学生喜欢独自完成；11.20%的学生喜欢全班共同完成；22.42%的学生喜欢和朋友一起完成。

在问题"在课堂讨论中，别的同学发言时，你该怎样做？"中，3.37%的学生不愿意听，认为没兴趣；10.28%的学生是想听就听，思想常开小差；86.35%的学生能坚持认真听。在问题"在讨论中，同学的意见和你的意见不一样时，你怎样做？"中，6.15%的学生不同意同学的意见，不想和同学争论；31.17%的学生会大胆发表自己的意见，不论对与否；62.68%的学生会对同学的意见先想一想，然后与自己的意见比较一下再发言。在问题"你认为你是一个有个性的孩子吗？我们的课堂对你的个性成长有什么样的影响"中，43.05%感觉自己更是自己了，自己的个性得到充分发挥；42.71%的学生感觉自己的个性得到一些发展；8.68%的学生不知道自己的个性是啥；5.56%的学生觉得自己的个性慢慢地泯灭。

在问题"你对家庭的整体感受是"中，80.29%的学生觉得温暖、彼此关爱；13.14%的学生觉得寂寞、缺少沟通；2.02%的学生觉得压抑、缺乏民主；4.55%的学生对家庭仇视，在家常遭到批评，甚至打骂。

从调查问卷可以看出，对学生的教育要客观、全面，要综合对学生做出评价，不能只是采取单一的或是死板的方式对学生做出评价，这不利于学生的健康成长。

陶行知先生说过:"千教万教教人求真,千学万学学做真人。"这一句话道出了教育的本质。教育不仅要教给学生知识,更要教会学生做人。教育的本质是教会学生做人,教学则是实施德育的基本组织形式,而无论从时间、空间、重要性上看,课堂都是学校德育的主渠道。"四学一导"课堂模式关注学生的思想品德教育,关注良好习惯的养成,关注学生学习方式的适应能力培养。让学生在不同方面都取得发展,在各个方面都得到进步,这也正是我们实行课改的初衷。

改进建议

针对以上调查结果的分析,目前我们课堂教学改革应切实做好以下几个方面的工作:

1. 让每一个学生都成为课堂的主人

"四学一导"课堂模式关注个体,张扬个性,追求"知识的超市,生命的狂欢"。课堂上的各种活动都是学生主动的个体行为居多,很容易形成学习特优生的质疑、回答、辩论霸占了课堂,学困生稍慢的思维被他们绑架,导致优等生更优、差等生更差。针对个别学生"心情变差"、"开始厌学""没有学习上的朋友",需要我们在课堂上关注每一个学生的成长,调动所有学生的积极性,使学习活动人人参与。我们的课堂教学改革,应当立足于学生个个都成长、成才,面向全体学生,培养学生的社会主义道德品质,发展学生的健康个性,让学生养成良好的行为习惯,把每个学生都教育成人。

2. 创建平等、和谐的师生关系

我们的课堂已经打破了教师滔滔不绝的填鸭式教学,让教师走下了讲台,和学生共同参与学习的每一个环节。但也有的老师没有根本改变,走下课堂，却没有真正和学生打成一片，心理上没有真正放低身段和学生共同成长，学生也没有真正把教师看作朋友、伙伴。有一半学生还希望有"讲得好、讲的细，讲的清、要求严厉的老师"。教师的身段没有放低，学生的观念没有改变。当学生遇到生活和学习中的困惑、压力时，寻求沟通对象只有不到一成的学生会找老师。我们的课堂在教师的角色定位上要进一步去除表象，形式要体现师生平等的本质。课堂上如何创建平等、和谐的课堂氛围？教师如何和孩子平等参与课堂的合作、交流、探究？让我们通过平等和谐的师生课堂，用饱含爱心、耐心和细心，真诚与学生共同学习成长，使校园不只成为学生学习知识的场所，更是师生"对话"的乐园，这是我们教育追求的一种高境界。

3. 落实课堂常规管理，提高学生课堂文明素养

行为形成习惯，习惯决定品质，品质决定命运。学生课堂文明素养及良好行为习惯养成教育是素质教育的重要组成部分，是素质教育的灵魂和核心，是我们的根本任务和主要内容。我们在调查中发现有不少学生没有文明用语的习惯，原因在我们的教学中只关注知识和能力，淡忘了思想品德教育。我们的课堂开放了，学生的个性张扬了，但不能没有课堂文明，课堂活动要有秩序，质疑、辩论要讲文明，展示问题要大方，征求意见要谦逊……可以先用一些要求把文明的形式固定下来，在评价体系中专列课堂文明素养评价。通过课堂文明素养的提高，从而提高学生整体的思想道德品德。

4. 打破"唯成绩论英雄"的单一评价模式，建立多元的评价机制

当前教育的发展依然摆脱不了考试成绩为主的评价体系，过分地关注考试成绩已经为学生人格健康成长带来了许多的负面影响。学生在学校的压力主要来自于考试和成绩，更关注教师对学习的评价。评价方式的单一，评价内容的过于集中，影响学生的人格健康发展。学生把成长的主要精力集中于知识的积累，不关注情感、不知道个性、分不清对错。

我们应该在课堂改革中设立多元的评价体系，教师、家长评价和学生、学习小组评价相结合，知识、能力评价和品德、情感评价相结合，不唯成绩论英雄，缓解学生学习压力，使其全面健康成长。

总之，在我校两年来的课堂改革实践中，学生始终是主体，学生的人格成长始终是我们关注的焦点。学生主体的课堂模式是国家教学改革的发展方向，作为教育工作者，我们在实践中调查，在调查中分析，在分析中改进，努力营造一种轻松愉快的教学环境，让每一个学生都能健康、快乐成长，并在快乐成长中主动学习，在学习中培养和发展健全人格。

（刘军民）

图书在版编目（CIP）数据

从课堂走向未来："四学一导"高效课堂模式解读/孙铁龙,党纳编著.—济南:山东文艺出版社,2014.5
ISBN 978－7－5329－4492－7

Ⅰ.①从… Ⅱ.①孙… ②党… Ⅲ.①课堂教学—教学研究—中学 Ⅳ.①G632.421

中国版本图书馆 CIP 数据核字（2014）第 053989 号

从课堂走向未来
——"四学一导"高效课堂模式解读

孙铁龙　党纳　编著

主管部门	山东出版传媒股份有限公司
出版发行	山东文艺出版社
社　　址	山东省济南市英雄山路 189 号
邮　　编	250002
网　　址	www.sdwypress.com
读者服务	0531－82098776（总编室）
	0531－82098775（发行部）
电子邮箱	sdwy@sdpress.com.cn
印　　刷	山东临沂新华印刷物流集团
开　　本	710 毫米×1000 毫米　1/16
印　　张	24　插页/2
字　　数	278 千字
版　　次	2014 年 5 月第 1 版
印　　次	2014 年 5 月第 1 次印刷
书　　号	ISBN 978－7－5329－4492－7
定　　价	36.00 元

版权专有，侵权必究。如有图书质量问题，请与出版社联系调换。

教育发现

教育发现